高等职业技术院校汽车类专业教材

汽车推销技巧

主　编　张海龙

主　审　任惠珠

中国劳动社会保障出版社

简介

本书主要内容包括：汽车推销概论、汽车销售顾问的职业素养、汽车推销基本技能、顾客开发与接待、顾客需求分析、汽车导购服务、顾客异议、推销成交、汽车推销管理等。

本书由张海龙主编，李玉米、俞冯吉、朱华燕、郑莺参编，任惠珠主审。

图书在版编目(CIP)数据

汽车推销技巧/张海龙主编. —北京：中国劳动社会保障出版社，2016

高等职业技术院校汽车类专业教材

ISBN 978-7-5167-2583-2

Ⅰ.①汽… Ⅱ.①张… Ⅲ.①汽车-推销-高等职业教育-教材 Ⅳ. ①F766

中国版本图书馆 CIP 数据核字(2016)第 137537 号

中国劳动社会保障出版社出版发行

(北京市惠新东街 1 号 邮政编码:100029)

*

北京市白帆印务有限公司印刷装订 新华书店经销

787 毫米×1092 毫米 16 开本 15.75 印张 292 千字

2016 年 6 月第 1 版 2022 年 12 月第 3 次印刷

定价: 30.00 元

营销中心电话: 400-606-6496

出版社网址: http://www.class.com.cn

http://jg.class.com.cn

前言

为了更好地适应全国高等职业技术院校汽车类专业的教学要求，全面提升教学质量，人力资源和社会保障部教材办公室组织有关学校的骨干教师和行业、企业专家，在充分调研企业生产和学校教学情况、广泛听取教师对现有教材反馈意见的基础上，吸收和借鉴各地高等职业技术院校教学改革的成功经验，对现有全国高等职业技术院校汽车类专业教材进行了修订（新编）。

本次教材修订（新编）工作的重点主要体现在以下几个方面：

第一，合理更新教材内容。

根据企业岗位和教学实践的需求变化，确定学生应具备的能力与知识结构，调整部分教材内容，使知识技能点的深度、难度、广度与实际需求相匹配；根据相关专业领域的最新发展，淘汰陈旧过时的内容，补充新知识、新技术、新设备、新材料等方面的内容；根据最新的国家技术标准编写教材内容，保证教材的科学性和规范性。

第二，加强实践技能的培养。

根据就业岗位对技能型人才所需能力的要求，进一步加强实践性教学内容，采用了理论知识与技能训练一体化的编写模式，以体现“做中学”“学中做”的教学理念。

第三，衔接职业技能鉴定要求。

教材编写以汽车修理工国家职业技能标准为依据，涵盖国家职业技能标准（高级）的知识和技能要求，并在配套习题册中增加了相关职业技能鉴定考试的练习题。

第四，精心设计教材形式。

在教材的呈现形式上，尽可能使用图片、实物照片和表格等将知识点生动地展示出来，力求让学生更直观地理解和掌握所学内容。

第五，提供全方位教学服务。

本套教材配有习题册、教学参考书、电子课件和习题册答案，电子课件和习题册答案可通过中国人力资源和社会保障出版集团网站（http：//www. class. com. cn）或职业教育教学资源和数字学习中心（http：//zyjy. class. com. cn）下载。

本次教材的修订（新编）工作得到了辽宁、吉林、江苏、山东、河南、广东等省人力资源和社会保障厅及有关学校的大力支持，在此我们表示诚挚的谢意。

人力资源和社会保障部教材办公室

2014 年 8 月

目 录
Contents

模块一 汽车推销概论

课题一　汽车推销概述

学习目标

◆ 了解推销与汽车推销的概念。

◆ 了解汽车推销的特点、要素和原则。

◆ 掌握汽车推销的主要流程。

刘芳是哈尔滨市宝马汽车某4S店的CRM经理兼BDC经理。在做经理之前，她是店里的销售冠军，由她创下的季度销售46台汽车的纪录，店里至今没人能打破。此外，她还创下了另外一项纪录，就是从入职做销售顾问到被提拔为CRM经理，只用了3个月的时间。

她是如何做到从销售顾问“逆袭”为经理的呢？

刘芳的经验是“坚持、关心、信任”，即在推销中，坚持做到比别人为顾客多做一点点，设身处地地替顾客着想，无论顾客是否买车，都永远保持与顾客的联系，不放弃对顾客的关心，以信任赢得顾客。

推销是一项集技巧、情感、艺术、心理、技术等于一体的立体性工作，具有极大的挑战性和创新性，销售顾问推销的不仅是汽车，还包括自己。

那么，推销到底是什么呢？

一、推销

推销不仅是一门艺术，也是一门科学，它涉及心理学、组织行为学、技术知识和

项目管理等内容。

推销是一个古老的名词。推销的历史十分悠久，伴随着商品的产生与发展，它与商品交换密切相连。在我国，推销活动的产生可以上溯到六七千年以前原始社会的后期，由于生产力的发展，出现了剩余物资，需要进行交换，推销也就应运而生了。至夏商时期，推销已成为一个专门的职业。

推销又是一个年轻的名词。从社会化大生产和商品经济高度发展之后，推销得到更为丰富的发展，被赋予了新的内涵。经过几千年的发展演变，成为今天具有现代意义上的推销。

1900 年，美国纽约大学首先开设了“推销学”课程。1958 年，海因兹·姆·戈德曼出版了《推销技巧——怎样赢得顾客》一书，标志着现代推销学的产生。

推销是市场营销的基础，没有推销就没有市场营销；现代推销是现代营销的组成部分，没有现代推销的营销是不完善的，也是不可能完全成功的。

1．推销的概念

从狭义上说，推销是指销售顾问运用一定的方法和技巧，帮助顾客购买某种商品和劳务，以使双方的需要得到满足的行为过程。

狭义的推销是以企业或销售顾问为推销的主动发起者，以产品或劳务为推销内容，以目标市场的购买者为推销对象。因此，狭义推销也可以看成是广义推销的一个特例，它们的共同之处是通过说服使被推销者接受所推荐的东西。

从广义上说，推销就是由信息发出者运用一定的方法与技巧，通过沟通、说服、诱导与帮助等手段，使信息接收者接受信息发出者的建议、观点、愿望、形象等的活动总称。

广义推销将推销者从“销售顾问”扩展到“活动主体”；将被推销者从“顾客”扩展到“目标受众”；将推销标的物从“商品”扩展到“广泛的事物”；将“把商品卖给顾客”扩展为“采取相应的预期行动”。把握广义推销概念，关键在于理解推销标的物的扩展，推销标的物除了商品实物外，还可以是服务、信息、知识、观念、情感意志、计划、政策、制度以及文化等。

综上所述，我们可以把推销理解为企业营销组合策略中的人员推销，即企业销售顾问与消费者通过面对面的接触，通过传递信息、说服等技巧与手段，确认、激活顾客的需求与购买欲望，并用适宜的产品满足顾客需求，以实现购买行为，实现双方利益交换的整个过程，其实质就是心理沟通和认可的过程。

2．推销的认识误区

许多人甚至包括一些销售顾问对推销概念及岗位认识也是一知半解，片面理解，认为推销工作并不需要一技之长，而是什么人都可以做得来。不少销售顾问是在谋职无门、无可奈何的情况下才选择了推销这份工作。这些观念和职业选择在心态上就已经否定了推销工作，在亲朋好友问起工作时，他们不但不以推销工作为荣，反而觉得没有面子。

推销的认识误区

◇ 好的产品或服务是不需要推销的。

◇ 推销就是欺瞒顾客，连哄带骗，让顾客买他们不需要的产品。

◇ 推销多是文化程度低、没什么本事的人干的职业。

◇ 干推销赚不了大钱，没什么前途。

◇ 公司对销售顾问不重视，随时都会解雇销售顾问。

◇ 被推销的商品或服务一般都有一定问题，不是最好的。

这些认识误区如果不能得到纠正，销售顾问将难以在自己的职业发展上有所成就，而推销对象也难以获得更多、更优质的需求满足。从这个意义上说，推销认识的误区，是对现代职业及岗位认识不成熟的表现。

二、汽车推销

汽车推销是汽车销售人员通过与顾客面对面的接触，在品牌影响力下，以其专业素养、人格魅力和销售经验，采取一定的方法和技巧，激活顾客购买汽车欲望，打动顾客购买汽车情感，确认顾客汽车购买选择，以实现顾客的汽车购买行为，实现双方利益交换的系统活动过程。

汽车是高档耐用消费品，其推销与普通商品的推销有很大的不同。传统的汽车推销目的是把汽车卖出去，忽略顾客需求，不注重顾客关系的建立。而现代汽车推销理念是以顾客需求为前提，把顾客的品牌忠诚度及建立长期的顾客关系放在第一位。图 1—1—1 所示为传统汽车推销观念与现代汽车推销理念对比。

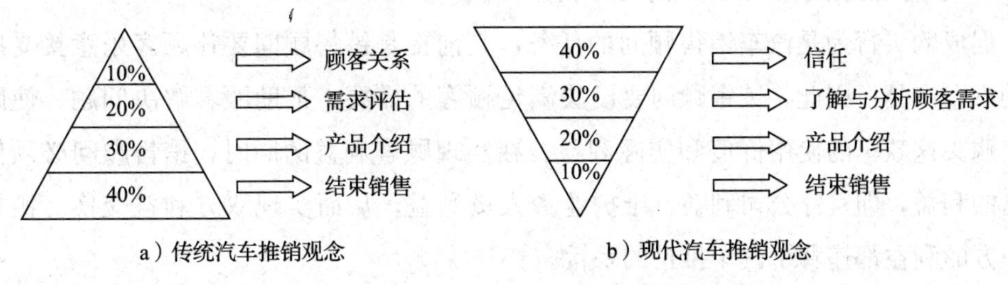

图 1—1—1 传统汽车推销观念与现代汽车推销理念

从图 1—1—1a 中可以看出，传统的汽车推销观念把顾客关系摆在最次要地位，重点就是怎样把汽车推销出去，所以花了 40％的时间来建议顾客购买汽车，汽车产品介绍占了30%的时间，需求评估占了20%的时间，顾客关系却几乎被忽视，所占的时间只有10%；而图1—1—1b中现代汽车推销理念与之恰恰相反，结束销售只占10%，产品介绍占20%，了解与分析顾客需求占了30%，建立顾客的信任感则高达40%。由此可以看出，赢得顾客的信任是现代汽车推销模式中的首要环节。

1．汽车推销是一种系统活动过程

汽车推销不是单一的汽车产品推销，而是由众多要素组成的系统活动过程。汽车推销既是传递信息的过程，又是传播文明的过程；既是销售汽车产品的过程，又是提供综合服务的过程；既是心理活动过程，又是商品交换过程。

从现代信息论的角度来讲，汽车推销就是一种信息传递过程，汽车推销者和购买者都需要传递、接收、储存、加工、反馈和整理信息。从社会学角度来讲，汽车推销是一种传播文明的过程。由于汽车产品本身就是知识与文明的结晶，因此，在推销过程中，销售顾问实际向推销对象传播的是科学技术知识和现代文明。

从表面上看，汽车推销活动是销售汽车产品，实际上，在销售汽车产品的背后，是与之紧密联系的各种汽车综合服务，如汽车美容、汽车保险、汽车维修与保养等各种售后服务。现代经济社会中，汽车销售公司的目标不单纯是销售一辆汽车，还有令汽车销售商怦然心动的汽车售后市场。

2．汽车推销的核心是认同

推销是一种设法以最方便和吸引人的方式向可能的买主介绍商品的艺术。但这种推销首先必须是以顾客需求为导向的，是买卖双方均受益的公平交易活动。推销汽车不是一股脑儿地介绍汽车的功能、性能和实惠，而是要深入地了解顾客的需求。在与顾客沟通时，不要试图说服顾客，而是要让顾客感到被尊重，要由顾客自己来决定，要让顾客发自内心地认同。

认同的实质是尊重、理解和信任。

3．汽车推销的宗旨是实现双方利益交换

促成购买行为是汽车销售顾问的任务，其前提是销售顾问要让顾客乐意接受所推销的汽车产品。因此，销售顾问要设法满足顾客的需要，帮助顾客解决问题，使顾客深信购买这款车的使用价值和实际利益。在实现顾客利益的同时，销售顾问必须保证自己的利益，即坚守公司利益，维护业务人员利益，从而实现双方利益交换。牺牲任何一方的利益都违背了汽车推销的宗旨。

三、汽车推销的特点

1．汽车推销的对象主要是高消费人群

汽车是高档耐用品。虽然在现代社会中汽车已经走进寻常百姓家，但它仍然属于高消费商品。汽车不仅仅是高价格商品，也是高价值商品，它不是生活必需品，但却可以帮助人们提高生活品质。很多时候，汽车不仅仅是代步工具，还是身份、地位的象征，同时也体现出个人的品位和爱好。因此，汽车推销的对象往往是具有较高收入或者稳定职业的人群。

2．汽车推销的内容科技含量高

汽车是民用产品中科技含量高、技术更新快的产品，这就要求汽车销售顾问要熟悉汽车的基本结构、原理和主要技术特点，不仅自己要会使用和解释，还要向顾客介绍，指导顾客学会操作。

3．汽车推销的业务范围广泛

汽车推销除了汽车产品本身外，还包括汽车按揭、汽车保险、汽车美容装潢、汽车维修与保养、汽车理赔等业务。这就要求汽车销售顾问要熟悉这些业务，满足顾客购车后的需求。

4．汽车推销的是终身服务

汽车推销的周期长，所提供的是终身服务。购买一辆汽车对顾客来说是一笔不小的开支，因此在购车前顾客会不断进行比较、衡量，还要参考家庭成员及其他人的意见，销售过程中还涉及签约、保险、验车交车、保养等内容，项目多、时间跨度长。而销售顾问只有通过良好的售前、售中和售后服务，提供终身服务，使顾客信赖，建立顾客的品牌忠诚度，才能实现推销活动的终极目标。

四、汽车推销成功的要素

1．销售顾问

在推销活动中，销售顾问起到关键的作用，是推销活动的主体。要成功地推销商品，销售顾问首先要成功地推销自己。

汽车销售顾问要有深厚的专业素养，要有丰富的市场学知识、汽车产品知识、心理学知识、法律知识，要有坚韧不拔的毅力、稳定而乐观的情绪、广泛的兴趣、良好的职业道德、健康的身体和较好的仪表风度等非智力素养，要有较强的观察能力、创造能力、社交能力、语言表达能力、应变能力等。如销售顾问要对所推销的汽车产品有足够的信心，熟悉汽车知识及其品牌文化，具备相当的推销技巧及沟通能力，能够把握成交机会等。

顾客的购买信心首先是建立在对销售顾问的信赖基础之上的，如果顾客对销售顾问缺乏信任，那么他将对销售顾问所销售的汽车也就失去信心。

2．汽车产品

汽车产品是推销活动中的客体，包括汽车实体、销售服务和消费观念。汽车推销活动就是向顾客推销汽车产品使用价值的过程，是向顾客提供服务、倡导新观念的过程。

汽车产品质量是顾客进行购买决策时考虑的重要因素，但不是唯一因素。在市场营销观念的指导下，顾客关注的是与自身需求相匹配的质量。销售顾问在推销时，应因人、因时、因地分析汽车产品是否符合顾客使用的要求。向顾客推销时，汽车的实用性比质量更为重要。理性的顾客不会购买自己根本不需要但质量很高的产品。因此，推销洽谈的焦点应该集中在实用性上，强调产品对顾客实际问题的解决能力。

如果顾客对汽车产品本身缺乏认可，或者销售顾问所推销的汽车不适合顾客的需要，那么推销活动就有可能失败。

3. 顾客

顾客不仅是推销活动的对象，也是推销活动的主体之一。顾客购买汽车并不仅仅是为了得到汽车产品本身，还包括需要解决问题、获得心理满足与享受等。销售顾问应该善于发现顾客购买汽车背后的真正需求，以便有的放矢。

顾客的需求分为感性需求、理性需求、主要需求、次要需求、显性需求、隐性需求等。如在推销活动中，顾客所表达的需求（即显性需求）往往是其真实需求（即隐性需求）的一部分，如图 1—1—2 所示；不少顾客实际上并不知道自己的真实需求，他们购买汽车的决定中感性需求占有相当的比例。因此，销售顾问要善于挖掘顾客的真实需求，帮助顾客进行购车用途、用车成本、购车价值等需求分析，使其买到真正符合其需求又称心如意的汽车。

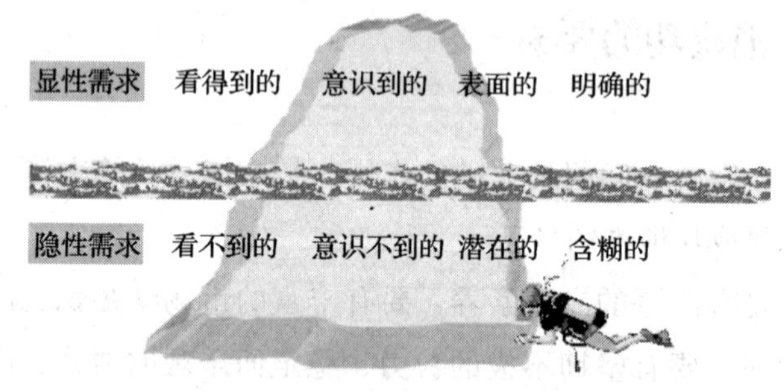

图 1—1—2　顾客的显性需求与隐性需求

顾客购买力的强弱决定汽车推销活动的成败。如果顾客最多只有 10 万元的购买力，而你所推销的汽车最少要 20 万元，顾客一般就不会考虑购买了。其次，顾客的购买力还取决于他的“决定权”和“使用权”，如影响他做出购买决策的家庭成员或参考意见。

五、汽车推销的原则

1. 顾客导向原则

顾客导向是现代汽车市场营销理念的客观要求，它强调以市场需求为中心，以满足顾客需要为出发点，在满足顾客对产品或服务需要的同时，实现推销的终身服务目的。美国市场营销专家菲利普·科特勒指出："顾客需要我们帮助他们解决问题，而一位有效的销售人员就是知道顾客的难处并知道如何帮助他们解决困难的人。"因此，销售顾问要熟悉自己的顾客，要了解顾客的一般需求，还要了解顾客的特殊需求，了解顾客的"困难"（如"购买力""决定权"），把顾客的需求放在第一位。

顾客导向原则要求汽车销售顾问在推销过程中，要注重调查研究，发现顾客的真实需求；要注重信息的传递和反馈，成为企业与顾客沟通的纽带；要注重汽车产品推销策略，丰富推销手段和技巧；要注重销售服务，解除顾客后顾之忧，提供终身服务，让顾客买得高兴，用得放心。

2．互利双赢原则

销售顾问要善于认识顾客的核心利益，切不可将核心利益理解为对顾客的让利或赠品利诱；要在准确判断产品给顾客带来利益的基础上找到双方利益的均衡点，开展"双赢"推销活动。在进行利益判断时，销售顾问不仅要看到当前的推销利益，更要看到长远的推销利益；不仅要看到直接的推销利益，还要看到间接的推销利益。销售顾问要多因素综合评价利益均衡点，不能以某一次交易的成功与否来判断推销的利益，要坚持用能给顾客带来的利益引导顾客成交。

从帮助顾客的角度出发，尽可能多地提供顾客需要的购车资讯，解除顾客心中的购车疑虑，帮助顾客做出购车决定，维护顾客利益是成功的推销思想。

提高顾客的满意度会带来更多销售成功的机会。汽车销售顾问在推销的每个环节和细节都要时刻想到超出顾客的期望值，以此激发顾客的热情和感动，建立顾客品牌忠诚度，从而建立长期的顾客关系，并通过顾客的转介绍提升销售业绩。

3．诚信为本原则

在推销过程中，如果销售顾问发现他所推销的汽车可能并非顾客所需要的，即使顾客完全信任你，也不应该欺骗他们接受你的推销。以欺骗手段获得的订单，可能会带来意想不到的严重后果。千万不要为了引诱顾客下单而向顾客许下不能履行的诺言，应该尽量少许诺，不夸大，多做实际工作。销售顾问在任何时候都应该记住，不论摆在面前的情况如何，决定你是否得到订单的重要因素是顾客对你的信赖，而不是你的推销技巧。

因此，在推销过程中，销售顾问不提供伪劣产品，不从事欺骗性活动，不传播虚假信息，必须信守承诺，不仅要信守书面的、口头的承诺，还要信守隐含的承诺。在由于某些原因不能履行承诺的情况下，销售顾问必须按有关法律、法规规定，及时通知对方或做出解释，并在必要时主动赔偿损失，承担责任。

4．尊重顾客原则

一个好的销售顾问卖的不是车，而是尊重。

尊重顾客，首先要倾听顾客内心的声音，要了解顾客的期待是什么，然后提供给他，甚至超越他的期待，这样才能让顾客深深地爱上自己推销的品牌。尊重顾客，还必须尊重顾客的性格，尊重顾客的观念，尊重顾客的审美。"充分尊重顾客的评判"是推销活动的起点。尊重顾客，还要求汽车销售顾问提高个人素养。良好的精神面貌，适当的语速，优雅的举止，倾听的态度，都是尊重顾客的表现方式。实际上，这也是满足顾客被尊重的心理需求。

5．不诋毁竞争对手原则

在面对顾客开展推销活动时，在顾客与其他品牌汽车及其车型进行比较时，汽车销售顾问尽量不要回避竞争对手，更不能诋毁竞争对手。

优势竞争的前提是尊重对手。当不得不谈论对手时要持客观、公正的态度，甚至多谈论竞争对手的优点，以营造一种良性的销售气氛。尽管在洽谈中不应谈论竞争对手的情况，但是销售顾问应该清楚地了解自己的对手，了解对手的汽车产品和推销方法等。只有在了解竞争对手在干什么、怎么干以后，才能更好地制订推销策略和计划，才能让顾客看到自己的优势，感受到自己的底气，从而对产品和品牌产生信赖。

6．FBI 原则

FBI 原则实际是说服诱导原则，也是一种推销技术原则。

F（feature）是特色、卖点，指所销售车辆的独特设计、配置、性能特征，也可以是材料、颜色、规格等用眼睛能够观察到的事实状况（just fact）；

B（benefit）指利益、好处；

I（impact）指冲击、影响。

"FBI"首先说明销售车辆的"卖点、特色、配置"等事实情况（F，feature－just fact）；其次将这些事实加以解释、说明，并辅以点评，阐述它的好处及可以带给顾客的利益（B，benefit）；最后用 F、B 给顾客以观念上的冲击（I，impact），进而使顾客产生购买动机。

车辆本身拥有的事实状况或特征，不管销售人员如何说明，如果只停留在传统意义上介绍汽车的性能、配置是很难让顾客产生需求的。因此，销售人员应将介绍延伸至 B（benefit，利益、好处）阶段，销售人员对每个卖点的介绍，都应力求在顾客的脑海里产生一个观念上的冲击，"这是一部安全性能很高的车……"当每一个卖点都能给顾客一次冲击，点点滴滴的理由汇集起来，就容易转化为顾客购买的理由，继而产生购买行为。

FBI 原则的运用有两个重点：一是正确运用三段论推理的阐述方法；二是要求销售人员对汽车的相关知识要有充分了解。顾客需要在由潜在顾客转变为真实车主的过程中不断学习，达到与所选择车辆的生产者（汽车厂家）、销售者（汽车销售商）对车辆认识的统一；而销售顾问在整个介绍推销过程中，应让顾客感到其销售的不仅仅是一部车，而且还为顾客提供了一种崭新的观念、一个成熟的想法、一套合理的方案。

FBI 还有一种更为巨大的潜能，它可以引导顾客的消费方向，也可称之为“使用价值导向”。运用 FBI 原则，汽车厂家可以根据自己的技术能力和顾客的购买能力来设计制造出新的汽车产品，然后由销售商用 FBI 方法教会顾客使用新车给他们带来的好处，激发顾客的潜在需求，提高顾客的消费水平，以驱动新的市场。

六、汽车推销的主要流程

汽车推销是一项具有创造性的，同时也是一项有科学规律的活动过程。汽车推销工作既要按照一定的流程进行操作，又要根据顾客的需求以及其他因素随机应变。汽车推销的主要流程如图 1—1—3 所示。

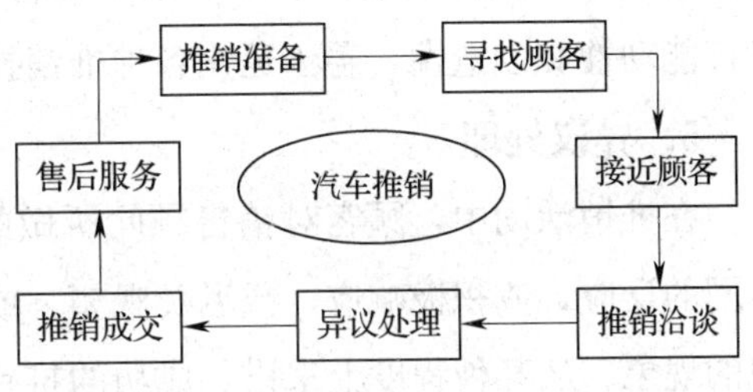

图 1—1—3　汽车推销的主要流程

1. 推销准备

推销准备主要包括销售顾问的仪表、态度、知识、技巧和心理准备，还包括销售顾问所使用的工具，如文件夹、画板、样车、文件资料及多媒体设备等。

汽车销售顾问给顾客良好的第一印象是推销成功的首要因素。汽车销售顾问留给顾客第一印象的机会也许只有一次，第一印象一旦形成将会很难改变。因此，销售顾问必须从形象、心理和行动上做好充分的准备工作。

2. 寻找顾客

寻找顾客是汽车推销工作的第一步。汽车销售顾问在汽车推销工作中首先要明确向谁推销。

汽车销售顾问应建立作为开发与进攻目标的潜在顾客的名单及档案，并加以分类，要收集有关顾客尽可能详尽的信息。

在寻找顾客中，汽车销售顾问首先要不断巩固、深化老顾客，关注老顾客的需求变化，并适时跟进，以免老顾客流失。现有顾客永远是推销的重要目标，是扩大市场占有率的基础和起点，也是推出新车型的首选目标。

潜在顾客是推销活动持续发展的保证。如果只满足原有的顾客群而忽视新顾客的开发，必然会将新市场拱手让给竞争者，甚至会导致原有市场的萎缩。因此，在巩固原有顾客的基础上，销售顾问要不断发现、挖掘、发展新的顾客，保持推销工作的生命力和活力。

3．接近顾客

接近顾客前要做好充足的功课，如观察、了解顾客个性特点及其需求，了解竞争对手及其产品，熟悉所推销汽车的性能和服务内容。

销售顾问接近顾客的方式主要包括电话、网络、信函及面对面接触等。

4．推销洽谈

推销洽谈是整个推销活动进入实质性阶段的标志，也是关系到整个推销活动成败的关键环节。推销洽谈是销售顾问运用各种方式、方法、技巧和策略分析顾客需求所在，展示产品的优势，说服顾客购买的过程，也是销售顾问向顾客传递信息并进行双向沟通的过程。在推销洽谈中，汽车销售顾问要充分调动情感、智力及非智力因素，发挥能动性和创造性，善于运用各种推销技巧和策略，引导顾客认可并接受。

5．异议处理

在推销活动中，顾客对销售顾问所做的各种推销努力和传递的推销信息，总会有不同的反应，或积极响应，或迟疑观望，或反感拒绝。顾客异议是推销活动中必然出现的现象。从某种程度上来讲，成功的推销都是从拒绝中开始的。因此，汽车销售顾问要以积极的心态，正确看待、分析顾客异议，要运用各种技巧和方法，针对顾客的异议类型灵活处理，切实解决顾客异议的症结所在。

6．推销成交

推销成交是顾客接受汽车销售顾问的推销建议而做出购买决定的过程。成交是整个推销活动的高潮，也是推销成功的信号。此时，汽车销售顾问要有顺利成交和成交失败的思想准备，要克服自身的心理障碍，掌握自然成交的策略，不能以利诱或欺瞒的方式促成顾客购买。因此，在满足顾客需求，实现顾客期望值的前提下，汽车销售顾问要善于捕捉成交信号，及时成交，随时成交，并顺利完成交车工作。

7．售后服务

达成交易并不意味着汽车推销活动的结束，售后服务同样是汽车推销工作的一项重要内容。汽车推销工作的终身服务理念在于永不终止的售后服务。

售后服务主要包括汽车的质量保障、索赔、维修、保养服务、汽车零配件供应、维修技术培训、技术咨询及指导、市场信息反馈、产品改进或升级信息等内容；还包括与顾客保持经常性的联系、汽车使用情况追踪及建立顾客档案、收集整理顾客信息资料等顾客管理内容。

“第一辆车始于销售，第二辆车始于服务。”生产商除了要有优质的产品，还要有优质、完善的售后服务。许多汽车生产商和经销商已将提高自身售后服务质量作为维护品牌、发展顾客的重要手段。做好售后服务，不仅关系到汽车产品的质量、完整性，更关系到顾客能否得到真正的、完全的满意。

思考与练习

1. 汽车推销的概念是什么？
2. 简述汽车推销的特点和原则。
3. 你是否将汽车销售顾问作为你的职业发展选择，为什么？

课题二　汽车销售市场

学习目标

- 熟悉我国汽车市场概况。
- 了解我国汽车销售市场的发展趋势。
- 掌握汽车销售方式的四个转变。

目前，中国汽车千人保有量仅为71辆，这与千人保有量达到600辆至800辆的发达国家，以及千人保有量达到180辆至200辆的泰国和巴西等新兴经济体相比也相形见绌。

中国城市家庭可支配收入年增长率为10%～15%，使得汽车日益成为人们消费得起的商品。农村市场也已经开始展示出一个巨大的潜在增长市场，甚至比一些二三线城市的增长率都要高；尤其是自主品牌，在农村市场有着非常大的价格优势。

数据和市场表现说明，随着我国国民经济发展水平的提高，汽车消费也越来越普及，我国的汽车市场有着非常大的发展空间。这就要求汽车销售顾问能充分把握我国汽车市场，转变汽车销售方式，成就自己的职业理想。

一、我国汽车市场

我国汽车市场是全球极具发展潜力的市场，汽车产销量在全球汽车市场中占据 1/5 的份额。世界知名汽车企业纷纷进入中国市场，中国自主品牌逐步崛起，汽车市场正演绎着新一轮的行业变革，中国汽车市场进入前所未有的多元化竞争时代。

随着国民经济的快速发展和人民生活水平的不断提高，我国汽车消费市场已从公务和商务购车为主，转入私人购车为主的阶段；在科技、环保等生活理念下，我国汽车消费逐步趋于理性。

1. 我国成为全球主要的汽车消费市场

2015 年中国汽车产销量连续第七年蝉联全球第一，分别达到 2 450.33 万辆和 2 459.76 万辆，创历史新高。我国的汽车消费占全球汽车消费的 7.5%。中国无疑已经成为全球汽车生产的大国和汽车最大消费市场，但中国目前还不是汽车制造强国。大量国外汽车制造商纷纷进入中国汽车市场，而我国自主品牌汽车的竞争力还不强，我国自主生产的汽车还没有真正建立起品牌效应。

2. 汽车消费结构正在发生重大的调整和变化

汽车消费结构正在发生重大的调整和变化，豪华车市场好于合资车市场，合资车市场好于自主品牌车市场，SUV 越野类汽车高速发展；轿车市场平稳发展，中小客车及皮卡类汽车市场潜力正在释放；自动挡汽车和两厢精品车市场快速发展；汽车主流消费群体年轻化，30 岁以下年轻用户成为我国汽车市场重要的新生力量；广大汽车消费者购车方式及观念，用车方式及观念都在发生着深刻的变化。同时，不同区域的汽车消费结构有着明显的不同，汽车文化、汽车旅游、汽车休闲、汽车娱乐、汽车运动、汽车竞技正在大城市快速发展，逐渐成为超大型汽车市场和园区的重要市场功能之一。汽车文化将推动汽车销售市场的良性发展。

3. 汽车消费刚性需求依旧存在

随着国家宏观经济调控力度的变化，我国汽车销量出现了增长幅度的起伏。2015 年我国车市增速明显放缓，车市已从中高速增长转入微增长。2015 年我国汽车产销量分别比上年增长 3.3%和 4.7%，但产销增速分别比上年下降 4%和 2.2%。

商用车受宏观经济影响较大，除了消费投资等经济指标下滑外，公路货运及客运量也呈现下降趋势，造成市场需求的疲软。因此，在我国经济的“新常态”发展阶段，在整体经济发展平稳和没有较大的行业政策影响下，商用车预计会在未来一段时期处于微增长状态。

三四线城市市场有8亿人口已经进入了汽车消费的第一高速增长期。汽车消费增长最快的区域主要分布在中西部较为发达的地级城市、东部富裕的县级城市及辖区。与受限购控制的一二线城市汽车市场的降温不同，三四线城市在国内新车市场中所占的份额从2013年的26.7%上升到2014年的30%，一线城市的份额则从2013年的35.7%降到2014年的30.8%。伴随着我国城镇化进程的加快和大中城市私家车趋于饱和，各大汽车品牌加快渠道下沉速度，预计到2020年三四线城市市场占全国市场的份额将提升到55%，一二线城市市场可能会下降到15%。

4．二手车市场将进入“黄金发展期”

随着汽车市场的发展，置换更新需求不断攀升，二手车交易正呈高速发展状态。2015年，我国二手车交易车辆为704.74万辆，实际过户量超过960万辆。我国汽车市场已告别高增长时代，买方市场格局初显，汽车市场新车和二手车的结合将更趋紧密。从现阶段的数据来看，新车市场的增长率正逐渐放缓，而二手车则开始提速，未来或将成为产业发展的新引擎。

5．汽车市场渠道模式将发生重大的变化

巨大的市场发展空间必然促进汽车销售模式的重大变化，汽车4S店、汽车城、汽车园区、汽车城市综合体、多品牌汽车超市、网上车市、汽车销售集团、小型2S店、城市展厅、汽车产业园、汽车连锁店、汽车特约维修中心、汽车配件及汽车用品综合市场、专业市场、汽车以租代售等渠道模式，将会进入到一个多元化的高速竞争时代。

6．新能源汽车的发展

我国新能源汽车发展的道路是纯电动和插电混动为主的线路，这是促进我国交通能源战略转型和推进生态文明建设的中长期战略。

2014年工业和信息化部出台的三批“免征车辆购置税的新能源汽车车型目录”和对用电实施价格上的优惠会对新能源汽车的消费起到促进作用。《政府机关及公共机构购买新能源汽车实施方案》要求2014年至2016年，公务车采购中新能源汽车比例不低于30%并逐年提高；充电接口与新能源汽车数量比例不低于1∶1；因此公务机构的新能源汽车购买也会对整体市场起到推动作用。2015年5月，国务院发布的《中国制造2025》已将节能与新能源汽车列入十大重点产业。2015年《电动汽车充电基础设施建设规划》发布，规划到2020年国内充换电站数量达到1.2万个，充电桩达到450万个。

2015年，我国汽车行业整体增速放缓，新能源汽车市场却逆市飞涨。根据工业和信息化部发布的信息，2015年我国新能源汽车产销量分别达到340 471辆和331 092

辆，同比分别增长 3.3 倍和 3.4 倍。其中纯电动汽车产销分别为 254 633 辆和 247 482 辆，分别同比增长 4.2 倍和 4.5 倍；插电式混合动力汽车产销分别为 85 838 辆和 83 610 辆，分别同比增长 1.9 倍和 1.8 倍。我国新能源汽车的销量首次超越美国，成为全球第一大新能源汽车市场。

7．汽车政策及办法的密集推出，对汽车市场产生多重影响

政府部门密集推出多项与汽车产业相关的政策和措施，如党政机关及行政事业单位公务用车的改革，支持新能源汽车发展的政策，开展落实汽车“三包”规定的专项活动，实施乘用车燃料消耗量的标准，反垄断调查，汽车销售管理办法修订，汽车总经销商和经销商备案制度取消，汽车维修业转型升级指导意见，部分城市采取限购措施；又如国务院出于车市低迷和结构调整而推出的救市政策，从 2015 年 10 月 1 日起至 2016 年 12 月 31 日对购买 1.6 升及以下排量乘用车实施减半征收车辆购置税的优惠政策，相当于在 15 个月内为汽车行业减税 720 亿元人民币。这一系列相关政策和办法的推出，对汽车销售市场产生了较大的影响，如图 1—2—1 所示。

图 1—2—1　影响汽车销售市场的政策及办法

《汽车销售管理办法》的修订和实施对汽车厂家、经销商等相关企业在产品的销售、渠道的建设以及提供服务等方面都会带来不同程度的影响，由此将导致营销模式的变化，增加市场的不确定性。

二、我国汽车销售市场

1．销售模式向综合性立体化发展

由于市场竞争和城市规划的调整和推动，目前国内汽车销售市场已经呈现集中交易的趋势，大型汽车城或汽车园区建设正在全国各大中城市推进。2016 年 1 月 6 日，商务部正式发布《汽车销售管理办法（征求意见稿）》，这意味着大卖场、电商等在内的多种销售方式将被鼓励，依靠“品牌授权”在汽车销售领域垄断经营的模式将正式告终。

网上车市或互联网车市，对国内汽车销售市场和消费市场正在形成重大影响。汽车销售模式正在由单一的4S店模式，向多种模式快速转变，汽车电子商务宣告汽车销售E时代的到来。

传统的汽车销售市场正在快速向综合型、超大型市场转型升级。汽车商业综合体和汽车城市综合体正在高速发展，并形成国内汽车市场最重要的主流趋势之一。经销商集团将独创车市商业新模式，打造汽车综合体，将汽车、休闲、文化、娱乐等概念纳入到汽车销售模式中，形成一个以展示、销售、信息、配套服务为主，并配套以汽车展示、汽车博览、汽车游乐、汽车一站式服务、汽车拍卖、汽车保养维修、汽车改装、汽车体验运动、汽车零配件交易的，面向全市、全省及国内区域性的汽车物流集散地。汽车销售和服务正发生革命性的变化。

2. 销售方式实现四个转变

汽车市场激烈的竞争形势，迫使汽车销售由重资源型市场，向服务型市场转变，推动汽车销售方式的变革与创新：

(1) 实现从粗放型销售向组合型销售方式转变。针对目标市场的需要，综合考虑环境、能力、竞争状况，对自己可控制的各种营销因素（产品、价格、分销、促销等）进行优化组合和综合运用。

(2) 实现从营业员式销售向顾问式销售转变。通过一对一顾问式销售，主动研究、细分、定位，把售前咨询、售中服务、售后维系有机地结合起来，最大限度地满足顾客需求，有效提高顾客满意度，创造更多的销售机会。

(3) 实现从“卖产品”到向综合服务转变。建立售前、售中、售后的全程式服务，提供如按揭、保险、保养、维修、二手车交易、车友活动等一站式标准化服务模式，建立顾客的品牌忠诚度。

(4) 实现从新车销售为主向新车、二手车并重的转变，延伸销售服务范围，建立终身服务理念。

3. 销售对象大众化

随着国民经济的发展和人们生活水平的提高，汽车已经开始走进寻常百姓家，汽车消费越来越普及，越来越大众化。

特别是近年来，女性逐渐成为汽车消费的生力军。在一线城市中，女性购车比例达到了55.8%，超过男性的比例。世界各大汽车厂商开始有意识地专为女性消费者开发有特色的汽车产品。女性对于汽车社会的广泛参与也需要引起关注。图1—2—2所示为汽车消费群体的性别分布。

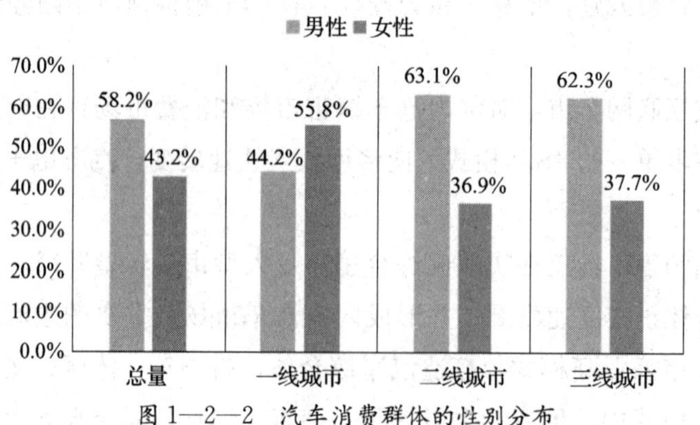

图 1—2—2 汽车消费群体的性别分布

4．高端品牌平价车型受欢迎，SUV、MPV 呈现消费潜力

2012 年以来，很多高端豪华品牌汽车都推出了面向中低端市场的车型，例如奥迪 A1、奥迪 A3、宝马 320、奔驰 C200 等，其价格都在 30 万元以内。38.6%的准车主会考虑购买这类汽车，特别是二线城市的消费者购买这类汽车的意愿最高，消费者越年轻越倾向于购买高端品牌较低价位的产品。

由于消费者群体的年轻化，使他们更偏好于时尚、个性、运动型车型，市场结构也发生了很大的变化，MPV 和 SUV 的市场销量快速增长，城市 SUV 和 MPV 在国内逐渐成为新一代消费群体及二次购车者的首选车型。图 1—2—3 所示为近五年 SUV 与 MPV 市场销量变化的走势。

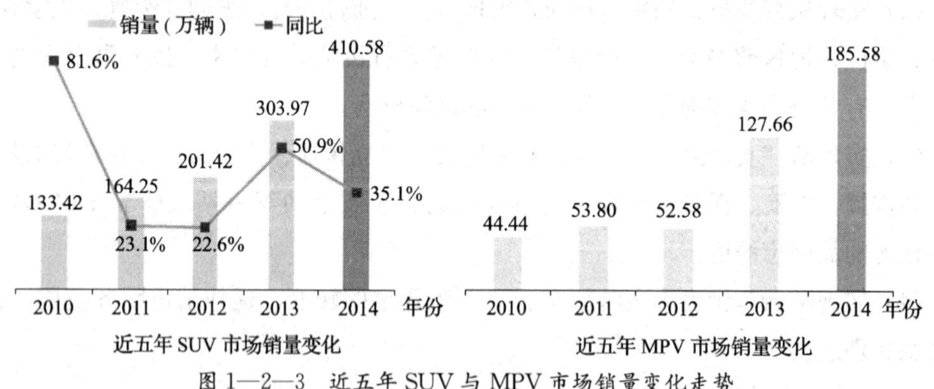

图 1—2—3 近五年 SUV 与 MPV 市场销量变化走势

5．二手车消费市场逐渐发力

汽车市场告别高增长时代，买方市场格局初显；汽车市场新车、二手车的结合更趋紧密；新车放缓，二手车提速，二手车将成产业发展新引擎。随着国内汽车保有量的增加，以及汽车市场的迅速扩大和相关政策的不断完善，为国内二手车市场发展奠定了坚实的基础。新车市场变化将波及二手车市场，形成在价格、车源等方面的变化。二手车消费市场将逐渐发力，形成新的经济增长点。图 1—2—4 所示为二手车购买比例分析。

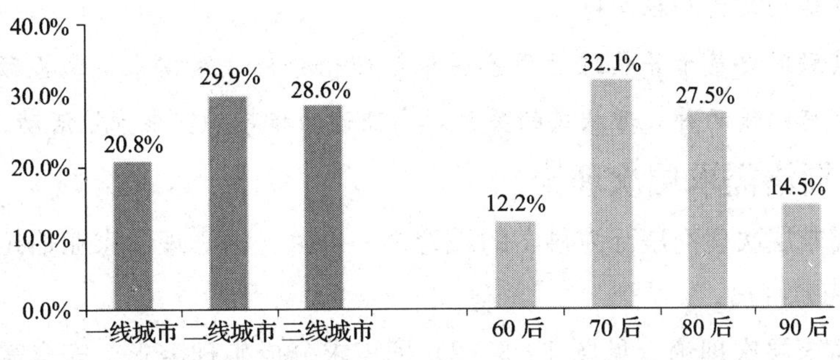

图 1—2—4　二手车购买比例分析

思考与练习

1. 简述我国汽车市场概况。
2. 分析我国汽车销售市场的发展趋势。
3. 谈谈你对汽车销售方式四个转变的理解。

课题三　汽车推销理论

学习目标

◆ 理解马斯洛需求层次理论与奥尔德佛“ERG”理论。
◆ 掌握推销方格理论和顾客方格理论所代表的典型态度。
◆ 能够熟练运用各种推销理论。

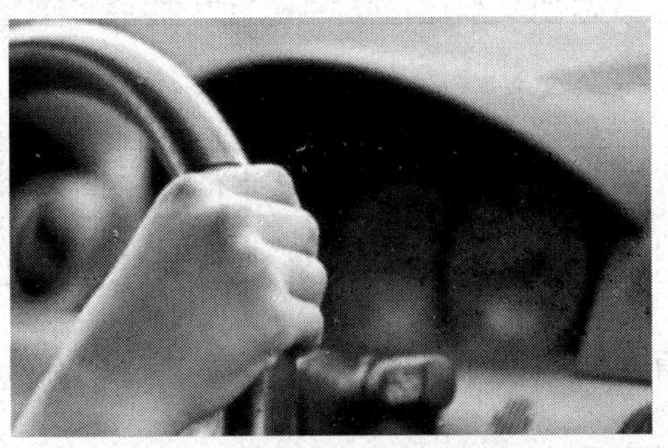

罗先生近几年的生意越做越大了，经常要到外省洽谈业务，他觉得现在开的车与自己的生意地位不相符，开出去感觉寒碜，不够气派，于是他准备换一辆新车。

罗先生的这种心理，实际上是马斯洛需求层次理论中的社会需求心理的体现，他希望拥有一辆更高端的车来提高他的交

际形象，彰显他的实力和社会地位。

汽车销售顾问要善于并熟练运用各种推销理论分析顾客需求，掌握顾客的需求心理特征，处理好购销两种心理状态的关系，在理论的指导下实践推销活动。

一、马斯洛需求层次理论

马斯洛需求层次理论是行为科学的理论之一，由美国心理学家亚伯拉罕·马斯洛（见图 1—3—1）提出。

马斯洛需求层次理论（见图 1—3—2）把需求分成生理需求、安全需求、社会需求、尊重的需求、自我实现的需求和自我超越的需求，依次由较低层次到较高层次，共六层。从推销战略的角度来看，每一个需求层次上的消费者对产品的要求都不一样，即不同的产品满足不同的需求层次。将推销方法建立在消费者需求的基础之上考虑，不同的需求也就产生不同的推销手段。

图 1—3—1　亚伯拉罕·马斯洛

自我超越的需求
（如：高峰体验、灵性成长）
自我实现的需求
（如：发挥潜能、实现理想）
尊重的需求
（如：受到尊重与肯定）
社会需求
（爱情、友谊、归属感）
安全需求
（如对保护、秩序、稳定的需要）
生理需求
（身体对食物、温暖、性的需要）

图 1—3—2　马斯洛需求层次理论

根据六个需求层次，可以划分出六个消费者市场（见表 1—3—1）。

表 1—3—1　　马斯洛需求层次的六个消费市场及顾客心理

需求层次	消费市场	顾客心理
生理需求	满足最低需求层次的市场	顾客只要求汽车产品具有一般功能即可
安全需求	满足对“安全”有要求的市场	顾客关注汽车产品对身体的影响
社会需求	满足对“社会”有要求的市场	顾客关注汽车产品是否有助于提高自己的交际形象
尊重的需求	满足对产品有与众不同要求的市场	顾客关注汽车产品的象征意义
自我实现的需求	满足对产品有自己判断标准的市场	顾客拥有自己固定品牌的汽车
自我超越的需求	满足对产品的审美和精神判断	顾客对汽车品牌和性能的关注已不是第一位了，他们更多的是追求内心的平和与自然的宁静

顾客的需求层次越高就越不容易被满足。推销市场的竞争，总是越低端越激烈，价格竞争显然是将“需求层次”降到最低，消费者感觉不到其他层次的“满意”，愿意支付的价格当然也低。

二、奥尔德佛“ERG”理论

美国耶鲁大学克雷顿·奥尔德佛（Clayton Alderfer，见图1—3—3）在马斯洛需求层次理论的基础上，提出了一种新的人本主义需求理论。他认为，人们共存在3种核心的需要，即生存（existence）的需求、相互关系（relatedness）的需求和成长发展（growth）的需求，因而这一理论被称为“ERG”理论（见图1—3—4）。他认为各种需求可以同时具有激励作用，这与马斯洛需求层次理论主张的低层次需求的满足是高层次需求的先决条件有所不同。

图1—3—3　克雷顿·奥尔德佛

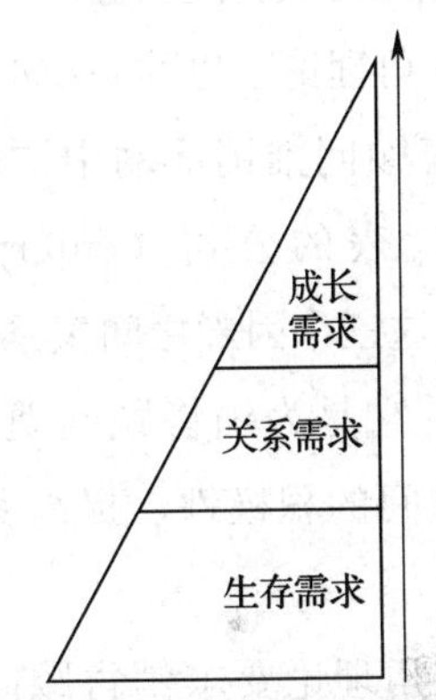

图1—3—4　奥尔德佛“ERG”理论

奥尔德佛的需求理论提出了以下三个概念：

1．需求满足

在同一层次的需求中，当某个需求只得到少量的满足时，一般会产生更强烈的需求，希望得到更多的满足。由此推论，此时消费者行为不会指向更高层次的需求，而是停留在原有的层次，从量和质方面发展。

2．需求加强

较低层次的需求满足得越充分，对高层次的需求越强烈，此时消费者的欲望将指向高层次的需求。

3．需求受挫

较高层次的需求满足得越少，越会导致较低层次需求的急剧膨胀和突出，即消费者会以更多的支出投入到这一较低层次的需求当中。

由此他得出，个人需求的满足可以是“满足—前进”，也可以是“受挫—后退”，即较高层次的需求没有得到满足，有可能退而求其次（较低层次的需求），如图 1—3—5 所示。

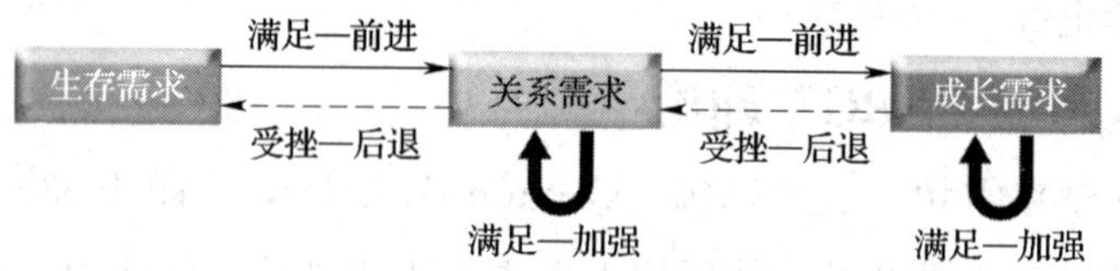

图 1—3—5 “ERG”理论的需求变化

根据“ERG”理论，销售顾问在推销实践中要注意分析、确定目标顾客的需求等级状况；要注意年龄、文化程度、职业、职务、收入和社会发展状况等因素对消费需求的影响，抓住不同消费群体的主导需求，注意发展高等级需求。

三、推销三角理论

推销三角理论，也称 GEM 公式（吉姆公式），是阐述销售顾问推销活动中“产品（goods）、销售顾问所代表的公司（enterprise）、销售顾问（myself）”这三个因素之间关系的理论，如图 1—3—6 所示。它是为销售顾问奠定推销心理基础，激发销售顾问的积极性，提高其推销技术的基础理论。

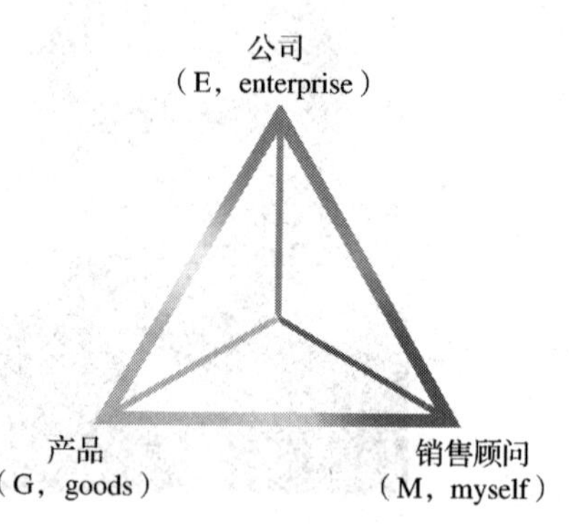

图 1—3—6 推销三角理论

推销三角理论要求销售顾问在推销活动中必须做到三个相信：

◇ 相信自己所推销的产品或服务

◇ 相信自己所代表的企业

◇ 相信自己的推销能力

推销三角理论的意义是，作为一名销售顾问，要有效说服顾客购买本公司的汽车产品，必须对所推销的汽车产品、所代表的公司和自己三者同时具备 100%的信心。销售顾问只有同时具备了这三个条件，才能充分发挥自己的推销才能，运用各种推销策略和技巧，取得较好的推销业绩。

四、推销方格理论

推销方格理论（sil gid）是美国管理学家罗伯特·布莱克教授与简·莫顿教授在他们曾经提出的“管理方格理论”的基础上，着重研究了推销人员与顾客的关系和买卖心态，提出的一种新的方格理论。

这种理论建立在行为科学的基础上，是管理方格理论在推销领域中的运用，在西方被认为是推销学理论的一大突破。它可以帮助推销人员更清楚地认识自己的推销能力，发现自己工作中存在的问题；更深入地了解自己的推销对象，掌握顾客的心理特征；有助于深刻地认识自己和推销对象的心理状态，恰当处理两者的关系。

推销方格理论分为推销方格和顾客方格两部分。推销方格是研究推销活动中推销人员的心理活动状态；顾客方格则是研究顾客在推销活动中的心理活动状态。

1．推销方格

推销人员在进行推销工作时至少要考虑两个方面的具体目标：一是设法说服顾客购买，出色地完成销售任务；二是如何赢得顾客信任，建立良好的人际关系。若把推销人员对这两个目标的态度和重视程度的组合用一个平面坐标系中第一象限的图形表示，就形成了推销方格，如图 1—3—7 所示。

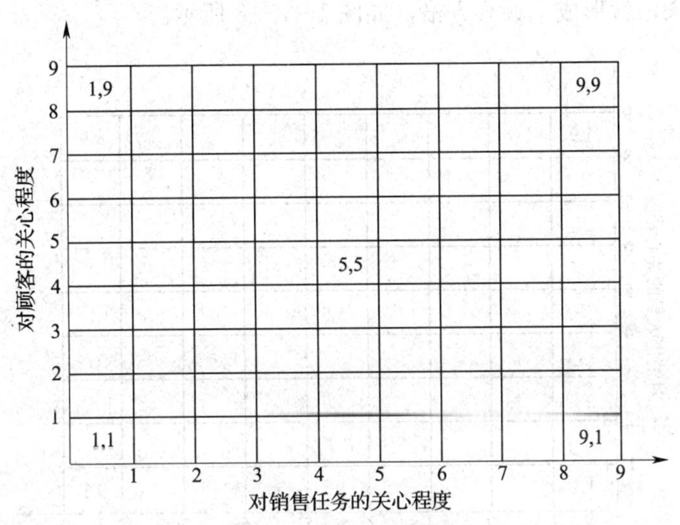

图 1—3—7　推销方格

推销方格中的纵坐标表示推销人员对顾客的关心程度，横坐标表示推销人员对销售任务的关心程度。纵、横坐标各分为九等份，其坐标值都从 1 逐渐等值增大到 9，坐标值越大，表示关心的程度越高。方格代表各种推销人员不同的推销心态。

推销方格中的 81 个方格对应 81 种不同的推销心态。在众多的推销心态中，有 5 种心态是最典型的：

（1，1）型销售顾问，也称为无所谓型、事不关己型（take it-or-leave it）销售顾问。处于这种心态的推销人员既不关心顾客，也不关心销售。他们对本职工作态度冷漠，不负责任，没有明确的工作目的，缺乏成就感。

（9，1）型销售顾问，也称为强力推销型（push the product oriented）销售顾问。

处于这种推销心态的推销人员只关心推销效果，而不管顾客的实际需要和购买心理。

（1，9）型销售顾问，也称为顾客导向型（customer relations oriented）销售顾问。处于这种推销心态的推销人员只关心顾客，而不关心销售。

（5，5）型销售顾问，也称为推销技巧型（sales technique oriented）销售顾问。这种心态的推销人员既关心业绩的完成程度，又关心顾客的满意程度。

（9，9）型销售顾问，也称为满足需求型、“解决问题”型（problem solving oriented）销售顾问。这种推销人员对顾客和销售都达到了极大的关心程度。

2. 顾客方格

顾客在购买活动中，至少要明确两个目的：一是与推销人员讨价还价，希望通过自己的努力获得有利的购买条件；二是希望与推销人员建立良好的人际关系，为日后长期合作打下基础。若把顾客对这两种目的的重视程度用一个平面坐标系中第一象限的图形表示出来，就形成了顾客方格，如图 1—3—8 所示。

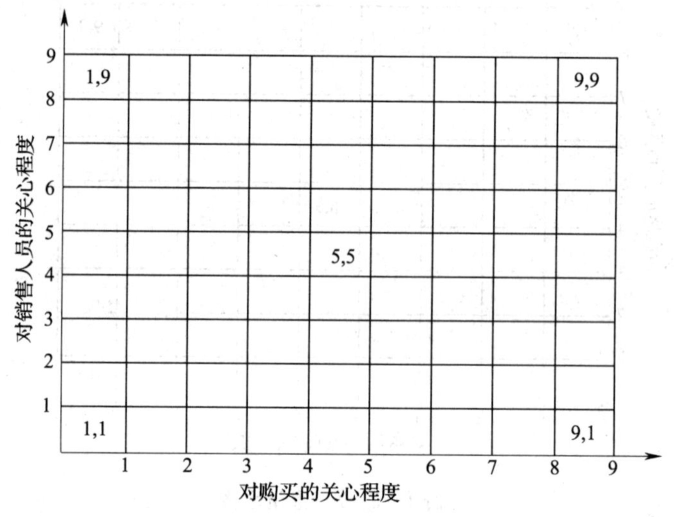

图 1—3—8　顾客方格

顾客方格图中的纵坐标表示顾客对销售人员的关心程度，横坐标表示顾客对购买的关心程度。纵、横坐标各分为九等份，其坐标值都是从 1 到 9 逐渐增大，坐标值越大，表示顾客对推销人员或购买的关心程度越高。顾客方格图中的每个方格分别表示顾客各种不同类型的购买心态。

顾客方格中的 81 个方格对应 81 种不同的购买心态。在众多的购买心态中，有 5 种心态是最典型的：

（1，1）型，也称为漠不关心型（couldn't care less）。持这种购买心态的人，对推销人员和购买行为都同样不关心。

（1，9）型，也称为软心肠型（pushover）。持这种心理态度的顾客，重感情、轻利益，极容易被说服打动。

（9，1）型，也称为保守防卫型（defensive purchaser）。这种类型的购买者与上一类型正好相反，他们怀疑一切，不轻易相信别人，把推销人员看作不诚实、不可靠的人，对别人的友好态度存在强烈的抵触情绪，对推销人员采取防卫态度。

（5，5）型，也称为干练型（reputation buyer）。持这种心态的顾客，既关心自己的购买行为，又关心推销人员，是一种比较合理的购买心理。

（9，9）型，也称为寻求答案型（solution purchaser）。这类顾客是最成熟的，他们十分理智，不会凭感情用事。

3．推销方格与顾客方格的关系

各种心态的销售顾问与顾客接触，哪一种搭配能推动推销成功呢？罗伯特·布莱克与简·莫顿给出了推销方格与顾客方格的关系表，见表1—3—2。表中符号“+”表示推销取得的概率高，“−”表示推销失败的概率高，而“0”表示推销成功与失败的概率相等。

表1—3—2　　**推销方格与顾客方格的关系**

购买风格类型 / 推销效果 / 推销风格类型	1，1	1，9	5，5	9，1	9，9
9，9	+	+	+	+	+
9，1	0	|	+	0	0
5，5	0	+	+	−	0
1，9	−	+	0	−	0
1，1	−	−	−	−	−

在现实的推销过程中，存有各种心态的销售顾问都会遇到具有各种心态的顾客。推销过程中销售顾问与顾客双方心态的有效组合是促使推销工作顺利进行的重要条件。

但推销与购买心态也绝非是简单地受关心对方与关心商品两方面因素的影响，故推销方格理论只是大致上概括出两种心理的组合，仅供我们分析时参考，推销工作还应该结合实践经验的积累，不断加以充实和完善。千百次的推销实践反复证明这样一个道理：销售顾问的心态越好，推销效果相对就越好。

思考与练习

1. 根据马斯洛的需求层次理论，汽车销售顾问应采取什么样的推销手段？
2. 推销三角理论对汽车销售顾问来说有何积极意义？
3. 简述推销方格与顾客方格的关系及其意义。

课题四　汽车推销模式

学习目标

◆ 掌握四种推销模式的适用范围。
◆ 熟悉四种推销模式的操作步骤。
◆ 能在汽车推销实践中灵活运用四种推销模式。

王先生是店里的一位老顾客，这次换车想买一辆性能及品质高一点儿的车，但他同时又想换一个品牌。店里得知后，想留住这位顾客促成这笔生意。如果店里派你去进行推销工作，你将采取哪一种推销模式？

案例显示的信息有：老顾客、高性能品质车、新品牌。顾客为什么要换品牌这个潜在需求并不明确，这就需要销售顾问进行深入发掘，并能熟练运用相应的推销模式进行推销，留住这位老顾客。

推销模式是指根据推销活动的特点，通过对顾客购买活动各阶段心理演变的分析及对推销员应采取的策略进行系统归纳，总结出一套程序化的标准推销方式。

推销模式来自于推销实践，具有很强的可操作性，是现代推销理论的重要组成部分。推销模式的产生使推销有了可以依据的理论、步骤与法则，促进了推销效率的提高。

汽车推销模式的种类有很多，这里主要介绍应用最广泛的四种模式，即爱达（AI-

DA）模式、迪伯达（DIPADA）模式、埃德帕（IDEPA）模式、费比（FABE）模式。

一、爱达（AIDA）模式

1．爱达模式的含义

爱达模式是世界著名的推销专家海因兹·姆·戈德曼在《推销技巧——怎样赢得顾客》一书中首次总结出来的推销模式，它被广泛认为是成功的推销模式。“爱达”是四个英文字母 AIDA 的译音，也是四个英文单词的首字母，A 对应 attention，即引起注意；I 对应 interest，即诱发兴趣；D 对应 desire，即刺激欲望；最后一个字母 A 对应 action，即促成购买。如图 1—4—1 所示。

爱达模式是指一个成功的推销员必须把顾客的注意力吸引或转移到产品上，使顾客对推销人员所推销的产品产生兴趣，这样，顾客的购买欲望也就随之产生，然后再促使顾客采取购买行为，最后达成交易。爱达模式被认为是推销成功的法则之一，它结合了消费心理研究推销的不同阶段。

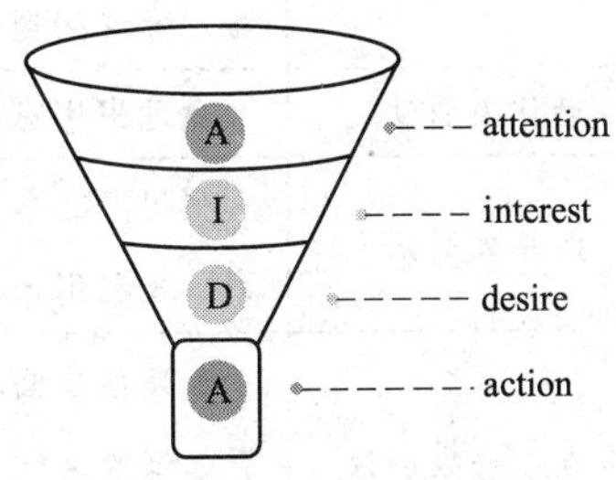

图 1—4—1　爱达模式

2．适用范围

（1）易于携带的生活用品和办公用品。

（2）新的推销员。

（3）新的顾客。

（4）顾客比较被动的情况。

3．操作步骤

（1）引起顾客注意（attention）

面对顾客进行推销时，推销员首先要引起顾客的注意，即将顾客的注意力引导到你所说的每一句话和所做的每一个动作上。

注意是人们心理活动对一定对象的指向和集中，以保证对客观事物获得清晰的反映。引起注意是指推销人员通过推销活动刺激顾客的感官，使顾客对推销人员和推销品有一个良好的感觉，把顾客的心理活动、精力、注意力等吸引到推销人员和推销品上来。通常人们的购买行为都是从注意开始的，因此，推销的第一步就是先要引起顾客的注意。

顾客的注意分为有意注意和无意注意。有意注意是指顾客主观能动地对推销活动发生注意。无意注意是指顾客不由自主地对推销活动产生注意。推销人员一定要通过积极努力，强化刺激，唤起顾客的有意注意，使顾客愿意把注意力从其他事情转移到推销上来。

要引起顾客注意，必须要做好推销前的准备，任何吸引顾客注意的方法都应当与推销内容有关；要设身处地地为顾客着想，在表达中要用肯定的语气说话，同时还要能巧妙处理推销中的干扰，保持顾客的注意力。引起顾客注意的方法见表1—4—1。

表1—4—1　　引起顾客注意的方法

方法	操　作
仪表形象吸引法	通过推销员个人的外表、衣着、神态等外在形象和形态吸引顾客注意力
语言吸引法	推销员的第一句话要把顾客吸引住，以出奇言、谈奇事、提需要、讲利益、奇特问题吸引顾客注意
动作吸引法	通过彬彬有礼的、得体的、夸张的、特别的、有意义的肢体语言吸引顾客
产品吸引法	利用产品本身的新颖、美观、艺术化包装所具有的魅力吸引消费者的注意力，或利用产品的特殊功能吸引消费者
售点广告吸引法	如果在店面推销，应借助售点广告，营造购物现场氛围，展示商品形象，引起消费者注意和兴趣。订货会、展览会的展台，或者是店面的柜台、门面，都可以通过广告刺激顾客的视觉和听觉，为成功推销做准备

(2) 唤起顾客兴趣（interest）

唤起顾客兴趣是指唤起顾客对推销活动及推销品的兴趣，或者说是诱导顾客产生对推销的积极态度。兴趣与注意有着密切的关系。兴趣是在注意的基础上发展起来的，反过来又强化注意。兴趣也与需要有密切的关系。顾客对推销的兴趣都是以他们各自的需要为前提的。因此，要很好地诱导顾客的兴趣，就必须深入分析顾客的各种需要，让顾客认识到购买所能带来的好处。推销人员要利用各种方法向顾客证实推销品的优越性，以此引导他们的购买兴趣。

一般来说，诱导顾客兴趣最基本的方法是示范表演法和情感沟通法（见表1—4—2）。示范表演法常用的手段有对比法、展示参观法、道具表演法和亲身体验法。

表1—4—2　　示范表演法与情感沟通法的操作要点

方法	要　点
示范表演法	事先计划，突出重点；示范越早效果越好；在使用产品中做示范；动作要熟练；尽量反复操作；当产品不便随身携带时，可利用模型、样品、照片和图片做示范；条件许可，可以让顾客自己动手；慎重使用宣传印刷品；从示范中提示效果结论
情感沟通法	要态度诚恳，能投其所好，又能晓之以理；要为顾客着想，做顾客参谋；要学会聆听，尊重顾客；要全力接近，协调气氛

（3）激发顾客购买欲望（desire）

激发顾客购买欲望是指推销人员通过推销活动，在激起顾客对推销品的兴趣后使顾客产生对推销品强烈拥有的愿望，从而导致顾客产生购买的欲望。这是推销的关键阶段。

欲望包括认识、动情、追求三个阶段。认识是产生欲望的起点；动情是基于认识而产生的情感反应；追求是对有特定目标的购买行为的心理倾向。

刺激顾客购买欲望三步骤

◇ 应使顾客对推销品和购买利益有充分的认识

◇ 使顾客认识到自己具有某种需求，而推销品刚好能满足这种需要

◇ 用充分的说理和证据使顾客认为购买决策是正确的

激发顾客购买欲望的方法主要有共同语言法、以情感人法、多方诱导法、突出优势法、充分说明法等。

（4）促成顾客购买行为（action）

促成顾客购买行为是指推销人员要不失时机地强化顾客的购买意识，培养顾客的购买意向，促使顾客最终产生购买行动。

促成顾客购买行动是爱达模式的最后一个步骤，它是全部推销过程和推销努力的目标，也是对前三个目标的总结和收获。这一过程要求推销人员在推销活动中必须抓住机会，坚定顾客的购买信心。顾客从产生购买欲望，到采取购买行动，还需要推销人员运用一定的成交技巧来施加影响，以促成顾客尽快做出购买决策。促成顾客采取购买行动的主要方法见表1—4—3。

表1—4—3　　促成顾客采取购买行动的主要方法

方法	要　点
假定购买法	如当了解到顾客是工薪阶层，就可以说“这款车性价比高，是代步工具的最好选择，家用完全绰绰有余”
让顾客选择法	如推销员问顾客“您喜欢什么颜色的车”“您看看选自动挡还是手动挡”等
让利法	让顾客自己决定，如“在我们这里做保险可以优惠2 000元”等
紧俏法	让顾客觉得再不出手将很难买到了，如“目前库存只有这两辆车，再不买要排队到下个月才能提车了”，“这款车优惠活动这周就要结束了，后面将不会有这种优惠了”，使顾客及早采取购买行动
案例法	推销员可以把过去推销成功的案例说给顾客听，从而增加顾客对产品的信心和认同，让顾客感觉到他的购买决策是正确的。但案例不能凭空捏造，要有实际成交根据

二、迪伯达（DIPADA）模式

1．迪伯达模式的含义

迪伯达推销模式是国际推销大师海因兹·姆·戈德曼根据自身推销经验总结出来的推销新模式。

“迪伯达”是六个英文字母DIPADA的译音，这六个英文字母分别为英文单词definition（发现）、identification（结合）、proof（证实）、acceptance（接受）、desire（欲望）、action（行动）的第一个字母。它们表达了迪伯达模式的六个推销步骤。

迪伯达推销模式是以需求为核心，是现代推销学在推销实践中的突破与发展，是一种创造性的推销模式，被誉为现代推销法则。

2．适用范围

（1）适用于老顾客及熟悉的顾客。

（2）适用于有组织的购买，即团队或单位购买者。

（3）适用于保险、技术服务、咨询服务、信息产品等无形产品的销售。

由于此模式比爱达模式复杂、层次多、步骤繁，但其销售效果较好，因而受到销售界的重视。

3．基本步骤

（1）准确发现、界定顾客的需要和愿望（definition）

从大量的推销实践来看，推销真正的障碍来自需要和愿望得不到满足。顾客的需要可能同时有许多种，既有明显的、可说的，又有隐蔽的、不可说的。特别是组织购买者，它有两个层次的主体，一个是组织本身，另一个是组织的个人代表。顾客的一些隐蔽的需求和愿望，需要推销人员去挖掘、去求证；顾客的多个需要都要考虑到并尽量同时满足。

准确发现、界定顾客的需要和愿望，是说服和有效推销的基础和保证。否则，推销将陷入无效的讨论陷阱之中。

在这一阶段，推销人员应围绕顾客的需要，探讨顾客需要解决的问题，而不要急于介绍推销品。这种做法体现了以顾客为中心的准则，最能引起顾客的兴趣，有利于制造融洽的推销气氛，有利于消除推销障碍。

（2）把顾客的需要和愿望与推销的产品结合起来（identification）

这一步是迪伯达模式的关键环节，它要求推销人员在探讨顾客的需要后，及时对顾客的需要进行总结和提示，使双方的话题自然转向把推销品和顾客的需要与愿望结合起来。

Identification要遵循符合客观实际的原则，即要符合顾客利益，推销技巧应自然，其方法见表1—4—4。

表 1—4—4　**Identification 的方法**

方法	技　巧
语言结合法	通过语言表达，说明产品符合顾客需要的特性
行为结合法	通过推销员的行动把推销活动和满足顾客的需要、解决顾客的问题结合起来，用行动向顾客表明诚意，赢得合作与信任
需要结合法	根据整体产品的各个层次，发掘顾客的真正需要，给推销发掘更广阔的空间
逻辑结合法	即从顾客的看法出发，以逻辑推理方法进行结合；推销员要顺从顾客基于自身知识和经验对解决问题的方案产生固定的看法
关系结合法	即通过各种人际或工作关系把顾客的需要与推销品联系起来，就个人而言，包括亲朋、同事、同学、上下级等关系；就组织而言，包括主管部门、供应商、分销商、银行等关系

(3) 证实推销品符合顾客的需要和愿望（proof）

证实不是简单的重复，而是推销人员使顾客认识到推销品符合他的需要，帮助顾客寻求购买的理由和佐证的过程。要达到这个目的，推销人员需熟练掌握展示证据和证实推销的各种技巧。Proof 的方法见表 1—4—5。

表 1—4—5　**Proof 的方法**

方法	技　巧
人证法	权威人士、社会名人或顾客熟知的人士对产品的评价
物证法	产品实物、模型、质检报告、鉴定书、获奖证书等
例证法	典型的实例，完整的个案，即购买产品取得效益的单位和个人。时间、地点、人物、结果及数据等要具体详细

(4) 促使顾客接受所推销的产品（acceptance）

推销的目的是促使顾客接受推销品，这一步骤是对前一阶段推销进展的总结，常与第三步的证实有机结合成一体，体现了迪伯达模式的创造力。

促使顾客接受推销品时，要避免硬性推销、急于求成，不能强迫顾客接受。Acceptance 主要方法见表 1—4—6。

表 1—4—6　　Acceptance 的主要方法

方法	技　巧
提问法	通过提问的设计，层层深入，推销员在证实产品符合顾客需要的过程中不断询问顾客是否理解或认同，如“现在您对这款车所有的细节都了解得很清楚，没有什么疑虑了，而且您也很满意，我们可以签单了吗?”
总结法	通过对前阶段双方意见的总结，推动顾客对产品的认可和接受。如“通过前面您提的问题及我们的分析，可以看出，您对这款车关注得很细，您看这款车的性能和价格，应该是您满意的”
示范检查法	示范产品，检查效果，进一步地说服。说服时，不要忘记产品，有时产品是最有力的说服手段
试用法	把已介绍和初步证实的产品留给顾客使用，从而在客观上使顾客接受产品
诱导法	通过向顾客提问，请顾客回答，层层深入，由小到大，由浅入深，使顾客逐步接受产品。问题要经过严谨的设计，后一个问题以前一个问题为基础，而顾客的回答总是肯定的，从浅入深，引导顾客进行逻辑推理

（5）刺激顾客的购买欲望（desire）

当顾客接受了推销品后，推销人员应及时地利用各种诱因和外界刺激使顾客对推销品产生强烈的满足个人需要的愿望和情感。这一步与爱达模式的“激发顾客购买欲望”相同。

（6）促使顾客做出购买行为（action）

推销人员应不失时机地巧妙说服顾客做出购买决定。这一步与爱达模式的“促成顾客购买行动”相同。

三、埃德帕（IDEPA）模式

1．埃德帕模式的含义

埃德帕推销模式是“迪伯达”模式的简化形式，它少了“迪伯达”模式中“发现顾客需要（definition）”的内容。

“埃德伯”是五个英文字母 IDEPA 的译音，分别为五个英文单词的第一个字母：identification，即把推销品与顾客需要结合起来；demonstration，即向顾客示范产品；elimination，即淘汰不合适的产品；proof，即证实顾客的选择正确；acceptance，即促使顾客接受产品。

2．适用范围

采用该模式时不必去发现和指出顾客的需要，而是直接提示哪些产品符合顾客的购买目标。这一模式比较适合于零售推销，适用于有着明确的购买愿望和购买目标的上门顾客，也可用于向熟悉的中间商进行推销。

3．基本步骤

（1）把推销品与顾客的愿望结合起来（identification）

主动上门购买的顾客都是带着明确需求而来的，因此推销人员在热情招待的同时，应按顾客需求提供尽量多的商品，并发现其潜在的需求和愿望，把推销品与顾客愿望结合起来。

（2）向顾客示范推销品（demonstration）

按照顾客的需要进行产品示范，不仅能够吸引顾客注意力，而且能使顾客清晰地看到购买的好处从而激发购买愿望。

（3）淘汰不宜推销的产品（elimination）

由于推销人员向顾客提供的推销品较多，其中一部分可能与顾客的需求标准距离较大，因此，需要把部分不合适的产品淘汰，把推销重点放在适合顾客需求的推销品上。

（4）证实顾客的选择是正确的（proof）

用具有说服力的例证去证明顾客的选择是正确的，并及时对顾客的选择予以赞扬。

（5）促使顾客接受推销品（acceptance）

此时影响顾客购买的主要因素不是推销品本身，而是购买后的一系列问题，如结算、运输、办理手续等，推销人员若能对上述问题尽力予以解决，就会坚定顾客的购买信心。

四、费比（FABE）模式

1．费比模式的含义

费比推销模式是由美国奥克拉荷大学企业管理博士、中国台湾中兴大学商学院院长郭昆漠总结出来的推销模式。“费比”是 FABE 的译音，组成 FABE 的四个字母分别是英文单词 feature（特征）、advantage（优点）、benefit（利益）、evidence（证据）的第一个字母。

F 代表特征（feature），即产品的特质、特性等最基本功能，它揭示的是如何用来满足顾客的各种需要。

A 代表由这些特征所产生的优点（advantage），即 F 所列的商品特性究竟发挥了什么功能，是要向顾客证明购买的理由，列出与同类产品相比较的突出优势或独特之处。可以直接或间接阐述，如：“更高档、更温馨、更安全、更大气……”

B 代表这些优点能带给顾客的利益（benefit），即 A 带给顾客的好处。利益推销已成为推销的主流理念，一切以顾客利益为中心，通过强调顾客得到的利益，能有效激发顾客的购买欲望。

E代表证据（evidence），包括技术报告、顾客来信、报刊文章、照片、示范等。证据具有足够的客观性、权威性、可靠性和可见证性。

费比模式是推销人员把产品的优点、给顾客带来的各种利益等通过列举的方式直观地展示给顾客，从而有效地提高推销效率和节约购买成本的一种推销方式。

费比推销法是非常典型的利益推销法，而且是非常具体、操作性很强的利益推销法。它通过四个关键环节，极为巧妙地处理了顾客关心的问题，从而顺利地实现产品的销售。

2．适用范围

适合高新技术产品、汽车、房产等推销。

3．基本步骤

（1）把产品的特征详细介绍给顾客（feature）

推销人员在见到顾客后，要以准确的语言向顾客介绍产品特征。特征的内容有产品的性能、构造、作用、使用的简易及方便程度、耐久性、经济性、外观优点及价格等。如果是新产品则应更详细地介绍；如果产品在用料或加工工艺方面有所改进的话，也应介绍清楚；如果上述内容多而难记，推销人员应事先打印成广告式的宣传材料或卡片，以便在向顾客介绍时将其交给顾客。因此，如何制作好广告材料或卡片便成为费比模式的重要特色。

（2）充分分析产品优点（advantage）

它要求推销人员应针对在第一步骤中所介绍的特征，寻找出其特殊的作用或者是某项特征在该产品中扮演的特殊角色、具有的特殊功能等。如果是新产品，则务必说明该产品开发的背景、目的、必要性以及设计时的主导思想、相对于老产品的差别优势等。当面对的是具有较好专业知识的顾客，则应以专业术语进行介绍，并力求用词精确简练。

（3）尽数产品能给顾客带来的利益（benefit）

这是费比模式最重要的步骤。推销人员应在了解顾客需求的基础上，把产品能给顾客带来的利益，尽量多地列举给顾客。不仅要讲产品外表的、实体上的利益，更要讲产品给顾客带来的内在的、实质上的利益；从经济利益讲到社会利益，从工作利益讲到社交利益。在对顾客需求了解不多的情况下，应边讲解边观察顾客的专注程度与表情变化；在顾客表现关注的主要需求方面更要多讲解多举例。

（4）以证据说服顾客购买（evidence）

推销人员在推销中要避免用“最便宜”“最合算”“最耐用”等语句，因为这些词语会令顾客反感而显得没有说服力。因此，推销人员应以真实的数字、案例、实物等证据，让证据说话，解决顾客的各种异议与顾虑，促成顾客购买。

4．费比标准句式

费比标准句式是在推销活动中，运用feature（特征）、advantage（优点）、benefit（利益）、evidence（证据）的标准推销句式。其标准句式是"因为（特征）……，从而有（优点）……，对您而言（利益）……，您看（证据）……"，见表1—4—7。

表1—4—7　　费比标准句式

步骤	范式	作用	特点	目的
feature（特征）	因为……	描述商品的款式、技术参数、配置	是有形的，这意味着它可以被看到、尝到、摸到和闻到	回答了"它是什么"
advantage（优点）	从而有……	解释了特征如何被利用	是无形的，不能被看到、尝到、摸到和闻到	回答了"它能做到什么……"
benefit（利益）	对您而言……	将功能翻译成一个或几个购买动机，即告诉顾客将如何满足他们的需求	是无形的，如自豪感、自尊感、显示欲等	回答了"它能为顾客带来什么好处"
evidence（证据）	您看……	向顾客证实你所讲的好处	是有形的，可见、可信	回答了"怎么证明你讲的好处"

例如以省油作为卖点，按照费比模式的推销技巧来介绍：

（特征）"这款车省油"——省油关系到顾客切身利益。

（优点）"让您不用时时刻刻担心油箱"——动不动就要去加油真的很麻烦。

（利益）"别的车动不动百公里耗油费用要七八十元，这款车四五十元就够了"——省油少花钱是顾客最大的利益。

（证据）"这款车在同级车中唯一配备了减速能源再生系统，在脚离开油门或制动时启动，将以往被浪费掉的动能由发电机转化为电能并储存到蓄电池中，当踩下油门时发电机关闭，发动机的全部功率都可施加到驱动轮上，大大提升了燃油效率与驾驶动感；这款车还搭配了INVECS－Ⅲ智能学习系统，自动学习驾驶员的驾驶习惯，并结合路况，由变速器ECU自动调节最佳传动比，使得CVT比一般的自动变速器能提高8%的传动效率，大幅提高了燃油的经济性"——先进技术是最能打动顾客的证据。

（进一步的证据）“这款车的销量非常好，您可以看看我们的销售记录……”——利用销售记录的证据方式进一步打动顾客。

案例从顾客心理入手，恰当地使用了“一个中心，两个基本法”原则——“一个中心”是以顾客的利益为中心，并提供足够的证据；“两个基本法”是灵活运用观察法和分析法。把产品的优点、给顾客带来的各种利益等通过列举的方式直观地展示给顾客，从而有效地提高了推销效率。

思考与练习

1. 比较迪伯达模式与埃德帕模式的异同，它们在实际应用中有什么区别？

2. 刚走上工作岗位的小王在汽车展销活动中接待了来买车的一家三口，请问小王在展销活动中运用哪一种推销模式比较合适，为什么？

3. 请选择一款车型，运用费比标准句式撰写推销方案，并进行模拟推销。

模块二 汽车销售顾问的职业素养

课题一 职业道德修养

学习目标

- 掌握汽车销售顾问职业道德规范的基本要求。
- 掌握汽车销售顾问的职业道德意志修养和品质修养。
- 能够培养良好的职业行为习惯。

吴先生兴奋地为刚买的车去上牌，谁知到最后一步投档的时候，工作人员发现发票上合格证的字母打错了。于是吴先生只好回去找4S店重开发票，但由于缴纳购置附加税时已经把税联交上去了，没法给吴先生提供4S店的三联发票，4S店财务人员让吴先生自己去交税点更换，吴先生找了当初为自己服务的销售顾问，销售顾问也说没办法，只能让吴先生自己去交税点更换。

这时，吴先生不高兴了。他为了上牌专门请了一天的假；再说，发票是4S店开错的，他们应该积极为顾客采取补救措施，而不应该让顾客自己去处理。为此，吴先生和4S店工作人员吵起来了……

这张发票该谁去办理更换手续呢？

问题是由4S店的工作失误造成的，虽然更换手续需要吴先生亲自去办理，但4S店应主动担起责任，优先为吴先生提供方便和协助。这既是销售人员的基本责任和义务，也是职业道德规范的基本要求。

职业道德，是从业人员在职业活动中应该遵循的行为准则，是职业品德、职业纪律、专业胜任能力及职业责任等的总称，属于自律范围，它通过公约、守则等对职业生活中的某些方面加以规范。它既是对从业人员在职业活动中的行为要求，也是本行业对社会所承担的道德责任和义务。

一、职业道德规范基本要求

职业道德规范的基本要求主要包括以下六个方面：

1．爱岗敬业

爱岗敬业是对人们工作态度的一种普遍要求，是社会公德中一个最普遍、最重要的要求。

爱岗，就是热爱自己的本职工作，能够为做好本职工作尽心尽力；敬业，就是要用一种恭敬严肃的态度来对待自己的职业，即对自己的工作要专心、认真、负责任。爱岗与敬业是相辅相成、相互支持的。

2．诚实守信

诚实守信，是为人处世的基本准则，是一个人在社会生活中安身立命之根本。

诚实是人的一种品质。对于汽车销售顾问来说，诚实守信就是在汽车销售过程中不虚夸，不隐瞒，不作假。要讲信用，讲信誉，在工作中遵守时间，公平竞争，不诋毁竞争对手，不欺瞒顾客。

3．办事公道

办事公道是很多行业、岗位必须遵守的职业道德，它要求秉公办事，公平、公正地处理问题。在工作中做到诚信无欺、买卖公平，不以劣充优、以次充好。同时，要对顾客一视同仁，不以貌取人，不以年龄取人，不以贫富取人。

4．服务顾客

服务顾客是为人民服务的道德要求在职业道德中的具体体现，是各行各业工作人员必须遵守的道德规范。

在工作中，对顾客要热情、主动、耐心细致，文明待客，服务周到，说话和气，不以貌取人，自觉接受顾客监督和批评，努力提高服务质量，提高业务技术水平。

真诚地对待每一位顾客是汽车销售人员的职业道德准则。热情服务，不以貌取人是强大的推销武器。

5．奉献社会

奉献社会是社会主义职业道德的最高要求，是为人民服务和集体主义精神的最好体现。每个人无论在什么行业、什么岗位、从事什么工作，只要他爱岗敬业，努力工作，就是在为社会做贡献。

从业人员要将公众利益、社会效益放在第一位，处理好“义”和“利”的关系，处理好个人利益与社会效益的关系，把奉献社会的职业道德落到实处，充分实现自我价值。

6．保守秘密

保守秘密是每个组织或企业从业人员都必须遵守的道德规范。从业人员对单位或组织认定为保密的文件、信息或活动，要严格按照要求进行保密，不可因个人利害或亲疏关系泄密。

二、职业道德意志修养

汽车销售顾问的职业道德意志修养主要包括四个方面，具体如下：

1．认同

认同即要求有清晰的角色意识。角色认同可以用“假如我是……”的思路将心比心，推己及人，设身处地地进行角色互换，站在顾客的角度来思考和处理问题。

认同要求认同工作方式，认同竞争对手，认同顾客需求，认同各种差异。

2．自制

推销工作的实质是人际交往。在工作中，情绪容易受到感染，这时要求销售顾问要有良好的自制能力，做到冷静、沉着，不受对方的情绪所影响。做到你发火，我耐心；你粗暴，我礼貌；你埋怨，我周到；你有气，我热情。

3．宽容

宽容是实现有效自制的前提。情绪失控，心态失衡是无法做好推销工作的。宽容工作的苛刻要求，宽容顾客的挑剔，保持良好的心态，积极面对，宽以待人。把一切“面子”都留给别人，你收获的将更多。

4．平衡

理智、观念与情感、情绪要保持平衡。很多时候，汽车销售顾问努力地工作，付出很多，做得不好时会招来各方面的批评，但做得好的时候，却没有得到认可，良好的服务没有得到顾客的认可和回报，出现观念上和情感上的冲突，导致心理失衡。

因此，汽车销售顾问要把握好这种心理和情感上的平衡，客观看待问题，培养积极的心态，调整工作状态。

三、职业道德品质修养

1．见物不贪

在工作中，有时顾客没有争取赠品，或在汽车美容、保养中，顾客将物品遗留在车内，这时，工作人员不能存有贪心或侥幸心理，将其据为已有，否则，不仅会给自身带来麻烦，还会影响公司的信誉。工作人员应主动将顾客应得的送给顾客，顾客坚

决不要的则应按要求回收入库；顾客遗落的物品，应帮其收好，然后联系顾客并将物品送还。

2. 与人为善

友情、关爱、帮助、支持、鼓励、赞扬、指教、尊重和信赖是人人都需要和渴望的，如果一个人坚持做到与人为善，就能实现这些美好的期望。汽车销售顾问在与顾客、同事及上级相处时，应持有与人为善的心态，从而体会到工作中的快乐。

乔·吉拉德是世界著名的汽车销售大师。有一天，一位中年妇女从对面的汽车销售店走进了乔·吉拉德的汽车销售店。她说想买一辆白色的车，但对面店里的工作人员有事，要她等1小时，所以先来这儿瞧一瞧。“夫人，欢迎您来看我的车。”乔·吉拉德微笑着说。妇女兴奋地告诉他，过几天是她的生日，所以想买一辆白色的车送给自己作为生日的礼物。“夫人，祝您生日快乐！”乔·吉拉德热情地祝贺道。随后，他轻声地向身边的助手交代了几句。

乔·吉拉德领着这位女士从一辆辆新车面前慢慢走过，边看边介绍。这时，助手走了进来，把一束玫瑰花交给了乔·吉拉德。乔·吉拉德真诚地把玫瑰花送给这位夫人，说道：“夫人，请您接受我们提前的生日祝福，祝您生日快乐！如果您中意，希望在您生日那天，这里有一辆车能作为您正式的生日礼物。”这位夫人为突然的惊喜而感动，在经过接触和比较后，最终，这位夫人在乔·吉拉德那儿买下了自己心仪的车。而乔·吉拉德在她生日的那天把这份“生日礼物”隆重地送到这位女士手中。

乔·吉拉德的成功故事告诉我们，在销售中，人情重于商情。一个成功的销售顾问，要有一颗与人为善、真诚细腻的心。

3. 做事求上

“做一天和尚撞一天钟”的工作态度和工作作风已不适合现代社会。随着时代的发展和科技的进步，人们在工作中往往要付出比以往更多的努力去掌握新知识、新工艺。汽车推销工作面对的是高科技的产品、复杂的竞争环境、各种不同的顾客类型，这就要求汽车销售顾问要坚守“做事求上”的心态，不断学习，精益求精，力求上进。

4. 自信乐观

自信乐观是一个人良好自我形象的重要特征。销售顾问的自信乐观精神，不仅会感染到顾客，使顾客产生信赖感和安全感，有效吸引顾客，促成交易，而且会感染同事，为工作带来激情、创造力和活力。因此，销售顾问应培养自己的自信心和积极乐观的心态，展示自己阳光、自信、乐观的精神状态。

5. 服务意识

服务（service）有着深刻的内涵：

S——smile（微笑）	销售顾问应该对每一位顾客提供微笑服务
E——excellent（出色）	销售顾问应将每一个服务程序做得很出色
R——ready（准备）	销售顾问应随时准备好为顾客提供服务
V——viewing（看待）	销售顾问应该将每一位顾客看作是需要提供优质服务的贵宾
I——inviting（邀请）	销售顾问在顾客提车后，应该显示诚意和敬意，邀请顾客再次光临
C——creating（创造）	销售顾问应该想方设法为顾客创造出热情的服务氛围
E——eye（眼光）	销售顾问应该始终以热情友好的眼光关注顾客，提供及时有效的服务，使顾客时刻感受到销售顾问在关心自己

服务意识的内涵是发自内心的，是服务人员的一种本能和习惯，它可以通过培养和教育训练形成。在现代社会中，服务日渐成为指导人们各项活动的理念之一。做好本职工作，只能是合格的员工；而能够真正站在顾客立场为其着想，具有强烈服务意识的员工，才是优秀的员工。

四、职业行为习惯

良好的职业行为习惯是形成良好的职业道德修养的基本条件，是保证工作质量的必备品质，也是出色地完成工作任务的必要前提。

良好的职业行为习惯主要包括以下方面：

1．早到工作岗位

每天提前半小时到工作岗位，在上班之前准备好完成工作必需的工作条件，调整好需要的工作状态，保证准时开始一天的工作。

2．做好清洁卫生

做好个人及环境的清洁卫生，可以保证一天整洁有序的工作环境，同时也利于保持良好的工作心情和展示良好的工作形象。

3．做好工作计划

做好各级工作计划，如年度工作计划、季度工作计划、周工作计划、日工作计划及目标工作计划等，有利于有条不紊地开展每天、每周的工作，有利于保证工作的质和量。

4．遵守工作纪律

工作纪律是为了保证正常工作秩序、维持必需的工作环境而制定的，不仅有利于工作效率的提升，也有利于工作能力的提高。

5．及时总结工作

及时总结每天、每周等阶段性工作中的得与失，可以及时调整自己的工作习惯，总结工作经验，不断完善工作技能。

6．向上级汇报工作

及时地向上级请示、汇报工作，不仅有利于工作任务的完成，也可以在上级的指示中学习到更多的工作经验和技能，让自己得到提升。

思考与练习

1. 汽车销售顾问应遵循哪些职业道德规范要求？
2. 汽车销售顾问在工作中如何做到诚实守信？
3. 请你谈谈作为一名汽车销售顾问，应养成什么样的职业行为习惯。

课题二　职业心理素养

学习目标

- ◆ 了解推销心理的主要特征。
- ◆ 掌握销售顾问应具备的心理素养。
- ◆ 能够在推销工作中掌握方法，不断提高心理素养。

小王向一位顾客进行推销，去了几次，这位顾客都是拒绝。但小王并没有气馁，他仍然坚持去，有时候隔时间长点儿去，有时隔时间短点儿去；有时是专门拜访，有时是路过；有时是送产品资料，有时只是问候一下。每次时间都很短，也几乎不再谈业务。开始顾客是直接拒绝，接着以“以后再说吧”搪塞，再后来顾客就不怎么搭理他了，这种来往渐渐成了一种习惯。见面次数多了，顾客和小王成了陌生的熟人了。

有一次，小王又来了。他像朋友一样打招呼说：“李经理，今天特意来拜访您，以后我们难得见面了，我要调到外地做销售了，今后照顾不到您这边，请多多原谅。”

第二天，小王接到顾客的电话，要求签合同。在接待室，顾客对小王说："一般推销员跑我这三五次被拒绝了，就再不来了。你跑了这么多次，我也嫌烦，但你坚持下来了，搞销售做到这样，我相信你。"

小王以积极主动的心态打动了顾客，这实际上也是与顾客进行了一场心理交锋。"如果你跑了10次，顾客还不接受的话，你应该跑20次"，这是一个合格的销售顾问所应有的心理素养。

汽车销售顾问的职业心理对推销工作有着非常重要的影响，其与顾客心理构成了推销活动双向互动的整体过程。因此，这就要求汽车销售顾问具有良好的心理素养。

销售顾问的心理素养是销售顾问在推销工作中所具备的心理品质和修养。

一、汽车销售顾问推销心理的主要特征

1. 互动性

汽车推销过程是销售顾问和顾客双向沟通协商互动的过程，彼此的心理影响、相互制约作用明显。在实际推销活动中，销售顾问要了解推销心理的互动性，不能自顾自地进行推销工作，如过分热情会对顾客产生较大的购买心理压力，过于疏远又会使顾客产生隔阂。因此，要充分重视双向的心理互动，引导顾客积极参与到推销活动中来。

2. 趋同性

推销心理的表现千差万别、各不相同，但又是有规律可循的，销售顾问要善于从各自不同的心理表现中找出其趋同性。如经济实力雄厚、有一定社会地位的顾客喜欢配置较高的高端车，收入一般的家庭倾向于购买小排量车，女性喜欢色彩靓丽的小型车等。因此，从推销心理的角度来讲，销售顾问要善于从顾客的身份、地域、性格、性别、职业、年龄等方面分析顾客心理。

3. 差异性

相对于趋同性而言，差异性是由销售顾问和顾客不同的个体差异造成的。这种心理差异性表现在身份、地域、性格、性别、职业、年龄、宗教、文化等方面。如年轻人相对年纪大的人比较喜欢运动型汽车，女性相对男性比较喜欢买两厢汽车等。推销心理的差异性要求汽车销售顾问在推销活动中注意顾客个体的差异性，不能以心理趋同性等量观之，要树立"推销无定式"的理念。

4. 不对等性

推销心理的不对等性主要表现为销售顾问和顾客在信息交流过程中心理表现的不对等性。在推销活动的互动中，由于个性、环境、时机和观念的差异，彼此的心理表

现出不对等性。如在汽车推销活动中，顾客对销售顾问所介绍的一款车的性能很满意，但并不意味着顾客会接受这款车。

二、汽车销售顾问应具备的心理素养

1. 积极的心态

积极的心态不但使自己充满奋斗的激情，也会给身边人带来激励的氛围。在工作中，销售顾问会遇到很多困难，在这些困难面前，应该看到克服这些困难后的美好前景。唯有心态问题解决了，才会感觉到自己的存在，才会感觉到生活和工作的快乐，才会感觉到自己所做的一切是有意义的。

2. 主动的心态

主动就是“没有人告诉你而你正做着恰当的事情”。主动是为了给自己增加机会，增加锻炼自己的机会，增加成功的机会，增加实现自己价值的机会。在激烈的市场竞争中，主动就能赢得顾客，主动就能获得成功。

3. 包容的心态

汽车销售顾问在推销活动中难免会遇到一些异议，这是一种必然现象，是顾客对产品感兴趣的表现。这时，销售顾问应该冷静、宽容地对待这些推销异议，包容顾客的不同喜好，包容顾客的挑剔，克服个人情绪，避免矛盾扩大，最大限度地满足顾客的需求，以实现双赢。

4. 自信的心态

汽车销售顾问应对自己服务的企业充满自信，对推销的产品充满自信，对自己的能力充满自信，对同事充满自信，对未来充满自信。汽车销售顾问应坚信自己是将优良的产品推荐给顾客，是为了更好地满足顾客的需求，推销活动是有价值的。缺乏自信的销售顾问，是很难叩开成功大门的。

5. 服务的心态

为顾客服务、让顾客满意是现代营销的核心组成部分，也是工作的指导精神。服务心理要求销售顾问在推销活动中以顾客为中心，根据顾客的需要，千方百计地为顾客提供各种良好的服务。服务心理是服务顾客的客观要求，是增强企业竞争力的重要手段，是提高经济效益的重要途径。作为第一线的销售顾问，直接面对顾客，其服务态度、服务手段、服务精神和服务质量直接体现了品牌形象。因此，加强服务心理的培养和锻炼，是汽车销售顾问的基本素养之一。

6. 双赢的心态

亏本的买卖没人做，这是商业规则。销售顾问必须用双赢的心态面对企业和顾客。销售顾问不能为了自身的利益损害企业的利益，同样，销售顾问也不能为了把产品推销出去而损害顾客的利益。任何一方的利益受到损害，都将是一个两败俱伤的结局。

汽车销售顾问的心理障碍很大程度上是由于对自身缺乏信心，对业务不熟悉，不适应市场竞争造成的。因此，汽车销售顾问要通过学习、培训和实践，正确认识自己，克服心理障碍，培养积极的心态。

三、提高心理素养的方法

1. 学习能力

营销管理学家杰克·特劳特在《营销战》一书中说，“市场营销的本质是在同竞争对手的对垒过程中，以智取胜，以巧取胜，以强取胜”。智、巧、强从何而来？它来自于工作岗位，通过在市场竞争中的不断学习，日积月累，实现厚积薄发。

从宏观方面来说，汽车销售顾问应该学习国家有关方针政策、相关法律法规、国家的宏观与微观经济政策，从战略的高度武装自己；从微观方面来说，汽车销售顾问应该研究汽车行业环境、市场形势、发展趋势，学习营销学、管理学、心理学、公共关系学、汽车新技术等知识，通过学习不断完善自己的知识结构，适应日益复杂的市场发展需要。

2. 观察能力

敏锐的观察能力是汽车销售顾问深入了解顾客心理活动和准确判断顾客特征的必要前提。没有敏锐的观察能力，就不可能使用有效的销售技巧。顾客为了从交易过程中获得尽可能多的利益，往往掩盖自己的某些真实意图。顾客的每一个行动背后，总有其特定的动机和目的。顾客在交易过程中也会或多或少地使用各种购买技巧。对汽车销售顾问来讲，只有具备敏锐的观察能力，才能更好地了解销售环境，更多更好地寻找顾客，掌握购买者的行为特征，进而开展有效的销售活动。

3. 思维能力

思维是人的理性认识活动，就是在表象、概念的基础上进行综合分析、判断、推理等认识活动的过程。汽车销售顾问应具有的思维品质包括：思维的全面性，即能从不同角度看问题，如立体思维、多路思维；思维的深刻性，即能站得高，看得远，能看透问题的本质；思维的批判性，即不盲从，敢于坚持真理；思维的独立性，即能独立思考，不受干扰，不依赖现成的答案；思维的敏捷性，即能反应快，遇事当机立断；思维的逻辑性，即考虑问题条理清楚，层次分明。

4. 记忆能力

汽车销售顾问的工作繁杂，需要记住的东西很多，如顾客的姓名、职务、单位、电话、兴趣爱好，汽车产品的性能、特点、价格、使用方法，对顾客的许诺、交易条件、洽谈时间、地点，交通工具、出行时间等。如果汽车销售顾问在顾客面前表现出记忆不佳，顾客就会对他产生不信任感。这无疑会为销售工作设置障碍，影响工作效率。

记忆能力的好坏固然与天赋有很大关系，但更重要的是后天的训练。能否取得充分的记忆效果，很大程度上取决于记忆技巧和不断的自我训练。

5．交往能力

交往能力是指人们为了某种目的而运用语言或者非语言方式相互交换信息、进行人际交往的能力。汽车销售顾问在工作中要善于与各种各样的人打交道。有效的交往，会密切自己与顾客的关系，增加获得信息的渠道，提高销售效率。

交往能力不是天生的，而是在销售实践中逐步培养的。要培养高超的交往能力，汽车销售顾问必须努力拓宽自己的知识面，做到天文地理、文韬武略都懂得一点；同时，要掌握必要的社交礼仪、礼节常识；汽车销售顾问还应敢于交往，主动与人交往，不要封闭自己，应利用各种机会提高自己的社交能力。

6．劝说能力

劝说是销售工作的核心。汽车销售顾问应有良好的劝说能力，劝说能力的强弱是衡量汽车销售顾问水平高低的一个重要标准。汽车销售顾问要说服别人、说服顾客，不仅需要有较好的说话艺术，更重要的是要掌握正确的原则。其中最重要的原则就是“抓住顾客的切身利益展开劝说工作”，也就是说，在销售商品的过程中，要重视对顾客切身利益的考虑，而不要把说服的重点放在夸耀自己的产品上。只有这样，顾客才会对所销售的产品产生兴趣，销售才会有成效。

7．演示能力

汽车产品如果用语言表述，因其专业性太强，不一定能说清楚，顾客也难以理解，这就需要进行演示表达。产品演示是向顾客证明产品优点的极好方法，会使介绍过程既准确又明了。熟练地演示所销售的产品，能够吸引顾客的注意力，使他们对产品直接产生兴趣，这是一种“活广告”。产品演示是一项专业销售技术，要求汽车销售顾问必须掌握要点，形成自己独特的技巧。

8．应变能力

在销售活动中，销售方法必须随顾客的改变而改变，没有一种方法对任何顾客都是绝对有效的。销售活动总是受各种因素的影响，如顾客态度和要求的变化，竞争者的加入，企业销售政策的变更，对方谈判人员及方式的更换等，这些变化往往会使销售进程出现意想不到的状况，这就要求汽车销售顾问具有灵活的头脑，能灵活、冷静、果断地采取应变措施。

思考与练习

1. 汽车销售顾问应具备什么样的心理素养？
2. 如何在推销工作中提高自己的心理素养？
3. 试从推销心理的角度分析与处理顾客心理。

课题三　职业礼仪素养

学习目标

◆ 了解汽车销售礼仪的重要性。
◆ 掌握汽车销售中的职业礼仪素养。
◆ 能够熟练运用各种礼仪技能。

一位4S店的销售顾问几乎已经成功地说服了他的顾客，可是当他们坐在会客室谈论具体事宜时，那位顾客突然说了句“我现在有点急事，下次再说吧”，然后就走了。后来才得知，原来这位销售顾问在会谈时歪斜地靠在座椅上，一只脚不停地点地，好像打节拍一样。这位顾客觉得销售顾问斜靠着是对自己的不尊重，不停晃动的脚又好像不耐烦地催促他下单，这让他感觉很不舒服。

这位销售顾问为什么会出现这些不合时宜的举止呢？关键是他没有意识到作为一名销售顾问所应具备的礼仪素养。

汽车销售的竞争越来越激烈，要在竞争中保持优势地位，独树一帜，不断发展壮大，良好的品牌形象无疑会起到非常重要的作用。而良好品牌形象的重要内容之一，便是企业员工有良好的礼仪修养。员工良好的礼仪修养，不仅体现了企业员工的素质和服务质量，还反映了公司的整体水平和可信程度，彰显出自身的品牌价值。

汽车销售顾问的礼仪素养是专业化销售的直接体现。顾客只有接受销售顾问的礼仪才能接受其代理的产品，因而汽车销售礼仪是成功销售的重要突破点。

一、仪容仪表礼仪

在个人仪表中，汽车经销店对汽车销售顾问的日常个人着装、仪容仪表有明确的规范。

1. 男性销售顾问个人礼仪要点

男性销售顾问的个人礼仪主要包括头发、面部、手部、着装等方面，具体要点如图 2—3—1 所示。

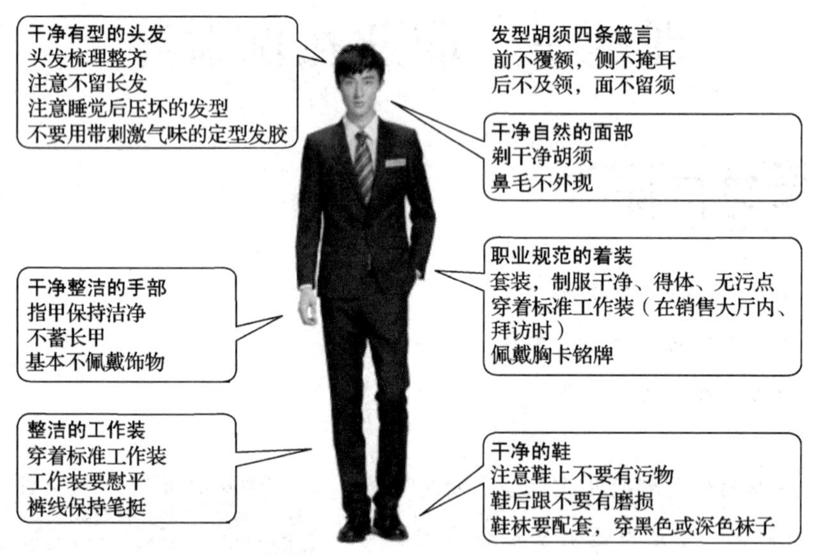

图 2—3—1　男性汽车销售顾问仪表规范

领带是男性汽车销售顾问必不可少的行头之一，除了选择合适的领带外，在使用领带的过程中还要注意下面一些要点：

领带不能过长或过短，站立时其下端触及皮带扣上沿为宜；穿着针织的套头高领衫、翻领衫和短袖衬衫均不宜打领带；在喜庆场合，领带颜色可鲜艳一些，在肃穆的场合，一般系黑色或其他素色领带；在日常生活中，只穿长袖衬衣也可系领带，但衬衣下摆应塞进裤子里；选配领带，应避免条纹领带配条纹西装或衬衫、花格领带配方格西装或衬衫。

2. 女性销售顾问个人礼仪要点

女性销售顾问的个人礼仪要点主要包括头发、手部、着装、饰物等，具体要点如图 2—3—2 所示。

二、举止礼仪

汽车销售顾问的一举一动、一颦一笑都显示出其专业性，更影响着其在顾客心目

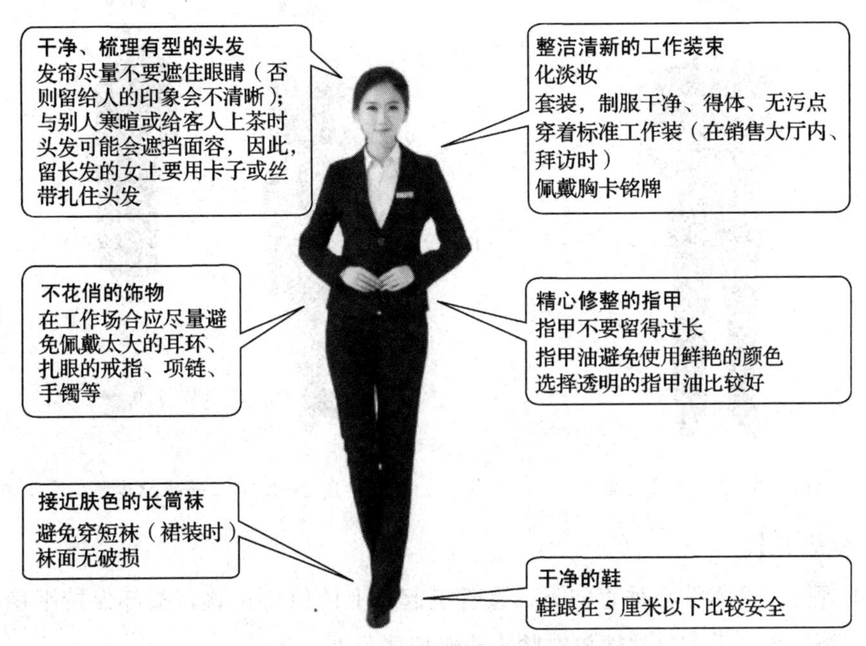

图 2—3—2 女性汽车销售顾问仪表规范

中的形象与信任感。行为举止是无声的语言，是一种特殊的语言，它显示着人的气质、风度与涵养。行为举止还可以和有声语言相配合，沟通人们的心灵。

个人仪表是塑造职业形象的第一步，而得体的职业形象不能只靠外表，它是每个人语言、表情、行为、环境、习惯等综合因素的体现。只有平时注重多方面知识的储备和能力的积蓄，才能做到气质独特、卓尔不群。当然，即使外表再得体，如果没有专业的行为举止，也会被认为是无专业意识。

1．站姿礼仪

在站姿礼仪中，包含有很多种站姿，其中迎候站姿是汽车销售服务工作中较为标准的站姿。

迎候站姿基本规范主要包括：抬头，下颌微收，双目平视前方，挺胸直腰，肩平，双臂自然下垂，收腹，肩放松，气下沉，自然呼吸，身体挺立，双手交叉放在身前，右手搭在左手上。

男性销售顾问站姿基本要点：身体挺拔直立，两脚并立，与肩等宽，双手交叉，放在身前，右手搭在左手上，如图 2—3—3 所示。

女性销售顾问站姿基本要点：脚跟并拢，呈 V 字形，或者两脚稍微错开，一前一后，前脚的脚后跟稍稍向后脚的脚背靠拢，或腿的膝盖向前腿靠拢；右手搭在左手上，左手心握住右手拇指，如图 2—3—4 所示。

图 2—3—3 男性站姿

图 2—3—4 女性站姿

2．坐姿礼仪

基本规范：身体重心垂直向下，腰部挺起，上体保持正直，头部保持平稳，两眼平视，下颌微收，手掌自然地放在膝头或座椅扶手上。

男性销售顾问坐姿基本要点：上身挺直，两腿分开，不超肩宽，两脚平行，两手自然放在双腿上，如图 2—3—5 所示。

女性销售顾问坐姿基本要点：双膝并拢，两脚同时向左或向右放，两手相叠后放在左腿或右腿上，如图 2—3—6 所示，也可以双腿并拢，两脚交叉，置于一侧。

图 2—3—5 男性坐姿

图 2—3—6 女性坐姿

坐姿的注意事项

◇ 用手掌指示顾客就座的席位，为顾客扶住椅子，遵循女士、长者优先的原则

◇ 坐下的动作不要太快或太慢、太重或太轻，太快显得有失教养，太慢则显得无时间观念，太重给人粗鲁不雅的印象，太轻给人谨小慎微的感觉

◇ 坐下后上半身应与桌子保持一个拳头的距离，坐满椅子的 2/3，宽座沙发则至少坐 1/2
◇ 坐着与人交谈时，双眼应平视对方，不要频繁转换姿势，也不要东张西望
◇ 女士着裙装入座前，应用手将裙摆稍微拢一下再坐下，不要等入座后再重新站起来整理衣裙
◇ 女士不可将双腿叉开
◇ 双手不要叉腰或交叉在胸前
◇ 脚不要不停地晃动或抖动

3. 蹲姿礼仪

当顾客在展车内乘坐听取介绍的时候，为了表示对顾客的尊敬，汽车销售顾问应该以标准的蹲姿对顾客进行商品说明。

基本规范：下蹲时，右脚在前，左脚在后向下蹲去，双腿合力支撑身体，避免滑倒或摔倒，头、胸、膝关节不要在一个角度，从而使蹲姿显得优美。男性双腿稍稍分开，女性双腿并拢。如图 2—3—7 所示。

图 2—3—7 蹲姿礼仪

蹲姿注意事项主要包括：女士着裙装的时候，下蹲前要事先整理裙摆；下蹲时，左脚掌垂直于地面，右脚掌着地，控制平衡，避免摔倒；下蹲时的高度以双目保持与顾客双目等高为宜；避免臀部朝向对方。

4. 走姿礼仪

基本规范：上身略向前倾，身体重心落在脚掌前部，两脚跟走在一条直线上。行走时，双肩平稳，目光平视，下颌微收，面带微笑。手臂伸直放松，手指自然弯曲，手臂自然摆动。同时，步行速度要适中，不要过快或过慢。

走姿注意事项包括：上身摆动和臂部扭动的幅度不可过大，否则会显得体态不优美；避免含胸、歪脖、斜腰及挺腹等；男性脚步应稳重、大方、有力。另外，走路时要摆动大腿，而不是膝关节，这样才能使步伐轻捷。如图 2—3—8 所示。

5. **微笑礼仪**

微笑是汽车销售顾问应具备的技能之一。无论是在顾客进店、引导顾客入座时，还是在顾客离开时，与顾客接触的每一个环节都应当保持适当的微笑。真诚的微笑是社交的通行证，它向对方表示自己没有敌意，并可进一步表示欢迎和友善的态度。

微笑服务的基本规范：面部表情和蔼可亲，伴随微笑自然地露出6～8颗牙齿，嘴角微微上翘；微笑注重“微”字，笑的幅度不宜过大；微笑会让顾客感到真诚、甜美、亲切、善意、充满爱心；口眼结合，嘴唇、眼神含笑。如图2—3—9所示。

图2—3—8 走姿礼仪

图2—3—9 微笑礼仪

尽管微笑有其独特的魅力和作用，但若不是发自内心的真诚微笑，就是对微笑的亵渎。有礼貌的微笑应是内心真实情感的表露。如果强颜欢笑，假意奉承，则可能演变为“皮笑肉不笑”或者“苦笑”。

三、工作礼仪

工作礼仪是指人们在工作中应遵循的彼此友善、互致方便的习俗和规范。掌握并恰当地使用工作礼仪，不仅能创造和谐融洽的工作环境，也有利于提高工作效率，还有利于树立企业形象。

1. **握手礼仪**

握手是汽车销售顾问日常工作中最常用的礼节之一，与新老顾客会面时需要使用握手礼仪，如图2—3—10所示。

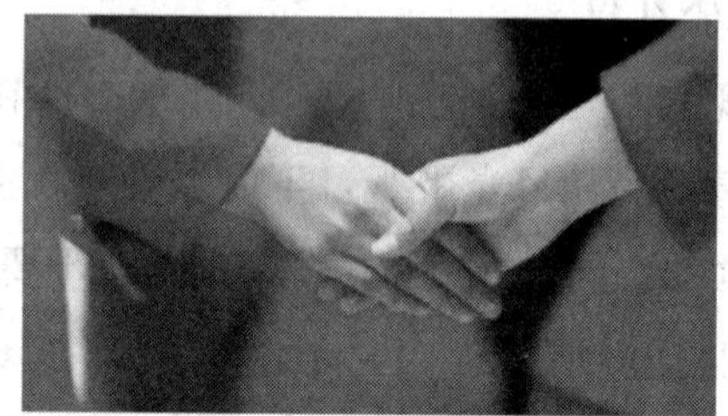

图2—3—10 握手礼仪

握手礼仪讲究一定的礼仪次序：

握手的礼仪次序

◇ 男女之间，男方要等女方先伸手后才能握手

◇ 宾主之间，主人应向客人先伸手，以示欢迎

◇ 长幼之间，年幼的要等年长的先伸手

◇ 上下级之间，下级要等上级先伸手，以示尊重

握手时，对方伸出手后，另一方应该迅速地迎上去。握手的时候最应该避免的就是很多人互相地交叉握手，还要避免上下过分地摇动。握手时间一般在2～3秒或4～5秒之间为宜。握手力度不宜过猛或毫无力度。要注视对方并面带微笑。

握手时应避免的事项

◇ 感觉不好意思，所以动作很轻，让人觉得这个人比较害羞、胆小

◇ 为了表示热情，紧紧握住顾客的手不放，显得非常没有礼貌

◇ 握手的时候眼睛看着地面或者别的地方

---

2. 名片礼仪

名片是汽车销售顾问在工作过程中重要的社交工具之一，交换名片时也应注重礼节。使用名片通常包含两个方面的意义，一是表明名片主人所在的单位；另一个是表明名片主人的职务、姓名及承担的责任。

(1) 名片的准备

1) 名片可放在上衣口袋中（但不可放在裤兜里）。

2) 要保持名片或名片夹的清洁、平整。

3) 名片不要和钱包、笔记本等放在一起，原则上应该使用名片夹。

(2) 接收名片时

1) 必须起身双手接收名片，面带微笑，点头表示感谢。

2) 接着仔细阅读名片上的内容，遇到难认字，应该询问。

3) 不要在名片上面作标记。

4) 接收的名片不可来回摆弄，要妥善保管。

5) 不要将对方的名片遗忘在座位上，或存放时不注意掉在地上。

(3) 递送名片时的规范动作（见图2—3—11）

1) 用双手的大拇指和食指握住名片。正面要面向接收名片的人。同时还要轻微鞠

躬，即头微微低下。

2）递送名片的次序是由下级或访问方先递名片，如介绍时，应由被介绍方先递名片。

3）递送名片时，应说“请多关照”“请多指教”之类的寒暄语。

4）互换名片时，应用右手拿着自己的名片，用左手接对方的名片后，用双手托住。

5）在会议室如遇到多人相互交换名片时，可按对方座次排列递送名片。

6）礼仪用语：您好，欢迎光临，这是我的名片，您就叫我××好了。

图 2—3—11　名片礼仪

3．电话礼仪

（1）接电话的基本礼仪

接电话基本原则：电话铃响在 3 声之内应接起；电话机旁准备好纸笔进行记录；确认记录下的时间、地点、对象和事件等重要事项；告知对方自己的姓名。

常见的用语有：“您好，××4S 店××部×××”（直线）；“您好，××部×××”（内线）；如上午 10 点以前可使用“早上好”；电话铃响 3 声以上时说“让您久等了，我是××部×××”。

电话礼仪注意事项

◇ 电话铃响 3 声之内接起

◇ 在电话机旁准备好记录用的纸笔，认真做好记录

◇ 接电话时，不使用“喂”回答

◇ 音量适度，不要过高

◇ 告知对方自己的姓名

◇ 使用礼貌语言；通话时要简洁、明了

◇ 注意听取时间、地点、事由和数字等重要词语

◇ 通话中应避免使用对方不能理解的专业术语或简略语

◇ 注意讲话语速不宜过快

◇ 如对方打错电话要有礼貌地回答，让对方重新确认电话号码

（2）拨打电话的基本礼仪

拨打电话前要做基本的准备工作：确认对方的姓名、电话号码；准备好要讲的内容、说话的顺序和所需要的资料、文件等；明确通话所要达到的目的。电话接通时要问候对方，告知对方自己的身份和姓名："您好！我是××4S店××部的×××。"同时要确认对方的信息："请问××部的×××先生在吗？""麻烦您，我要找×××先生。""请问是×××先生吗？"互相确认后要简洁地说明电话的主题："今天打电话是想向您咨询一下关于××事……"应先将想要说的结果告诉对方，如果事情比较复杂，应请对方做记录，对时间、地点、数字等进行准确的传达，说完后可归纳所说内容的要点。通话结束后要表示感谢，"谢谢""麻烦您了""那就拜托您了"等，语气要诚恳、态度要和蔼，等对方放下电话后再轻轻扣下电话，同时整理电话记录。

4．引导礼仪

在公司的办公场所接待客人、洽谈业务时，有许多场合需要使用引导礼仪。指引顾客方位或看东西的时候，手臂应自然伸出、手心向上、四指并拢。出手的位置应该根据与顾客所处的位置而定，即使用与顾客距离较远的那条手臂。

引导礼仪注意事项

◇ 引导顾客入座时为顾客轻轻拉开椅子，用手指示，表示请顾客入座，遵照女士优先、长者优先的原则

◇ 一般的座位安排以坐在顾客左侧为宜

◇ 上下楼梯靠右单行行走，不可多人并排行进

◇ 上楼梯时顾客在前，要提示顾客到达楼层后左右转的方向；下楼梯时顾客在后，要提示顾客注意脚下安全

◇ 进入办公室时应在前先为顾客打开办公室门

◇ 开门时使用与门把手同方向的手为顾客开门，忌反手开门

5．递送礼仪

（1）递送饮料的礼仪

在汽车销售过程中，给顾客递送饮料可以延长顾客在店里停留的时间，增加销售成功的机会。

常见的递送饮料礼仪

◇ 首先询问顾客所需要的饮料种类，在听到顾客提出的要求后，重复饮料名称进行确认

◇ 送饮料时托盘靠近胸部一侧，以免自己的呼吸接触到饮品

◇ 说“打扰一下”，鞠躬后，按逆时针方向，将饮料放在顾客的右手边，同一桌上有不同的饮料品种，在分发前需要先行确认（若饮料比较多，可以请同事协助分发）

◇ 使托盘的正面朝向外侧用左手夹住，右手扶在托盘上，说“请慢用”后点头示意退下（如果桌面有易潮物品，应将其尽量远置）

◇ 饮料不可倒得太满，切忌端杯口，摆放时要轻

（2）递送资料的礼仪

在展厅销售过程中要经常给顾客递送一些车型资料，良好的递送礼仪可以增加顾客对销售顾问的信赖。

常见的递送资料礼仪

◇ 资料正面面对接收人，双手递送，并对资料的内容进行简单说明

◇ 如果资料放在桌子上，切记不要将资料推到顾客面前

◇ 如有必要，应帮助顾客找到其关心的页面，并作指引

---

6. 车辆乘坐礼仪

（1）开车门礼仪

1）用右手为顾客打开车门，左手放于门楣下端，以免顾客进入车辆时碰到头部。

2）顾客进入车内并确认坐好后，轻轻关闭车门，不可用力过大。

3）从车前绕过，进入驾驶位。

4）提醒顾客系好安全带。

（2）下车礼仪

1）停稳车后，从车前端绕至顾客座位边，轻轻打开车门，将手悬于顾客头部上方，避免顾客头部被碰撞。

2）待顾客下车后，轻轻关闭车门。

（3）乘坐礼仪

1）了解尊卑次序同时尊重客人习惯。

2）通常驾驶员后右侧为上位，左侧为次位，中间为第三位，前座最次。

3）主人开车时，驾驶座旁为上位。

4）九人座车以驾驶员右后侧为第一位，再左再右，以前后为序。

5）为顾客及女士开车门。

思考与练习

1. 汽车销售顾问应具有哪些基本的仪表仪容礼仪？
2. 汽车销售顾问应注意哪些举止方面的礼仪？
3. 汽车销售顾问应注意哪些工作礼仪？

模块三 汽车推销基本技能

课题一 推销沟通

学习目标

- ◆ 了解沟通的基本原则。
- ◆ 掌握沟通的要素、方式及其特点。
- ◆ 能熟练运用沟通的基本能力与技巧实现和顾客的良好沟通。

销售顾问：（迎上去）您好，我是这里的销售顾问小王，欢迎您的光临。请问您准备买什么样的车？

顾客：随便看看。（走到展车跟前）

销售顾问：（跟了过去，站在顾客旁边）这是刚上市不久的新款，装备了只有高档车才有的ESP、氙气随动转向大灯，是目前同级车中最具竞争力的一款高性价比的车。

顾客：（没有作声，拉开车门，坐在驾驶座上）

销售顾问：（弯腰）这是多方向的电动座椅，可以上下、左右、前后、俯仰进行调节……（顾客每走到一个新的位置，小王都会作相应的介绍）

顾客：（有点不耐烦）谢谢，你不用介绍了，我就看看……

顾客走了，销售顾问介绍半天，连顾客的购买意向都没了解到。

问题出在哪里呢？销售顾问只顾自己埋头推介，违反了沟通的原则，且沟通能力欠缺，没有实施有效的沟通技巧来倾听顾客的需求，最终导致沟通失败。

汽车作为一种高档的消费品，顾客在没有弄清楚产品能满足何种需求之前是不会轻易下决心购买的。销售顾问只有与顾客进行卓有成效的沟通，才能了解顾客的真正需求，才能帮助顾客发掘自己的真实需求，从而达到推销、购买的目的。

沟通是为了一个设定的目标，把信息、思想和情感在个人或群体间传递，并且达成共同协议的过程。沟通技能，是指通过书面、口头与肢体语言的媒介，有效与明确地向他人表达自己的想法、感受与态度，也能较快、正确地解读他人的信息，从而了解他人的想法、感受与态度的能力。沟通的目的是让对方达成行动或理解你所传达的信息和情感，即沟通的品质取决于对方的回应。

一、沟通的基本原则

1. 沟通内容真实性原则

真实性原则即有效沟通必须是对有意义的信息进行传递。对没有真正意义的信息进行传递，哪怕整个沟通的过程全部完整，沟通也会因为没有任何实质内容而失去其价值和意义，即完整无缺的沟通成了无效与无意义的沟通。从经济学角度讲，无效沟通是对沟通资源，包括时间和精力、渠道、金钱的一种浪费，不仅沟通本身毫无意义与价值，有时甚至还会产生负效益，即沟通成本大于沟通的产出。一个良好的沟通过程，必须要有富有意义的信息需要沟通，这是沟通能够存在、成立和有效的基础与前提。

因此，有效沟通的内容必须具有真实意义，沟通的内容与过程必须具有真实性，沟通的信息必须是至少对其中一方是有用和有价值的。

2. 沟通渠道适当性原则

有效沟通必须将有意义的信息，通过适当和必要的沟通渠道，由一个主体送达另一个主体，此即有效沟通的渠道适当性原则。有了真实的信息需要沟通，也有一些渠道或通路可以将信息传送给信息接收者，并不能就完全保证沟通的有效性。因为不同的信息对于传递渠道的选择是有要求的。真实的信息，选择了不恰当的渠道进行传递，就会产生信息误读或扭曲，导致沟通受挫或受阻，有时甚至产生沟通灾难。

3. 沟通主体共时性原则

有意义、真实的信息必须由适当的主体发出，并通过适当的渠道传递给适当的主体接收。人们要想达成有效的沟通，信息的发出者和接收者都应该是而且必须同时恰好是应该发出和应该接收的沟通主体，发送者和接收者的主体适当和共时性这两者缺一不可。如信息虽由适当的主体发出，但接收者不对，或者接收者对了，但发出者身份或地位不适当，都会导致沟通失败。只有有意义的信息从适当的主体发出，并准确地传送给了适当的主体及时接收，沟通才可能是有效的。

4. 信息传递完整性原则

由于各种原因的影响和各种因素的干扰，被传递的信息有可能在传递的过程当中人为或自然地损耗或变形。如果发生这种情况，那么，接收者接收到的信息，已经不是发出者所发出的严格意义上的同一信息。既然已经不是同一信息，那么，就有可能发生沟通失误或误解信息。因此，沟通要完美和有效，信息在传递结束时必须仍然保持其内容的完整性。

如果双方所使用的信息代码系统完全不同或存在较大差异，就会导致接收者对信息解读无法实现或解读错误，也就是导致沟通失败。人们常说，我在说A，而你却在说B。一旦类似错误发生，沟通的过程虽然在形式上是完成与完整的，但实际上却没有形成有效的信息传递，解码过程出现了断裂，真正有效的沟通并没有发生。

5．沟通过程连续性原则

任何沟通都是有时间限制的，整个沟通的过程必须在有效期发生完毕，否则，就会失去沟通的意义。由于时间上的紧迫性和制约性，如果没有控制好节奏，将会导致沟通的失败。

有效沟通还必须具有时间和沟通内容与方式上的连续性，即有效沟通的连续性原则。这是说，沟通主体之间要达成有效的沟通，必须考虑到相互之间沟通的历史背景，这是因为沟通者都是依据自己的经验、情绪和期望对各种情形做出反应的。不了解沟通对象的过去，会影响我们预测他现在或将来的行为，而这种预测会明显影响我们与沟通对象在当下的沟通行为。人们对沟通对象的了解越多越深，就越容易找到有效沟通的切入点和恰当的方式与途径。从沟通内容与方式上来讲，我们应该尽量不要对双方均已熟悉的沟通内容和方式做出改变，保持一定的连续性会有利于沟通对象快速准确地理解要沟通的内容。

6．沟通理解同一性原则

信息接收者必须真正了解、体验或理解信息发出者所发出信息的真正意义，即有效沟通的理解同一性原则。每一个接收者都是独特的个体，他的经历、经验、知识、兴趣、希望，都会左右他对所解读信息内在意义的理解，理解一旦出现偏差，沟通的有效性就会产生问题。

7．沟通噪声最小化原则

客观存在于信息沟通过程中的沟通噪声必须尽量减少，即有效沟通的噪声最小化原则。也就是在沟通过程中，要充分考虑沟通环境的单一性及安静性，否则，沟通对象很容易受到环境其他因素的影响和干扰，不利于进一步的沟通。

8．沟通指向目标性原则

有效沟通自然也应该具有明确的沟通目的或目标，即有效沟通的目标性原则。没有沟通目标的沟通很难把握与衡量其沟通效果是否与沟通的本意相偏离。沟通目标、目的不明确，必将造成信息发送者所发信息混乱、模糊、含混不清，接收者只能靠经验和场景猜测对方的用意，从而极易导致沟通误差或沟通失败。另一方面，不同的沟通目标，一般会对应于不同的沟通方式和沟通行为。

二、推销沟通的要素

1．明确的目标

只有有了明确的目标才能进行沟通。没有目标的沟通，只能是没有结果的闲聊。明确的目标是沟通最重要的前提。在汽车推销中，沟通时说出的第一句话就要表明你要达到的目的，这是非常重要的，也是沟通技巧在行为上的一个表现。

2．思想与情感

沟通的内容不仅是信息，还包括更加重要的思想与情感。在推销沟通中，信息沟通的实现在很大程度上源于思想和情感沟通的助推，而思想与情感是不太容易沟通的。在推销工作的过程中，存在很多障碍使思想与情感无法得到一个很好的沟通。事实上，在沟通过程中，传递更多的是彼此之间的思想和情感，而信息的内容并不一定是主要的。

3．共同的协议

沟通结束以后一定要形成一个双方共同承认的协议，只有形成了协议才算完成了一次沟通。沟通是否结束的标志就是是否达成了协议。在实际的推销工作过程中，销售顾问和顾客在沟通阶段结束的时候，一定要确认阶段沟通目标的共识，即达成阶段协议，认可沟通的信息，特别要得到顾客的认可或确认。

三、推销沟通的方式

根据沟通所借助的媒介的不同，推销沟通的方式主要有语言沟通与非语言沟通两种。

语言沟通是指以语词符号为载体实现的沟通，主要包括口头沟通、书面沟通和电子沟通等。

非语言沟通是指有意识和无意识的反应、动作、表情及其他工具等，是指除语言之外的思想表达手段，主要包括肢体语言和声音变化。在沟通过程中，非语言沟通方式常常是伴随语言沟通的，两者相辅相成，共同推进沟通效果。

沟通方式的特点及其应用见表 3—1—1。

表 3—1—1　　沟通方式的特点及其应用

沟通方式		特点	应用
语言沟通	书面语言	方便、直接、持久	如在纸上写下某款汽车的优势、特点
	口头语言	即时、传播快	口头介绍

续表

沟通方式		特点	应用
非语言沟通	肢体语言	形象、影响性强、有感染力	如竖起大拇指赞美顾客的专业性
	多媒体	交互性、专业性、集成性	如用多媒体展示汽车结构、性能
	产品演示	形象、真实、有效	如启动发动机，放一杯水在引擎盖上，展示静音效果

四、沟通不良的原因

1. 销售顾问的原因

在沟通过程中，销售顾问的知识经验、情绪、倾向、个人感受、表达能力、判断力等都可能会导致沟通不良。如销售顾问对自己缺乏信心，对自己的认识和定位不清，对知识和信息掌握不够；没有站在顾客的立场上考虑问题，按自己的思路去思考，而忽略顾客的需求情况；缺乏经验和技术，对顾客不了解，对于重点信息强调得不够，推销介绍时条理不清楚；准备不足，没有慎重思考就发表意见；失去耐心，双方产生争执；时间准备不足，整个沟通无法完成；个人情绪不好，影响顾客持续沟通的意愿；推销判断失误，导致顾客产生反感、否定、抗拒的心理；双方语言存在表达和理解上的不兼容性，无法实现良好的沟通；只顾自己喋喋不休，不讲效果；没有给予顾客足够的尊重。

2. 顾客的原因

顾客的性格、文化、情绪、倾向、个人感受、表达能力、判断力等也会导致沟通不良。如顾客的偏见，顾客对自己的真实需求不清楚，顾客对销售顾问介绍的内容及意图不理解，顾客没有充分的时间进行沟通，顾客对汽车产品不了解等。

3. 推销客体的原因

推销客体的不同情况对推销沟通也会产生不良的影响作用，如汽车产品品牌影响力不大，产品在性能、质量、设计等方面存在缺陷或不足；推销环境有不利于顾客或影响顾客的因素；其他突发的意外事件。

五、推销沟通的能力

汽车销售顾问的沟通能力主要由观察能力、倾听能力和语言表达能力等构成。

1. 敏锐的观察能力

培养敏锐的观察能力，要有积极主动的态度，既要用眼，又要用耳，更要用心，利用一切可能的机会主动出击；培养敏锐的观察能力，要有高度的职业敏感，要善于寻找机会，寻找顾客，时刻关注市场；培养敏锐的观察能力，要有敏锐的洞察力，能从普通的生活表象中提炼出有益的信息；培养敏锐的观察能力，还要有逻辑推理与创造性思维能力，能从错综复杂的活动中发现彼此之间的联系。

能读懂顾客。不同类型的顾客有不同的表现。一般顾客的类型主要有沉默型、腼腆型、慎重型、犹豫型、顽固型、商量型、交际型、爽快型、刻薄型、虚荣型等。通过观察，判断顾客类型，分析顾客特征并采取合理的应对方法。

顾客的不同表现反映了顾客不同的需求和心理状况。一般顾客的需求及其购买心理表现在谈吐、举止、神情及姿态上，主要表现有：两臂交叉于胸前，不断走来走去，揉眼睛、捏鼻子，抚摸下巴、胡子，眼光游离、左顾右盼，凑近销售顾问，眼睛盯着销售顾问，拍拍销售顾问的肩膀或手臂，不断提出各种问题等。

2．良好的倾听能力

汽车推销中的倾听是指把自己放到顾客的言语信息及其语境下，观察顾客的表情、动作，换位思考，不急于表态，综合起来判断顾客真正的意图。

倾听是对顾客的一种尊重。专心地听顾客的表达，是销售顾问所能给予顾客的最大的赞美。许多优秀的销售顾问之所以业绩卓著，就在于他们懂得倾听。作为销售顾问，能够耐心地倾听对方的谈话，无形中等于告诉对方“你是一个值得我倾听的人”，顾客因此有一种被尊重的感觉，其实质就是满足顾客受尊重的需求，加深彼此的感情，为推销成功创造了融洽和谐的环境和气氛。

倾听才会有思考的空间。倾听的过程实际上也是一个思考的过程。销售顾问在与顾客的沟通过程中，顾客往往会提出很多问题，如车型、性能、颜色、价格、付款方式等，销售顾问如果不注意倾听，就没有思考的时间，无法向顾客做出最好的回答。有一位销售顾问，由于喉咙疼，在很长一段时间里不得不尽量少说话。奇怪的是，他在这段时间里的销售业绩反而更好。这位销售顾问感到奇怪，于是他继续尝试“少说多听”的工作态度。最后他终于明白，在他“少说多听”的过程中，给予了顾客充分的表达时间；而在顾客表达的过程中，自己一直在思考对策。这样既让顾客得到了充分倾诉的机会，受到尊重，自己也掌握了顾客的需求，有充分的时间谋求对策，大大提高了推销成功率。

只有倾听才能走进顾客的心灵。销售顾问最泄气的时候，莫过于说了一大堆话，结果得到的却是顾客冷淡的反应与怀疑。顾客愿意说出自己的需求，而他的这些诉求得到了销售顾问的鼓励、支持、认可，并做出积极的反应，这样，顾客才会放松戒备心理，接受销售顾问，从而接受销售顾问所推销的产品。

（1）倾听的过程

1）获得信息。倾听有利于了解和掌握更多的信息。顾客在说话的过程中，销售顾问要不时地点头，表示非常关注顾客说话的内容，使顾客受到鼓舞，觉得自己说的话有价值，得到尊重，也就会更为充分、完整地表达自己的想法，这也正是沟通所需要的。

2）发现问题。通过倾听，可以推断顾客的性格、态度、习惯及需求。多听顾客的意见有助于发现顾客不愿意表露的或没有意识到的关键问题，从中发现顾客的出发点和弱点，找出关键点，这就为销售顾问说服顾客提供了契机。

3）建立信任。倾听是建立顾客与销售顾问之间信任关系的开始。鼓励顾客尽情地说出自己的想法和观点，会让顾客觉得销售顾问可亲近，值得信赖，从而对销售顾问充满信任与信心。

4）防止主观偏差。多倾听，鼓励顾客表达自己的想法和意见，有利于销售顾问获得更多信息，使判断更为准确，防止主观误差。

（2）倾听的障碍

1）观点不同。观点不同是导致放弃倾听的第一障碍。每个人都有自己的观点和判断，一般很难接受别人的观点。当顾客对某款车型进行评价和分析时，销售顾问可能会这样想，“你的分析根本就不符合这款车的实际”“你对汽车市场其实并不了解”“你不说，我也知道是怎么回事”。带着这样的想法，销售顾问如果不进行调整，自然难以听进顾客的话。

2）偏见。当销售顾问对顾客产生了某种不好的看法和判断，顾客再和他说话时，他也就不可能集中注意力倾听，甚至会出现不耐烦、打断及不够尊重的表现和行为。

3）时间不足。时间不足主要表现在两个方面：一是安排的沟通时间短。顾客不能在较短的时间内把自己的需求讲述清楚，简略了讲述内容，使得销售顾问难以听清顾客的表达内容，从而产生失误。二是在顾客表达的过程中，销售顾问正忙于其他的事务，根本没有时间或集中注意力倾听顾客所表达的内容。

4）急于表达自己的观点。在推销活动中，销售顾问通常讲得比较多，习惯成为主动方，而顾客通常是在销售顾问的介绍中了解车型，而成为被动方。在这种思维习惯下，销售顾问容易在顾客还未说完的情况下就迫不及待地打断对方，或者心里早已不耐烦，不能把对方的意思听懂、听全。

5）注意力不集中。顾客讲话的时候，销售顾问四处环顾、心不在焉，或者撇开顾客的话题转移到其他的话题上去，这样会让顾客产生一种不受尊重的感觉，往往会导致沟通中断。

乔·吉拉德向一位顾客推销汽车，沟通过程十分顺利。当顾客掏钱准备付款说着什么的时候，另一位销售顾问跟乔·吉拉德谈起昨晚的足球赛，乔·吉拉德一边跟同事说笑，一边准备接车款，不料这位顾客却突然掉头就走，连车也不买了。乔·吉拉德不明白发生了什么。

当天晚上，乔·吉拉德忍不住给顾客打了一个电话询问。顾客在电话那头不高兴地说："我今天付款的时候，跟你谈起我的小女儿，她被选进国家田径队，这是我的骄傲，可是你却一点也没听进去，只顾和别人谈论足球赛。"乔·吉拉德明白了，这次失败的根本原因是没有认真倾听顾客，同顾客分享他的喜悦和自豪。

(3) 倾听的技巧

倾听是一种技巧，必须通过学习和实践才能获得。

1）要换位思考。在倾听过程中，对顾客的诉求要不断进行换位思考，多站在顾客的角度思考问题，以更好地理解顾客的想法，赢得顾客的好感，从而找到对顾客有利的解决方法。

2）要有积极的回应。销售顾问要对顾客的谈话做出理解、提问、赞同、解释性的回应。回应的时机要把握好，这样做，一方面会使顾客感到你在专心听他的表达；另一方面有利于拉近距离、建立信任关系。

3）要正确理解顾客的意思。理解顾客所要表达的意思是倾听的主要目的，同时也是推销工作能够进行下去的条件。准确理解必须建立在事实的基础上，不可主观臆断。

4）延迟处理顾客的误解。对顾客在言谈中表达的误解甚至错误，销售顾问应等顾客表达结束后再进行解释，消除误会，端正认识。

5）不轻易下定论。在顾客表达自己的意见和想法之前，销售顾问不要就所要谈论的事情本身下结论、作回答，否则容易出现偏差。

6）倾听要专注。顾客讲话时，销售顾问要做到专注，思维要跟上顾客的话语，不做其他事情，不随便插话。

3. 良好的语言表达能力

良好的语言表达能力主要体现在顾客接待、产品介绍及提问互动等方面。

(1) 语言表达

推销的艺术即说服艺术，说服靠生动的语言表达。

1）称呼要得体。称呼要因人而异，确定了顾客的称呼后，在推销过程中要不断提及，保持前后称呼一致，并在语调上注意增强感染力，切忌在交谈中随意变更对方的称呼，切忌使用随意的套近乎的称呼。

2）分寸要把握。销售顾问要正确评价汽车产品的特点和性能，掌握分寸，进退有度。沟通中语言过于直白，则缺乏感染力；过于夸张，则容易使人产生反感情绪。

3）激发要适时。推销时，如果能使用恰当的语言激发顾客的需要，则容易使顾客

产生购买欲望。根据马斯洛的需求层次理论，对于不同的层次需求应使用不同的语言激发策略。

4）尊重要始终。人们对自身的声望、尊严、地位、能力和成就十分看重。销售顾问在推销活动中，如果能够时刻表达出对顾客的尊重，满足顾客的自尊需要，可使顾客对销售顾问产生亲近心理。这种尊重更多的是贯穿在推销的各个环节中，体现在沟通的细节当中。

5）重点要突出。要让顾客明白产品的特别之处，表达要言简意赅，突出重点，切忌长篇大论、夸夸其谈。在突出产品性能时，一要注意强调语气、声调；二要选择适当的词汇，最好是选择有鲜明形象感的词汇；三是尽量用比喻、类比的语言表达手法。

6）否定有技巧。推销过程中，使用否定的词汇及口气，或带有否定意义的反问句很容易造成顾客的反感和对立情绪。如果不可避免地否定顾客的观点，销售顾问可以尽量使用肯定语气，如将“不能”表达为“应该”，将“您的说法不对”表达为“我认为……”，尽量将顾客拉到销售顾问的同一面，而不是对立面。

7）道别有艺术。如何说再见也是一门艺术。如果推销成功，销售顾问要表达谢意，对顾客在洽谈中的表现给予赞美，赞美顾客的交易决定；如果推销失败，同样要对顾客表示感谢，并表达遗憾，提出再次洽谈的意愿。一个艺术的道别方式，是推销延续的红线，是下一次推销的开始。

（2）有效的提问

提问既是对顾客诉求的鼓励，也是探求顾客真实意图的途径。提问要确定顾客最关键的需要、目标购买动机及其存在的问题，要针对前面提出的问题或观点提出更加具体的问题，以便得到更详细的信息。

1）提问的原则

①鼓励性原则，即鼓励顾客做出深入、进一步、更详尽的诉求。

②阶段性原则，即销售顾问要把问题分布在不同的阶段上，避免连续提问，以免顾客因反感而故意不回答，产生抵抗情绪。

③明确性原则，即所提问题容易被顾客理解和回答，避免提出复杂、冗长的问题，每次只宜提出一个问题。

④导向性原则，即销售顾问所提的问题应该和自己的推销计划、目的是一致的，提问的目的是为了引导顾客朝着接受、成交的方向发展。

⑤客观性原则，即问题本身确实是为了解决双方的异议，而不是诱使顾客做出某种承诺或强迫顾客接受销售顾问的想法。

2）提问的技巧

①指向性提问。通常以谁、什么、哪里、什么时候、为什么、如何等疑问词发问，

主要面对爱交谈的顾客，或希望顾客畅所欲言时，用来了解顾客的一些基本事实，收集资料（顾客的情况、环境），发掘顾客需求，鼓励顾客表达，为后面的推销找到突破口。如"您到哪里看过车""您看中了哪款车""您买车主要做什么用""您买车主要考虑车的哪方面要求"等。指向性提问目的十分清楚，比较容易回答，适宜了解简单、宜于公开的信息，但不适合用来了解个人情况及比较深层次的信息。使用这类提问主要是表现对顾客的关心。

②限制性提问。通常以是不是、有没有、哪一个等疑问词发问，主要面对沉默寡言的顾客；或希望顾客回答"是"与"不是"；或根据范围作答，让顾客在你提供的答案中选择，以量化事实，获得有关顾客情况、环境、需要的具体资料；或澄清顾客的看法，建立正确的理解；或帮顾客引导到需要的结论上。

③评价性提问。主要询问顾客对某一问题的看法，一般没有特定答案。如"您觉得这款车怎样""您觉得坐上的感觉怎样""您觉得这款车和别的车比较怎么样"等。评价性提问主要用于指向性提问之后，用来进一步挖掘信息。

④损害性提问。这种提问主要要求顾客说出目前存在的问题，其目的是让顾客接受产品。如"您每天要送完小孩然后再赶公交上班，是吗""要是有一辆性能比较好的车，您每次回老家就舒服多了，您说是吗""您现在开的这辆车性能不大好，车况也不怎么样了，是吗"等。但这类问题极具攻击性，如果使用不当，会引起顾客反感。

⑤结论性提问。结论性提问通常使用在评价性提问和损害性提问之后，根据顾客的观点或存在的问题，推导结论或指出问题的结果，诱发顾客的需求。如"您现在这款车车况不是很乐观，您每天开着它，既费力又没有安全感"。

⑥鼓励性提问。这类问题用来鼓励顾客发出更多的信息，问句十分简单，本身常常没有什么意义。如"是吗""真的吗""后来呢"等。

⑦细节性提问。和鼓励性提问一样，是为了促使顾客进一步明确观点，说明情况。不同的是，细节性提问时直接向顾客提出请求，请其说明细节性问题。如"能否请您详细说一下您的要求""您的进一步打算是什么"等。

⑧反射性提问。也称重复性提问，即以问话的形式重复顾客的语言或观点，如"您是说这款车的油耗比较高"。这类问题具有检验作用，即检验销售顾问是否正确理解了顾客的观点。如果理解有误，顾客就会指出错误；如果无误，则鼓励顾客沿着逻辑顺序继续表明观点；同时，这种提问技巧还可以作为对顾客诉求的反应，减弱顾客厌烦和冷落情绪，使之得到尊重感。

4．非语言表达能力

非语言表达是辅助实现有效沟通的重要手段。据有关研究，93%的沟通是非语言的，其中55%是通过面部表情、形体姿态和手势传递的，38%是通过音调传递的。由此可见，非语言沟通在推销活动中起着非常重要的作用。

（1）面部表情

在推销表达中，销售顾问的表情要丰富，以微笑为主，辅以惊讶、不可思议、困惑、好奇等表情。销售顾问千万不要目光呆滞、面无表情地面对顾客，要面带微笑，充满激情地与顾客沟通交流。注意目光交流，目光交流时间一般以2～3秒为宜；若目光停留时间过长，则容易引起顾客的误会和反感。

（2）手势

手势要自然、放松，要配合语言表达，要符合表达的中心、重点，符合感情发展需要。要尽量做开放式的手势，避免封闭式的手势，以免让顾客产生反感及误会。

（3）适当距离

销售顾问与顾客之间的距离要适当，既不要距离太近，以免顾客感觉到不安，也不要距离太远，以免顾客感到被冷落、被疏远，甚至无法有效交流。

（4）体姿

身体姿态要自然、柔和，衣着要得体。手不要放在脸上，手臂不要前后交叉或叉腰。在顾客说话的时候，不要摇晃身体和脚，不能表现出不安或抖动身体。

（5）其他工具

其他工具包括多媒体设备和图片等道具。要注意这些工具的干净、美观，销售顾问在使用工具时动作要合理，使用要规范，配合要自然。

（6）演示

演示是沟通中的重要手段。演示要科学，符合沟通需要。演示常常需要借助其他工具，配合肢体语言及有声语言，以实现良好的沟通，达到推销的目的。

六、沟通的四个基本技巧

1. 主导

沟通的基本技巧之一是主导。主导是在与他人的对话交谈中，不知不觉地控制谈话的主题及谈话的发展趋势和方向的一种谈话套路。为什么总是有人不断地抛出新的话题，而其他人仅仅是跟随者？为什么有人总是询问别人的一些事情，等大家七嘴八舌说了好多后，还都特别想听那个人怎么看这个事情呢？这是因为有一种可以训练讲话的模板，按照这个模板讲话，逐渐就掌握了主动权。

有一次著名的推销培训师弗雷德·赫尔曼应邀出席“迈克·道格拉斯秀”电视节目。主持人迈克·道格拉斯在弗雷德出场时向观众介绍说：“让我们以热烈的掌声欢迎全球最出色的销售顾问来到我们的节目。”接着道格拉斯便对弗雷德说：“据说你被誉为全世界最好的销售顾问，那么你就向我推销一些东西吧。”

道格拉斯话音刚落，弗雷德便问他：“迈克，你希望我卖什么东西给你呢?”弗雷德提出的问题使得现场的主动权似乎又被交回到了道格拉斯手中。

道格拉斯四处张望了一下，说：“既然这样的话，就卖这个烟灰缸给我吧。”

弗雷德接着又提出了一个看似非常天真的问题：“你为什么要买这个烟灰缸呢?”

道格拉斯有点迷惑，他看了看烟灰缸说：“因为它看上去很新，色彩明亮，外形美观大方。我刚刚来这里，需要一个烟灰缸。”

道格拉斯不知不觉中自己说出来了这个烟灰缸的优点和自己购买的原因。

“那么迈克，你愿意出多少钱买下这个烟灰缸呢?”

“这个，嗯，我最近没有买过烟灰缸，不过既然这个烟灰缸这么漂亮、实用，我想我愿意出18美元买它。”

听到道格拉斯这句话后，弗雷德立刻接过话题说：“好吧，迈克，我就以18美元的价格将这个烟灰缸卖给你。”

听到这里，道格拉斯才恍然大悟。台下的观众也禁不住报以热烈的掌声。

这是在沟通中充分使用主导技巧的典型推销案例。案例中，弗雷德一开始就主导了局势，控制了主动权，不动声色地引导道格拉斯向有利于自己推销活动的发展方向走下去，从而轻松地完成了推销。

2. 迎合

迎合是谈话中的一个至关重要的技巧，是有规律可循的。迎合不是讲假话，而是为了赢得对方的信任。迎合的技巧中没有任何的假话，迎合就是承接对方话语的语意，形成顺应的语言背景，赢得宽容的交谈氛围，从而获得顾客的信任。

顾客：你说的这辆车就是贵了点。

销售顾问：您说得对。通常从1.2～1.6升这个排量范围来看，这辆车的价格较高，比这个范围价格最低的8.9万元贵了整整4万元，不过，这个范围最贵的可是14.8万元呢。这辆车的价格主要由三个关键因素决定，分别是车辆的安全性能、车辆外形的大小与发动机排量，最后一个因素就是制造商的品牌。不同价位的车相对应的安全配置、动力配置以及基本舒适方面的配置都是不同的，要看您更在意的方面是不是包括在内了。您最在意的是什么方面的配置呢?

销售顾问在回应顾客的第一句话时，首先就迎合了顾客的顾虑，肯定了顾客的观点，但又不是仅仅认同对方的观点，还给出了详细的客观事实来证实顾客的观点的确有合理的地方，拓宽了顾客的认知范围，让顾客感觉到销售顾问是和自己站在一条线上的。这样，顾客就容易接受销售顾问后面推介的内容。这体现了迎合是为了获得顾客信任的出发点。更巧妙的是，销售顾问还运用了主导这一技巧，将顾客的思路引导到汽车的配置及对配置的需求上，转移了购买的顾虑。

3. 垫子

垫子就是在回答顾客的问题时，有效应用对问题的评价来延缓其对问题的关注。垫子就是在双方谈话一来一往之间添加的隔层，隔层的目的是创造舒适的谈话环境和氛围，犹如在沙发上加了个垫子。在销售顾问和顾客的交谈中必然会形成一来一往的局面，也必然会出现一问一答的场面；一个想把对方问倒，另一个不希望被对方问倒。垫子就是为了消除一问一答容易形成的惯性，跳出眼前的话题，从一个全新的视角展开谈话的内容。尤其是在对方有备而来要问到事物的本质、核心的时候，更需要垫子来消除对抗，获得理解，握手言和。

顾客：我听说汽车的动力性好坏不完全看排量，还要看发动机的压缩比。这辆车的压缩比是多少呀？

销售顾问：您问的这个问题真是太专业了。发动机压缩比还是三年前我学习发动机工作原理时第一次接触的概念。从事汽车销售这三年多，没有一位顾客问到这个专业词汇，以致我都觉得当初老师教的没有用。我这么给您解释吧，决定汽车动力性能，压缩比是三个关键指标中的一个，还有一个就是发动机气缸的行程和气缸的直径，最后才是转速和扭矩。这辆车的压缩比是10.5∶1，在同类1.6升排量的发动机中是最高的了，比别克3.0升发动机的压缩比都高。

顾客：你看我也来了三四次了吧，咱们都谈这么多了，这个价格最后你还可以让我多少？

销售顾问：不瞒您说，顾客买车前，很多人都会问这个问题的。而且要是问了这个问题，也就是几乎已经决定要下订金了，您是不是也是一样呢？如果您今天就可以决定，而且也不用再与别人商量，订金也够，我就替您去请示经理。以往经理会根据这个月的销售情况决定让多少，我知道一个月销售量好的时候，经理几乎是一点都不让的，最多送一套脚垫。如果销售量不好，可能会让一点，最多一次是送了一个一年的全保。您看您今天就能订吗？

这个案例实际牵涉了两个问题的沟通。第一个是关于压缩比的问题，销售顾问首先就顾客的问题采取了迎合技巧，获得了顾客的好感，然后迅速使用垫子技巧，即将汽车动力性能分解了三个决定因素，同时为了消除顾客的顾虑，还将口碑较好、排量大的3.0升的别克车发动机拿来做垫子，让顾客心里踏实。第二个关于最后让价的问题，销售顾问巧妙地将顾客购买诚意（订金）、经理、销量作为垫子，暗示顾客“我们的销量很好，不会让价，只能送点赠品”。

由此可见，垫子在推销沟通中往往能起到缓冲和转移矛盾的作用，有利于推销活动延续下去。

4．制约

制约就是在互动式的谈话氛围中，提前知道对方要表达的事情，这件事情不一定对自己有利，于是变换一种形式，以先发制人，结果对方反而无法发作，从而让发起制约的人获得了谈话的优势地位。

制约强调的是先一步控制顾客的思维方向，控制顾客对话语的体会，以及可能对顾客产生的各种心理影响，提前限制我们不希望发展的方向。制约的关键体现在准确推测顾客所说的某句话之后会往什么方向发展。

简单的制约就是直接将你推测的顾客的想法说出来，如“这个价格超过您的预想吗?”复杂的制约就是将顾客关心的事情分解为单元。如顾客在询问价格的时候，销售顾问可以回答不同车型、不同配置的价格，将问题分解到细小单元，淡化成顾客可以接受的合理的回答。

销售顾问（小王）：（在离顾客约 1.2 米的距离与其打招呼，略等了一会，发现顾客在车头位置停留了较长时间，且回头看了看小王，小王注意到了顾客的变化，靠前）先生，您可能注意到这款车有点与众不同，我为您介绍介绍吧。

顾客：这款车的发动机是哪里生产的?

销售顾问：您很专业啊！一般首先问到发动机的朋友都是汽车方面的专家。

顾客：哪里啦，只是知道一点。

销售顾问：这款车的发动机是德国原装发动机，动力性非常卓越。不过，我想请教一下，您之前接触过这款车吗?

顾客：在网上看过，还没见过实车。

销售顾问：那您现在看这款车，觉得怎么样呢?

顾客：感觉还不错。

销售顾问：能具体说说您认为这款车哪些方面给您的感觉还不错吗，因为您只有说出所买的车具体不错在哪里，您才不会后悔。

顾客：这款车……

销售顾问：看来您对这款车非常了解，其实这款车还有几个很棒的地方，我给您介绍一下，您会觉得这款车是真的不错……

顾客：说说看……

案例中，销售顾问意识到发动机可能在竞争中不具备优势，顾客有可能会进一步进行不同车型与不同品牌发动机的比较，因此他迅速采取了沟通中的制约技巧，将话题引向展示这款车优势的地方，从而让顾客觉得这款车值得购买。

思考与练习

1. 推销沟通包括哪些基本原则？

2. 试分析沟通不良产生的原因。

3. 销售顾问在沟通中应具备哪些基本能力？试比较主导技巧与制约技巧的区别。

课题二 推销谈判

学习目标

- ◆ 熟悉汽车推销谈判的特征及其原则。
- ◆ 掌握汽车推销谈判的过程及其技巧。
- ◆ 能熟练运用谈判策略及其技巧，实现推销双赢。

在谈判时，客户说他看了很多家4S店，就差价格了，他通过比较报价，选择了两家店，他希望销售顾问能给个底价。

顾客明显是在试探底价。如果销售顾问说给不了，那么顾客肯定会问最低价能到多少；如果销售顾问告之了，顾客还会找别的店再砍价。销售顾问最怕的是谈好了价格，顾客却不买或到别处买又或者不断砍价。

这就需要销售顾问充分把握推销谈判的原则，善于在谈判过程中灵活运用谈判策略与技巧，很好地处理谈判中出现的不利状况。

谈判就是人们为了协调彼此之间的关系，满足各自的需求，通过协商而争取达到意见一致的行为和过程。

汽车推销谈判是销售顾问与顾客为实现汽车交易，双方就具体的汽车价格、优惠条件、汽车配置、交货期、支付条款、维修服务及违约条款等进行协商和谈判。在谈判活动中，销售顾问运用各种方式、方法向顾客传递信息，沟通思想，消除异议，使顾客对汽车产品的兴趣上升到强烈的购买欲望，并说服顾客购买。当然这种协商谈判也有可能发生在介绍说明的过程中，更有可能发生在处理异议的过程中。

一、推销谈判的特征

1．以经济利益为核心

任何谈判都是以利益为目的。在推销谈判中，销售顾问的谈判计划和策略，都是以追求和实现交易的经济利益为出发点和归宿的，离开经济利益，推销谈判就失去了存在的意义和可能。但需指出，推销谈判中的经济利益是销售顾问和顾客的共同追求，销售顾问和顾客是既合作又竞争的关系。因为在推销谈判过程中，一方面，只有满足对方的需要，才能满足自己的需要；另一方面，满足了对方的需要，又会反过来影响自己需要的满足程度。

因此，销售顾问在推销谈判中应抱着既合作又竞争的态度，努力争取在相互合作中实现自身利益的最大化。

2．推销谈判以价格为中心

价格是商品价值的货币表现。一方面，价格的高低直接表明销售顾问通过交易可以实际获得的经济利益的大小；另一方面，虽然推销谈判的内容还涉及诸如产品质量、产品数量等价格以外的其他因素，但这些因素都与价格存在着密切的关系，并往往可以折算为一定的价格。因此，在推销谈判中，无论谈判内容如何，其实质不是直接围绕着价格，就是间接体现着价格，价格将最终影响到利益在销售顾问和顾客之间的分配关系。因此，价格总是推销谈判的中心内容。

推销谈判内容以价格为中心的特征，要求销售顾问在推销过程中必须坚持以价格谈判为中心来实现自己的经济利益，同时又要善于拓展思路，从其他相关因素同价格的联系上争取更多的利益。例如，顾客一再压低价格，并不肯让步，这样便和销售顾问形成僵局。此时，推销就可先满足顾客的价格要求，减少如免费送货等其他条款内容，使顾客易于接受并最终达成交易，赢得推销的成功。

3．推销谈判以双赢为终极追求

推销谈判是一门以追求双赢为目的的艺术。自己赚了钱，顾客买到了想要的车型，得到了高于预期的服务体验，这就是双赢。双赢会带来顾客的口碑、重复的购买，甚至是帮助销售顾问带来更多的顾客。双赢意味着销售不是一次性的，而是持续性的，它立足于顾客的长期价值和整体价值。

在谈判中，销售顾问要从顾客的角度考虑问题，尽量地多给对方一些利益，使得双方利益实现最大化，从而达到双赢的终极目标。

二、推销谈判的原则

1．需求满足原则

需求满足原则指销售顾问在推销谈判中，应坚持以满足谈判双方参与者的需求为谈判基础，以参与谈判的各方主体需求得到满足为结局的原则。现代推销观念认为，追求需求的满足是推销谈判的起因，是推销谈判的原始动力与终极目的。所以，在推销谈判中，如果一方想吃掉另一方，或者一方以牺牲另一方的利益来满足自己的需求，则推销谈判就不可能顺利进行，也不可能取得成效。这是因为，谈判参与者任何一方感到不可能在谈判中获得追求的利益，都会放弃谈判。不能令双方需求得到满足的推销谈判最终将葬送谈判，甚至葬送推销。

2．知己知彼原则

知己知彼原则指销售顾问在推销谈判中不仅要了解自己的情况，而且还要了解顾客的情况。它是推销谈判中调整利益关系，促进达成交易的基础。为了取得推销的成功，销售顾问必须掌握自己企业的价格政策、竞争地位及竞争产品的情况。同时，还要了解掌握顾客购买的可能性、购买量以及顾客的心理特征等，预测出可能的成交价，以便在推销谈判中掌握主动权。

3．平等互利原则

平等互利原则指推销谈判中无论是销售顾问还是顾客在谈判中的地位都是平等的，谈判结果应对双方都有利。在这一原则中，平等是推销谈判的基础。它要求销售顾问一方面要尊重顾客，不可仗势欺人，把自己的意志强加于人；另一方面，当顾客态度强硬，试图以强凌弱时，销售顾问应表现得不卑不亢，把自己摆在与对方平等的地位上。销售顾问和顾客只有在推销谈判中把对方作为平等的对手，才会在谈判中以礼待人，对谈判的条款协商解决，取得双方都能接受的谈判条件。在这一原则中，互利是推销谈判的目标，是平等的客观要求和直接结果。坚持互利，就要重视合作，没有合作，互利就很难实现。销售顾问在追求自身利益的同时也应尊重对方的利益，力争互惠“双赢”。

4．灵活机动原则

灵活机动原则是指在推销谈判过程中，销售顾问灵活机动，随机应变，以适应局势的变化。制约推销谈判的因素多种多样，随机性很强。尤其是顾客总有难以捉摸的一面，存在很大的不确定性，而有时谈判进程也会变得很难驾驭，同样的推销谈判策略和技巧在不同的推销谈判中由于谈判形势、谈判时机和谈判人员的不同而可能取得完全不同的效果。因此，销售顾问必须根据具体的推销环境，灵活机动地采用相应的进攻、防守、退却等策略以及谈判语言和行为等技巧，以适应灵活多变的推销形势。

5．时效性原则

时效性原则是指销售顾问要保证推销谈判的效率与效益的统一。推销谈判是一种投资，需要花费时间和精力，只有以最短的时间、最少的精力投入，达到预期的谈判目标，才是高效益的谈判。销售顾问在推销谈判中要有时间观念，把握时效性原则，一方面，在能够达成交易的前提下，减少时间和精力的投入；另一方面，应在推销谈判中利用时间。谈判中顾客最容易做出让步的时间是接近截止期时，此时顾客在心理上会产生压力，并由此做出让步，销售顾问在此时应谨慎考虑，注意把握时间。

谈判追求的是效率，最好能速战速决，除非万不得已，不要拖延时间。时间越长，谈判的成功率越低。

6．求同存异原则

销售顾问应在分辨与确定各方需求利益的基础上，寻找共同的利益，寻找共识之点、可以互补之处，从而达到在更多方面相互理解，求得最大限量的共同利益。谈判是为了寻求推销过程中的共同点与弥补分歧、缩小裂痕。

推销谈判应从寻找共同的利益为起点。在推销学中，通常把原来已经做出的决定称为“立场”。但推销谈判并不是为了坚持与维护立场，因为，如果要坚持与维护原来的决定即立场，就不需要进行谈判，而只要表明态度就可以了。在推销谈判中，无论是“卖方”还是“买方”，都应首先分析各自的利益，然后寻找共同的利益。推销谈判中不要坚持立场，尤其是不要坚持对立的立场。因为促使销售顾问做出决定的是利益，而不是立场，应从寻找共同利益出发，达到确定与获得共同利益为止。

销售顾问在谈判中的工作，就是寻找一个大家都认同的，可以实现的利益互惠点，这也是谈判的实质。然后，通过各方主体的让步与妥协使互惠点得以确立，并在互惠点的基础上进行合作。

7．客观性原则

客观性原则是指销售顾问在谈判过程中应充分尊重客观事实。这要求销售顾问尊重以前与现在存在的事实，以及将来发展的必然趋势，承认事实，面对事实。

为了尊重事实，谈判前与谈判过程中，销售顾问应全面收集与占有信息，不要以自己的“立场”“看法”先入为主地去收集符合自己要求的信息，要使所占有的信息都能反映事物的本质与本来面貌；应客观地分析信息，对信息进行去伪存真、由表及里、由点及面的分析，从中真正了解问题的所在、本质、特点以及可能存在的解决方法，了解谈判对手的需求、利益、特点等，而不能以主观好恶对信息进行处理；谈判中应坚持实事求是的态度，不可毫无根据地进行主观臆测，亦不可屈服于任何权势与压力。

8. 公平竞争原则

公平竞争原则指在谈判过程中允许各方在平等的基础上进行合法竞争。参与谈判各方作为谈判主体享有平等权利与义务，既不以“软弱”的姿态，也不以“强硬”的姿态进入谈判，应以不卑不亢的心态进入谈判。竞争的程序要公平，即选择的机会要公平。推销谈判的结果应使双方的利益都得到照顾，谈判各方都认为自己在谈判中有所收益，而且收益分配合理。谈判结束时，大家都是谈判的赢家，这才是推销谈判的最完美结局。

9. 妥协互补原则

妥协是推销谈判的起点态度之一，如果不打算妥协，干脆就不用去谈判。现代推销学认为，没有妥协，就没有推销谈判，也没有谈判的成功。在推销谈判中，既要坚持达到谈判目标，又要有礼有节地进行妥协。只有会妥协的人，才是谈判高手。但销售顾问在谈判的妥协中应坚持根本利益或最低需求不能妥协，在实际利益上不让步，妥协与让步必有所得，销售顾问每做出一次妥协，都要以同时从谈判对手那里获得一个利益作为回报。例如，汽车降价的退让要以顾客在本店投保、做保养作为回报。

退让与妥协的结果，不是销售顾问凯旋，也不是谈判对手失败，而应是达成一个可以互补互益、互相妥协的协议，应该是各得其所，大家都认为从对方的妥协中有所收获。任何单方面的退让与妥协都不符合现代推销谈判的原则。

三、推销谈判的过程

在销售顾问与顾客存在合作诚意的前提下，推销谈判的过程主要分为四个阶段。

1. 建立关系

建立关系是推销谈判关键的第一步。在经过前面的推销接触后，双方就进入了面对面、实质性的会谈。这个阶段主要是建立合作的关系，双方表达继续接触、协商的意愿，明确交易的决心。

2. 探究利益

在此阶段销售顾问和顾客应充分沟通各自的利益需要。对销售顾问而言关键是要弄清顾客的真正需要，如车型、颜色、性能、功能、油耗、配置等优异性以及汽车在使用中的利益与售后服务等；同时，销售顾问也要酌情说明自己的利益所在。因为越了解顾客的真正需要就越能知道如何满足顾客的要求，顾客知道了销售顾问的利益所在，也才能满足销售顾问的要求。

“问”与“答”是谈判中常用的表达方式，但如果在谈判中经常性地出现这种顾客问、销售顾问答的谈判状态，则销售顾问将陷入顾客的“问答”追击中，失去了控制权，始终导致被顾客牵着鼻子走，使谈判局势朝不利的方向发展，谈判或者谈崩，或者销售顾问让出底价，其最终结果是利益的损失，无法实现双赢。

这一阶段是推销过程中所需花费时间最多的阶段，如果销售顾问控制不当，缺乏足够的谈判技巧与策略，推销活动往往会在这一阶段因失败而告终。因此，在这一阶段，销售顾问要充分利用沟通技巧，以真诚的态度与顾客共同探讨双方的利益，形成初步方案。

3．完善方案

销售顾问经过与顾客的良好沟通，了解了顾客的实际需要，同时也申明了自己的利益，但以此达成的协议，并不一定对双方都是利益最大化的，也可能不是最佳方案，还要看顾客对探究中所涉及利益的选择与确认，看顾客的选择与确认是否符合自己的利益需要。

因此，销售顾问要把顾客当成问题的共同解决者，一同想方设法去寻找更佳的方案。销售顾问在这一阶段最容易犯的错误，就是主观认为自己提出的方案是最佳的，是应该被顾客接受的。由于这种观念上的偏差，往往阻碍更好方案的产生，导致谈判陷入僵局，不能最后达成交易。

因此，销售顾问要从全局出发，引导顾客，使顾客和自己能有相同的观念，共同探讨最佳解决之道，使得交易方案实现双赢。

4．达成协议

这是最接近交易成功的阶段，也是较容易导致谈判流产的阶段。销售顾问与顾客之间在存在共同利益的同时也存在利益冲突，销售顾问很难完全回避与顾客进行精明的计算、激烈的讨价还价。在这一阶段，销售顾问要记住，推销谈判原则上是强调平等互利，强调双赢与合作，与顾客是既合作又竞争的关系，自己利益的满足是建立在顾客利益满足的基础上的，冲突性利益和共同性利益也往往存在着互补性。一旦双方达成共识，所有的条款都可以完成，最终顺利达成协议。

四、推销谈判的策略与技巧

1．充分了解谈判顾客

对顾客的了解越多，越能把握谈判的主动权。了解顾客时不仅要了解顾客的购买需求、谈判目的、心中底线等，还要了解顾客的性格、经济情况、文化程度及习惯与禁忌等。这样便可以避免很多因文化、生活习惯等方面的矛盾对谈判产生额外的障碍。此外，了解其他竞争对手也是掌握与顾客谈判主动权的重要筹码。

2．寻找双方共同的语言

在谈判之初，最好先找到一些双方观点一致的地方并表述出来，寻找双方共同的语言，给顾客留下一种彼此更像合作伙伴的潜意识。这样接下来的谈判就容易朝着一个达成共识的方向进展，而不是剑拔弩张的对抗。当遇到僵持时也可以拿出双方的共识来增强彼此的信心，化解分歧。也可以向对方提供一些其感兴趣的商业信息，或对一些不是很重要的问题进行简单的探讨，达成共识后双方的心理就会发生奇妙的改变。

3．准备多套谈判方案

谈判双方最初各自拿出的方案都是对自己最有利的，而双方又都希望通过谈判获得更多的利益，因此，谈判结果一般不会是双方最初拿出的那套方案，而是经过双方协商、妥协、变通后的结果。此时最好的办法就是多准备几套谈判方案，即使不主动拿出这些方案，也要做到心中有数，知道向对方的妥协是否偏移了最初自己设定的框架，这样就不会出现谈判结束后仔细思考才发现，自己的让步已经超过了预计承受的范围。

4．设定好谈判的禁区

谈判是一种很敏感的交流，所以，谈判中语言要简练，避免出现不该说的话，但是在艰难的长时间的谈判过程中难免出错。因此，提前设定好哪些是谈判中的禁语，哪些话题是危险的，哪些行为是不能做的，什么是谈判的心理底线等，这样就可以最大限度地避免在谈判中落入对方设下的陷阱或误区中。

5．不急于接触实质性问题

推销谈判中实质性的问题就是如何实现谈判目标中己方的利益。谈判时，销售顾问应从容不迫，藏而不露，不要过早对对方的意图形成固定的看法，也不能轻易地暴露自己的意图，一定要严格遵守销售谈判的程序。如不能没说几句话就单刀直入地对顾客的问价做出回答，甚至自己主动开口报价。

6．提供一个基本原则帮助对方做出让步

在做出让步时，尽量让对方先让步。让步的一方会遭受既丧失立场又损失面子的双重压力。有经验的谈判者在试图克服那些已察觉的不利因素时，会设计好怎么才能帮助对方实现让步，并为他们提供一个做出让步的基本原则。比如，为他们的让步送赠品等。

7. 让步不能过于频繁

尽管高明的谈判者都清楚谈判中绝不能轻易向对手让步，但他们同时也很清楚，一点让步也没有那就不叫谈判了。实际上，关键的问题不在于要不要让步，而在于怎样让步。让步无非涉及两个问题，一个是让步的幅度，另一个是让步的次数。一般来说，让步的幅度不能过大，让步的次数不能过多，适度的让步才最容易取得成功。因为如果让步的幅度过大，或者过于频繁，就会轻易暴露自己的谈判底线，使自己陷于被动。

五、推销谈判中应注意的事项

1. 要制造良好的谈判氛围

实际上，从谈判开始前后，双方就存在热烈或冷漠、合作或猜疑、友好或防范的情绪和心理。因此，销售顾问要善于创造一个热烈、轻松、积极、和谐的谈判氛围，控制好谈判气氛朝着有利于谈判顺利进行的方向发展。随着谈判的进展，销售顾问还要根据现场调节不同的谈判氛围，调动双方的情绪，使谈判气氛变得轻松、愉快。

2. 谈判是用耳朵取胜

在谈判中我们往往容易陷入一个误区，那就是一种主动进攻的思维意识，总是在不停地说，总想把对方的话压下去，总想多给对方灌输一些自己的思想，以为这样可以占据谈判主动，其实不然。在这种竞争性环境中，你说的话越多，对方就会越排斥，能入耳的很少，能入心的更少；而且，你的话多了就挤占了总的谈话时间，因为对方也有一肚子话想说，被压抑下的结果则是很难妥协或达成协议。反之，让对方把想说的都说出来，当其把压抑心底的话都说出来后，锐气就会减退，己方更容易把握主动权。更为关键的是，善于倾听可以从对方的话语中发现对方的真正意图，甚至是破绽。

3. 语言表述要简练

谈判时语言要做到简练，针对性强，争取让对方大脑处在最佳接收信息状态时表述清楚自己的信息，如果要表达的是内容很多的信息，那么适合在讲述时语气要进行高、低、轻、重的变化，以引起对方的主动思考，增加注意力。

在谈判中切忌用模糊、啰唆的语言，否则不仅无法有效表达自己的意图，更可能使对方产生疑惑、反感情绪。在谈判中想靠伶牙俐齿、咄咄逼人的气势压住对方，往往事与愿违，多数结果不会很理想。

作为销售顾问，你需要的不是列举产品的所有优点，你只需要找到这个顾客想要的卖点、需求，就足够了。“我知道你的产品有很多的问题，但是我看中了你的售后/我看中了你的价格/我看中了你的品质/我信任你这个人。”只要找到一个理由，顾客就可以决定买你的车。理由不是越多越好，而是一个就够了，并且越来越深，越来越得到确认。

思考与练习

1. 推销谈判有哪些原则?
2. 汽车推销谈判的过程分为哪些阶段，各个阶段应采取哪些策略或技巧?
3. 运用所学知识，组织一场模拟的汽车推销谈判会或参加社会实践活动。

课题三 价格谈判

学习目标

- ◆ 了解汽车价格体系的构成。
- ◆ 掌握顾客问价、杀价的心理和表现形式；掌握报价、守价和议价的原则、方法和策略。
- ◆ 能够熟练运用各种技巧和策略进行价格谈判。

下面是顾客跟销售顾问在购车前的一次沟通。

顾客：没有理由一点优惠都没有吧，如果这样我就不买了。

销售顾问：王先生，刚才的报价已经是最低的了。要不这样吧，我送您一个防盗器，这样您的车就可以停得安全，用得又放心了。

顾客：只送一个防盗器！这个哪里都有送的，来点实际的吧，我不要你多了，你给我优惠 3 000 元。

销售顾问：王先生，您真的为难我了，在价格上我们已经真的做到很优惠了。要不我多送您一个防爆膜吧，可以折现 600 元给您。

顾客：十几万的车才送这个?

销售顾问：王先生，我们对于报价是有规定的，不能乱报，现在我们给先生您的优惠也只是我们公司自己拿出来的优惠给您的。

顾客：唉……谈了这么久才优惠了那么一点点。算了，算上送的两个东西，再优惠 1 500 元我就马上定下来，如果你再不能答应那我就不买了。

销售顾问：王先生，您的心情我很理解，您的这个价钱我们真的做不了。要不这样吧，如果您确定能马上定下来，那我向经理申请一下。但我也不能确定能不能申请得下来，我只能尽力。

…………

销售顾问能否谈下这位顾客呢？

面对顾客穷追不舍的杀价行为，在顾客动不动就以“如果不能再优惠就不买了”“优惠 3 000 元今天就签了”的一次次“逼宫”下，销售顾问既要坚持守价原则，又要灵活运用谈判技巧和议价策略，促成交易。这就需要销售顾问把握顾客杀价心理，能熟练运用价格谈判的策略和技巧。

一、汽车价格体系

1. 汽车价格体系的构成

（1）市场价格

市场价格是指厂家对市场公布的终端销售价格。如 4S 店展厅价格标牌、网络上和广告中公布的价格等一般都是市场价格，如图 3—3—1 所示。

【宝马X1】最新报价|配置|图片_口碑|油耗_汽车之家

报价：21.90万～50.01万　指导价：25.90万起
排量：2.0L,2.0T　变速箱：手动,自动
车身结构：SUV　油耗：9.1～13.8L
颜色：
参数配置　图片　经销商报价　二手车　口碑　论坛

图 3—3—1　市场价格

（2）优惠价格

优惠价格是指各个经销商依据市场价格、厂家商务政策、市场状况等因素制定的市场优惠价格，可能是市场价格，也可能高于或低于市场价格，其形式一般表现为现金优惠。

（3）展厅报价

展厅报价一般指各个经销商为了促进销售会在优惠价格的基础上再制定各种优惠政策（一般形式为赠品）在展厅中应用。

（4）顾客心理价位

任何一个顾客在购买产品时几乎都不会知道该产品的进价（或成本价），他们在充分了解并认同该产品的同时也形成了自己对该产品的价格取值，这就是顾客的心理价位。

（5）最终成交价

产品的最终成交价格，一般是展厅报价与顾客心理价位之间的取值。按照这个价格体系理论，销售的价格协商环节就是销售顾问同顾客在展厅报价与顾客心理价位之间寻找平衡点，这个平衡点就是最终成交价。

2．汽车价格体系的意义

（1）按照汽车价格体系理论，顾客对销售顾问初次报价（展厅报价）的不认同是在价格商谈中非常正常的现象。

在实践中，许多销售顾问经常感慨报价总得不到顾客的认可。销售顾问不要为此产生急躁或不理解的情绪。顾客在价格方面一般不可能接受初次报价（当然对于一些感性顾客例外），这是因为顾客心里存疑：底价是多少？是便宜了吗？不会上当吧？这些疑问你并没有为顾客彻底解决，又怎么能指望顾客这时就与你成交了呢。

（2）当顾客对你的初次报价表示不认可时，你并不会茫然，因为你知道接下来该积极、巧妙、准确地探寻顾客的心理价位了。这时就需要销售顾问积极开展探寻顾客心理价位的话术。

（3）在顾客还没表露出其心理价位之前，销售顾问应当十分清楚与顾客关于价格的商谈不可能很快结束。因此，销售行为上应该表现出不急、不躁、冷静、耐心的心理，通过巧妙的探寻，耐心地等待顾客表露出其心理价位。

（4）有时不需要探究顾客的心理价位，但有时一定要顾客给出这个价位，因为从顾客给出这个价位的行为中，我们还能够得出以下三个非常重要的结论：

- 该价位距离成交价很远，这时你应重新审度顾客的购买意愿了
- 该价位在成交价之内，那就抓紧成交
- 该价位距离成交价很近，采用赠品促使顾客妥协成交

这些结论对于提高成交率是非常有帮助的。

二、顾客问价

顾客问价一般分为三个阶段。

1．初期问价

顾客在接触产品的初期，无论是出于自发的对产品的需要，还是销售顾问主动接近的产品展示，顾客都会询问价格。哪怕产品上有明显的价格标签，顾客仍然会问一句：多少钱？这些现象表明，顾客在购买初期阶段问价是一种习惯，是一种没有经过逻辑思考的本能。

人们头脑中对产品的价值有两个分区：昂贵区和廉价区。如当一辆车的标价为30

万元，就将其归入昂贵区；而将标价为 8 万元的车归类到廉价区。顾客头脑中对产品的价格会自动映射，一旦进入昂贵区，即便当前没有消费能力，其内心也会建立起对它的美好向往；而一旦进入廉价区，顾客对该产品的品质、品牌和质量等的美好想象都会消失。

这个阶段是顾客的感觉在驱动对产品价值的认知，于是，初期报价就变成了一种技巧。许多经验不足的销售顾问会认为顾客问价了肯定就是要购买，却忽略了第一次问价的目的是寻找价值。简单地回答“您问的这款车是 15 万元”的后果就是，顾客说“太贵了!”于是销售顾问开始解释，这款车好在哪里，这个价格不贵等。在顾客不具备对产品价值识别能力、内心认为产品不值钱的印象下，销售顾问的所有解释都是徒劳的。图 3—3—2 为初期问价话术。

图 3—3—2 *初期问价*

由于该阶段顾客是下意识的、习惯性的提问，因此该阶段顾客的行为是没有策略的。策略是通过有计划、有步骤、有次序的连续动作达到预先设计的目的的想法和行动。此时，销售顾问应采取制约策略使销售过程的发展利于自己。制约就是主动发起控制顾客大脑区域归类方法的沟通技巧，即预先说出顾客可能会习惯说出来的话，从而迫使顾客的思维惯性更改方向。

此时，顾客有两种思维趋势，一种是将其归类为昂贵区，然后显示自己的实力，表示这款车也不算很贵，这个结果很理想，对后来的价格商议非常有利；另一种反应是“不便宜呀，为什么呢”，此时顾客是询问状态，销售顾问可以顺势展开对产品的介绍，顾客是听得进去的。这就是通过制约策略来达到控制顾客的思考向对销售有利的方向发展。

2．中期问价

随着推销活动的展开，顾客与销售顾问的关系过渡到熟悉的阶段，顾客在这个阶段开始进入真正的性价比考虑。此时，顾客预计会在有限的两三家销售商之间比较价格。这个阶段的问价就是寻找一个性价比更好的店家，然后慢慢商谈，或进入高层次的会谈，或进入实质谈判阶段。

中期问价的重要特点就是理性比较，顾客在几家店之间进行硬性的可以明确衡量的价格比较。理性比较的前提是对产品具备鉴别能力。但绝大多数汽车消费者并不清楚怎么识别汽车的优劣，因此，理性比较会快速地演变为感性上的比较，最终仍然只能凭感觉做出判别。

而一旦顾客具备了对产品的识别能力，这个阶段就是非常硬性的价格竞争阶段，销售顾问需要公司的帮助才有可能通过这个关口。

这个阶段顾客的问价是出于多家对比，在几家的报价之间进行衡量。但是，价格并不是最后的首要选择前提。所以，对于这类顾客的中期问价，虽然报价不能是最高的，但也不能是最低的。如果一定要回避的话，应该首先回避最低报价才是最重要的策略。

这个阶段对销售顾问的考验就是克服顾客的诱惑。此时顾客的策略是简单的、淳朴的，他们将汽车的价格做一些有利于他们的修正来要挟销售顾问。在销售过程中，这叫第一次诱惑。许多销售顾问难以成长的关键是过于相信顾客的诱惑，当顾客说你答应这个价格我就签约。有些销售顾问天真地答应后，顾客会以没有带够钱为借口离开，下次再来时就会从上次答应的价格开始砍价。这就是掉入诱惑陷阱的代价。

销售顾问一定要坚信顾客是没有策略的，是没有周密的计划来讨价还价的，他们的表现其实很淳朴天真，虽然有一些狡猾，但他们的想法都是未经深思熟虑的，是脱口而出的，没有后手的。也就是说，销售顾问只要有准备，就可以后发制人。

3．后期问价

在推销过程进行到尾声的时候，顾客在选定的几家销售商中以便宜一点的心态开始进入正式的杀价、议价阶段。这个阶段涉及后期问价的背景分析、顾客动机的发展过程以及顾客的主要目的和使用的策略。有时，这个过程由中期问价直接发展而来，而且是随着销售顾问的有效策略推动顾客快速进行到签约前出现的一些考虑。

在顾客即将签约时，其心情已经完全被感性控制了，最后的压价其实是一种面子和虚荣的体现，在购买过程中显示自己的精明。这些都是人类原始的感性动机。顾客通过立刻签约的承诺再次诱惑销售顾问。此时销售顾问面临着最后的诱惑，这是议价中发生的第二次诱惑。在这个诱惑中，销售顾问要警惕自己的心理冲动。

在顾客看来，销售顾问都是以销售提成为主要收入方式，于是以“今天就签”“立刻签约”“现在就交钱”的策略激起销售顾问的冲动，迫使销售顾问就范。

这时销售顾问通常的心理发展是：

（1）势在必得

非常危险了，因为没有百分之百的成交率，一旦不慎，交易就会告吹。

（2）能卖就卖

心里没有了抗衡下去的决心，于是就轻易失去了利润。

（3）左右为难

看似到手而难以抵抗，实则结果难料，这种冲动的心理发展，很容易失去布好的战局，因为现在就交钱的事情几乎没有发生过，或者说概率很小，不值得在这个赌局上下注。

后期问价的基本策略就是采取无能为力以及牺牲自我的策略来应对价格博弈，在以让步为前提的条件下坚守3个防线：

今天吗	您今天就签约吗
带钱了吗	您的订金带了吗
决策人	您自己决定就可以了吗

这就是著名的TMD（Today Money Decision）策略。TMD策略表现的就是尽量堵住顾客知道底价后的退路，并为销售顾问自己准备好巧妙的退路。

三、推销报价

1．报价与利益的关系

报价是指价格商谈中一方或双方向对方提出自己全部要求的过程。报价是价格商谈中一个十分关键的步骤，它标志着谈判者的利益要求。如何做好报价，是销售顾问必须掌握的基本技能。报价与利益的函数关系如图3—3—3所示。

图中x的大小表示报价的高低，$f_1(x)$表示卖方报价高低与所得利益的关系。x越大，$f_1(x)$就越大，所得利益就越多。$f_2(x)$表示买方报价高低与所得利益的关系，x越大，$f_2(x)$越小，所得利益就越少。$f_1(x)$与$f_2(x)$的交点为C，即为最佳结合点。销售顾问在价格商谈中的原则就是尽可能做到确定能被对方接受的大致范围（x_1，x_2）。

2．报价的原则

销售顾问在开口报价时，应对同类汽车品牌的价位、同类车型的价位有充分的了解。对于不同价位的车，能熟练说出它们的特点和区别、优势和不足。要坚信所报价的合理性和最佳性，不能因为顾虑生意做不成而报价过低。

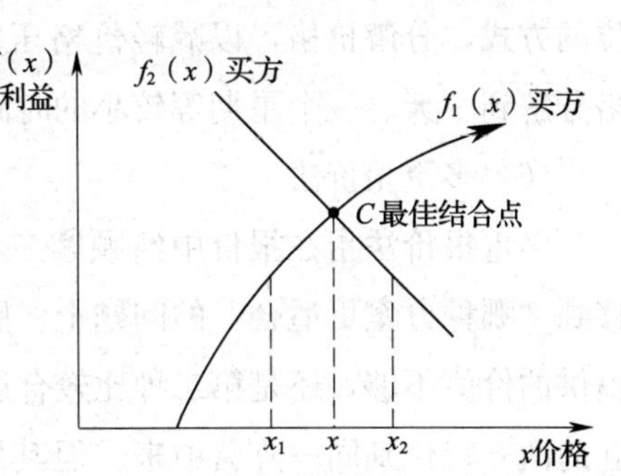

图3—3—3　报价与利益的关系

报价一般要遵守两项基本原则：

（1）不轻易报价

谈判有句行话是说“先开口的是奴隶，后开口的是上帝”。当顾客直接问价时，确定了顾客对车型、配置的要求才进行报价。当顾客对不了解的车型问价时，则一定要把产品介绍清楚后再报价，并直言报价在同类车型中的档次及不同配置同款车型的价格有变化。

（2）学会让顾客报价

通常以“您需要哪种配置的车型，您想花多少钱买车，您考虑什么价位的车，这款车您的心理价位是多少”等方式诱导顾客报价。

3. 报价方法

（1）成本核算法

销售顾问分析了产品成本的构成之后，进一步告知顾客通过销售该产品公司获利情况，即推销差价的方法。这种报价方法会使顾客认为产品价格是将本求利，合情合理。

（2）需求导向法

需求导向法指汽车销售顾问在向顾客解释产品报价时，将其放在一个较大的需求背景下来介绍，让顾客认为只有马上去购买才是最佳做法，否则将会失去购买的机会。

（3）产品比价法

产品比价法也称同类比较法，指销售顾问在向顾客解释产品的报价时，列举其他同类产品的价格，比较其他产品与本产品的优缺点，依据同质同价、优质优价、低质低价的原则导出本产品的价格的合理性。

（4）相关比价法

相关比价法指销售顾问在向顾客做产品报价时，采用分析其他相关产品的比价关系的方式，说明价格的合理性。

（5）均摊价格法

均摊价格法也称为价格分解法，指销售顾问采用缩短时间单位或采用单一使用单位的方式，分解价格，以减轻价格压力，也就是将一次投资大而受益时间长的产品价格分解到一天、一个星期等较小的时间单位上，使其显得投资很少。

（6）多重报价法

多重报价法指在报价中给顾客三种选择方案，让顾客的注意力从“我要杀价”转移到“哪种方案更适合”的问题上。顾客会开始思考，“第一种方案价格太高，第三种提供的价值不够，还是第二种比较合适”。多重报价的好处在于将销售顾问与顾客从对立的两方转化到同一阵营中来。但其风险是顾客有可能要求用最低的报价方案买最高报价的方案，并诱导你分列出每一项的单价。如果销售顾问陷入顾客的这种反攻策略中，这无疑将为顾客提供了逐项杀价的机会。

（7）灵活价格法

灵活价格法指销售顾问故意将商品的价格报得很高，在自己心里保留一个控制价位。这种方法主要是针对那些有砍价欲望的顾客。

（8）三明治报价法

三明治报价法就是指先不急于报价，特别强调车辆带给顾客的利益和产品的价值的报价方法。三明治报价法如图 3—3—4 所示。

图 3—3—4　三明治报价法

（9）西欧式报价术

销售顾问首先报出留有较大余地的价格，然后根据顾客的实力和竞争状况，通过给予各种优惠，如数量折扣、价格折扣、佣金和支付条件上的优惠等逐步软化和接近顾客的价格和条件，最终达成交易的目的。实践证明，这种报价方法只要能够稳住顾客，往往会有一个不错的结果。

（10）日本式报价术

将最低价格列在价表上，首先引起顾客的兴趣。由于这种低价格一般是以对卖方最为有利的结算条件为前提，并且在这种交易条件下，各方面很难全部满足顾客的需求，如果顾客要求改变有关条件，则卖方就会相应提高价格。因此，双方最后成交的价格，往往高于价格表中列出的最低价。

日本式报价术虽然较西欧式报价术更具有竞争力，但不适合顾客的心理，因为一般人总是习惯于价格由高到低，而不是不断地提高。因此，对于一些谈判高手，会一眼识破日本式报价术的伎俩，而不至于陷入其价格圈套。

四、顾客杀价

1. 顾客杀价心理（见表 3—3—1）

表 3—3—1　　顾客杀价心理

贪利心理	希望以比别人低的价格买到好东西
怀疑心理	因不专业不能分辨价格，对行情不了解产生的价格怀疑
怕吃亏心理	害怕受骗，害怕买贵了
炫耀心理	显示自己懂行，精明，很会买东西
试探心理	总是要杀一杀价，以探询底价
习惯性心理	谈到价格一定要杀一杀

2．顾客杀价的原因

顾客杀价原因主要有预算比较低、贪利心理、同行竞争、销售顾问促销、顾客过去的经验、顾客亲友的经验、跨区销售、竞品间的竞争、二级销售（调车）、车型老旧（停产）、库存出清、顾客对行情了解等。

3．顾客杀价的招数

顾客杀价的招数基本源于感性经验和习惯动作，很少存在策略性的杀价行为，见表3—3—2。

表3—3—2　　顾客杀价招数

杀价招数	招数分析	顾客话术
漫天叫价	随便叫价，不考虑杀价的合理性	“15万元太贵，12万元还差不多”
比较性杀价	对行情进行过比较	“人家店里有5%的折扣”“这款车市场上在降价”
试探性杀价	以探询底价为目的的杀价行为	“能不能再多便宜一点”
拉关系套交情	以某些可能的关系，或套交情进行杀价	“你们老板我很熟”“我和你们主管是朋友”
要求赠品	以要求加赠品来寻求杀价或得到价格补偿	“你们再送我个贴膜吧”
预算不够	以超出预算或经济能力有限为由要求优待	“原来预算12万元，现在这车要14万元，超出预算很多了，如果不能再少点就算了”
听说	以虚虚实实的听说为由进行杀价	“听说我朋友刚买了一台都不要这个价”
直截了当	直接在标价基础上要求折扣	“底价多少可以给我”“再便宜1万元，立马签合同”
挑毛病	以挑剔汽车的各种问题进行杀价	“这车的动力不是很好”“这款车的油耗比较高”

4．杀价应对策略

对于比较竞争对手的杀价行为，不要诋毁对手，放大自己的优势；如果顾客对其他竞品的价格也不是很确定，要拿出专业的姿态，让顾客相信自己的车价是合理的可以接受的。

对于直截了当杀价的，如果出价低于底价，则一口回绝；如果出价高于底价，则对其提出相应要求坚持对等、双方退让。

对于以听说为由杀价的，销售顾问要坚决否认，绝无此事，表明公司的价格是完全透明的；或者指出一定是做了很多装饰才多优惠了一点，并提出如果顾客做也可以拿到这个价格。顾客所说的听说有可能是假的，只是在诈底价，不要让顾客心存侥幸，但也不要当面揭穿，只当是玩笑。

对于拉关系套交情的顾客，首先要满足其虚荣心，先定下来再找老板谈，表明诚意；如果顾客犹豫是否要找领导，说明关系很勉强，此时就要咬死价格或者把关系户的优惠尽量压低。

对于挑毛病的顾客，让他发言，待全部挑完毛病后再谈，要确定对方是否有买车诚意。问题少的可以逐一解决，问题多的，挑能解决的主要问题解决，强调完美的事物是不存在的，并不时地将洽谈话题转移到车子以外的话题，淡化问题。若是无心购买的顾客，先不要谈价格。

面对顾客的杀价，销售顾问在应对中要注意三点大忌：

◇ 忌死守，顾客被激怒，或没有耐性了，选择了放弃

◇ 忌一放到底，没有守价，顾客不领情，顾客对价格的真实性与合理性怀疑

◇ 忌信口开河，导致优惠、折扣不能兑现，造成顾客不满，最终无法成交

五、推销守价

守价就是利用巧妙的话术及最小的折扣将汽车推销出去，并且让顾客觉得买到车物超所值。守价就是为了成交。在守价过程中，销售顾问要熟悉产品，对竞品也要了解，能够在不贬低竞品的情况下让顾客相信他买的产品就是最适合他的；要能抓住顾客需求，吸引他的兴趣，推荐其他的车型；要不急不躁，不卑不亢，尊重顾客，尊重自己，建立平等的交易心理。

销售顾问在坚持价格时，不能犹豫。越坚持，顾客就越相信你所说的是实情，这是必需的铺垫。顾客初次提出打折，应以“这个车就是卖的这个价格，您一问都知道”，坚定拒绝。但不要多说，等待其第二次试探。

1．守价的原则

守价包括三条基本原则，一是保证公司的最大利益，二是保证能更顺利地成交，三是促成购销双方的满意。

对于不能成交的价格，一定要一口拒绝；对于现场能够卖的价格，也要守价。没有守价，不仅会给顾客继续杀价的机会，而且会招致顾客对价格的怀疑，不利于交易的进行。应先守住价格，再有技巧地放价，为签约留下余地。

2．守价方法与策略

守价方法很多，但法无定法，销售顾问要多从实践中吸取经验，不断总结，根据顾客杀价心理及杀价的表现灵活运用。根据实践经验，守价方法一般有套交情法、赠品法、逐渐让步法、换位法、比较法、故事法、坚持原则法、推脱法、转移法、成本分析法、哀兵政策法、条件交换法、差异法等。

守价要强调物有所值。不能一味地说“不行”，一定要告诉顾客为什么不行。最好的方法就是强调车辆的品质、优势。这样一方面能够继续加强顾客认同感，同时也在渐渐地提高顾客的心理价位，另外还可以使顾客忽略其他的一些问题。

守价要表明实价销售。要给顾客实价销售的概念。因此，当顾客进行杀价，提出优惠或折扣时，销售顾问应表示如果不是库存压力大、竞争太激烈、占用资金多，是不能在实价销售基础上进行优惠，以博得顾客的“可怜”。

守价要告知热销状况。销售顾问要充分让顾客感受到现场的热销和巨大的销量。只有这样，才能说明销售车辆的优势是大多顾客认同的，价格也是同样被认同的。面对顾客时，销售顾问要表现出理解却又爱莫能助的样子，“这几款车很热销，供不应求，市场上都没有折扣”，让事实来帮你说话，阻止顾客进一步杀价。

六、购销议价

守价对议价起着决定性作用，而且两方面没有明显的阶段性，经过一个守价的阶段，将顾客的心理价位固定在可成交价格之上。议价中会不断守价，议价是更深层次的守价。

议价是寻找双方共同点的过程。在议价的过程中，要注意现场的气氛，当谈判陷入僵局的时候应该及时地转移话题，从长计议。议价更接近于下订单阶段，议价的过程是引诱顾客下订单的过程。

议价要维护整体利益，明确让步条件，选择好让步时机，确定适当的让步幅度，不要承诺做出与对方相同幅度的让步；在让步中讲究技巧，不要轻易向对方让步，每次让步后要检验效果。

1．议价的原则

（1）不问不答

顾客不主动问就不答，未问到不答，争取让顾客主动报价。

（2）有问必答

对顾客的问题，销售顾问要策略回答，且令人有“爽快感”。

（3）避实就虚

回答顾客问题时，提供的资料要以好讲为主，不好讲的不利导向的部分能挡则挡，能拖则拖，不急于回答，以“优势、合理、特别”渲染，转移顾客问题的中心。但态度要诚恳，认真记下问题过后再说，在遵守讲实话的原则下维护自己的价格立场。

（4）能言勿书

尽量口头解释，不作书面议价。

2．议价的策略

（1）转移视角，推销价值

将顾客从价格的追问上转移到对产品的整体价值认知上。如“您认为价格贵了些，我也认同您的看法，但这是有道理的，就像宝马车比一般品牌汽车要贵一样，我们这个品牌的车，在品牌、实力和服务保障上，能让您买得放心，用得满意，这就是价值所在；您多花一点钱，买回的是品牌和保障服务的满意”。

（2）探明虚实，掌握重点

表示认可顾客讨价还价的合理心理，表达双方共同的利益点，进一步发出深入沟通的意愿，如“我想请教一下，您认为价格贵，主要是从哪些方面去理解和比较的呢?”以此来导出顾客的真实看法，从而掌握重点，加以说服。

（3）放出去收回来

当顾客一再要求打折，在表示理解顾客的同时，进一步沟通，“如果不顾质量，降低配置来减低价格，我想您也不会购买这样的汽车”，暗示顾客价格是质量和品质的保证。

（4）有理有据，耐心说服

将价格最小化，把整体价格分成几部分，如这款车 18 万元，按 8 年计，每天仅需 60 元；这款车装备的 TSI 发动机和奥迪 TT 采用同样的技术。

（5）同行比较，利弊分清

针对顾客与其他车系或其他店的比较，销售顾问可以顺势了解顾客欣赏其他车系哪些方面，了解顾客所知道的其他店有什么优惠折扣，从而展示自己车系的优势和特点，告知这些优惠折扣是必须同时在店里接受其他服务项目的。

（6）角色扮演，配合议价

一般由销售顾问议价，主管配合，高层领导幕后坐镇。公司在现场创造出求大于供的气氛，主管与销售顾问之间通常为“黑白脸”配合。主管站在公司立场，严格把握价格，而销售顾问则有私心，拼命想成交，下拉主管的价格，抵消顾客的附带条件及心理价位，并在达成交易的关键时刻可以适当离开，制造热销气氛，在主管放价之后可以装作惊讶，表示怀疑。

（7）策略放价，隐忍幅度

在议价中，放价不可避免，关键看幅度多大。以让价幅度为 1 800 元为例，灵活采用不同的放价方式（见表 3—3—3），达到成交目的。

表 3—3—3　　放价方式　　元

放价方式	第一轮	第二轮	第三轮	第四轮	让价幅度
冒险式（正拐式）	0	0	0	1 800	1 800
刺激式（阶梯式）	450	450	450	450	1 800
诱发式（高峰式）	240	390	510	660	1 800
希望式（低估式）	660	510	390	240	1 800
妥协式（虎头蛇尾式）	780	600	360	60	1 800
危险式（断层式）	1 470	300	0	30	1 800
虚伪式（钓钩式）	1 500	300	−30	30	1 800
低劣式（反拐式）	1 800	0	0	0	1 800

冒险式是一种坚定的让价方式。在前期、中期都不肯放价，只是到了谈判后期才迫不得已做出大的让步。这种方式容易使谈判陷入僵局，甚至导致谈判中断。

刺激式以相等或相似的幅度逐轮放价，但易刺激顾客不断杀价，而一旦停止放价，有可能造成谈判破裂。

诱发式放价幅度逐轮增大。销售实际中应避免这种方式，因为这会诱使顾客期望值越来越大。

希望式放价幅度逐轮递减，表明店家立场越来越强硬，同时也使顾客感觉店家仍留有余地，从而始终抱着继续杀价的心理。

妥协式特点在于向顾客显示诚意，但又暗示店家已做出巨大牺牲和努力，再退让几乎不可能。

危险式表明店家的意愿，但一开始的大幅度放价会提高顾客的期望，之后的突然强硬会使顾客因期望化为泡影而失望。此外，也容易使店家丧失高价位成交的机会。

虚伪式在大幅放价后安排了小小的回升，最后又做出一点让步，这是一种巧妙的放价技巧，往往能操作顾客心理。它既可表明店家的诚意和放价的极限，又可通过“一升一降”使顾客得到心理上的满足。

低劣式一开始就全部放价，大大提高顾客的期望值，后面没放价的余地，缺乏灵活性，易使谈判陷入僵局乃至破裂，也可能使店家损失原不该损失的利益。

在实际议价中，一般采用“希望式”和“妥协式”两种。

思考与练习

1. 简述报价的方法及其原则。
2. 简述议价的原则及其策略。
3. 模拟场景，运用所学进行价格谈判。

模块四 顾客开发与接待

课题一 潜在顾客

◆ 掌握潜在顾客的含义与类型。

◆ 了解潜在顾客与现实顾客的关系。

◆ 能够对潜在顾客进行判断并进行评估。

汽车销售顾问王欣经常到老同学所任教的某职业学校去踢球，结识了一位姓刘的老师。刘老师经常向他咨询买车信息。起初王欣也把他当作自己的潜在顾客，但随后了解到这位老师有房贷，父母身体不好，上班有校车接送，爱人又在家带小孩不上班，遂放弃了。谁知，半年后，当刘老师开着车出来踢球时，他觉得很郁闷：为什么自己会错失了这位潜在顾客?

王欣的错失，在于对刘老师这位潜在顾客的判断和评估存在不足，对刘老师的购买需求和购买力没有进行动态分析。因此，销售顾问要以动态的观点分析潜在顾客，并进行长期的跟踪与接洽，直至其成为现实顾客。

一、潜在顾客的含义

所谓潜在顾客，是指对某类产品（或服务）存在需求且具备购买能力的，经过企业及销售顾问的努力，可能成为现实顾客的个人或组织。

潜在顾客包括一般潜在顾客和竞争者顾客两大部分。所谓一般潜在顾客是指已有购买意向却尚未成为任何同类产品或企业的顾客，以及虽然曾经是某产品的顾客但其在购买决策时，对品牌的认可较为随意的顾客；竞争者顾客是指本企业的竞争对象所拥有的顾客群体。

潜在购车顾客是一个特定的群体，对这类消费群体特征的把握有利于开展有针对性的汽车销售工作。调查显示，超过七成（70.8%）的潜在购车群体集中在20～39岁年龄段；26～35 岁年龄段消费者成为潜在购车者的主力，超过四成（43.7%）的潜在购车者集中在这个年龄段，这表明青壮年是购车的主力群体，如图 4—1—1 所示。

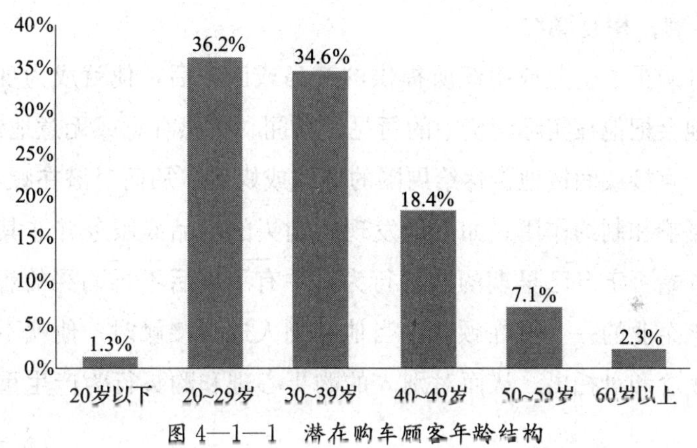

图 4—1—1 潜在购车顾客年龄结构

潜在顾客需具备三个基本条件：

- ◇ 购买产品或服务的个人或组织确实需要这样的产品，能从产品的消费中受益，或者产品能够为购买者解决某一方面的实际问题
- ◇ 不管这样的个人或组织有多么强烈的购买欲望，也不管产品能给他或他们带来多么大的利益，他们必须具备购买该产品或服务的货币支付能力
- ◇ 潜在顾客必须有购买权或得到授权，具有在产品生产者、种类和具体型号等方面的选择权

通常我们所说的寻找顾客实际上指的是寻找、开发潜在顾客。

二、潜在顾客与现实顾客

现实顾客是现代企业生存的根本和基础，没有现实顾客，企业就无法生存，更谈不上什么发展。另一方面，潜在顾客是企业发展的重要动力，也是现代企业在激烈的市场竞争中寻求发展的主要目标。美国市场营销协会 AMA 调查数据显示，争取一个潜在顾客的成本是维持一个老顾客即现实顾客的 5～6 倍；争取一个新顾客比维持一个老顾客要多付出 6～10 倍的工作量。由于潜在顾客较之现实顾客具有更大的不确定性、消费需求的模糊性、购买行为的复杂多变性，因此，潜在顾客往往不易感知，不易把握，转变难度较大。

1．互为前提，互为条件

潜在顾客与现实顾客是相对而言的：一个企业的现实顾客必定是其他企业的潜在顾客，一个企业的潜在顾客必定是其他企业的现实顾客。一方面，潜在顾客是现实顾客的前提和条件，因为现实顾客是潜在顾客的突破和实现，没有潜在顾客就没有现实顾客的产生；另一方面，现实顾客是潜在顾客的前提和条件，因为潜在顾客是现实顾客的裂变和演绎，没有现实顾客就没有潜在顾客的存在。

2．相互影响，相互制约

当潜在顾客购买了企业或组织所提供的产品或服务后，他就成为现实顾客。作为一个消费者，他会把他在实际消费中的所见、所闻、所感有意或无意地借助种种途径、采取种种方式，直接或间接地传达给周围的群体或媒体，从而对潜在顾客的购买心理、购买行为产生影响和制约作用。如果他发现所购买的产品或服务并非其所需的产品或服务时，他就开始否定自己早期的购买行为，并有了以后不再购买的想法或念头。这时，他就成为该企业的一个潜在顾客。当他和别人进行接触时，他就不免要把他的消费感受、消费观念和盘托出，从而对别人的购买心理和购买行为产生重要而深远的影响。

美国市场营销协会 AMA 调查数据显示，100 个满意的顾客会给企业带来 25 个顾客；有 1 个顾客投诉，就会有 20 个顾客有同感，只不过他们不愿说罢了；1 个满意顾客的传播人数是 6，而一个不满意顾客的传播人数是 15。

3．彼此交叉，互相渗透

一个企业的现实顾客是其他企业的潜在顾客，而其他企业的现实顾客则是这家企业的潜在顾客；一个顾客既可以是一个企业的现实顾客，也可以是另一个企业的潜在顾客或现实顾客；他可以是一个企业一种品牌的现实顾客，也可以是另一种品牌的潜在顾客或现实顾客；当然，他也可以是一个企业多种品牌的现实顾客，也可以是多种品牌的潜在顾客。

4．在一定的条件下相互转化

由于潜在顾客与现实顾客存在着上述联系，因而一旦时机成熟，两者便相互转化。

我们把潜在顾客转化为现实顾客这种情况，称之为有利于企业生存与发展的正转化；而把现实顾客转化为潜在顾客这种情况，称之为不利于企业生存与发展的负转化。企业只有在巩固现实顾客的基础之上，不断地挖掘与开发潜在顾客资源，实现潜在顾客向现实顾客的正转化，才能获得可持续发展，也才能得以长期盈利。

三、潜在顾客的类型

在推销活动中，一般可将潜在顾客分为以下三种类型：

1. 新开发的潜在顾客

销售顾问必须经常不断地寻找新的潜在顾客。一般来讲，开发的潜在顾客数量越多，完成推销任务的概率就越大。根据公式

区域内的潜在顾客比例＝掌握的潜在顾客数量/推销区域内的顾客数量×100％

就可以知道自己所掌握的潜在顾客数量在推销区所占的比例。销售顾问手上的潜在顾客不论是属于哪种类型的企业、组织和个人，都有可能成为新顾客，所以平时要在这些新开发的顾客身上多下功夫。

2. 现有顾客

销售顾问应该时常关注顾客并让他们再度惠顾。利用这些既有的老顾客，可实现更多的销售目标。在这些老顾客中，有一些顾客由于业务量小而被企业忽视了，销售顾问应该多拜访这些顾客，调查过去发生的业务量、顾客对产品使用情况以及对售后服务的满意状况、新的成交机会等。一旦发现问题，就要设法解决，尽量捕捉产品销售的机会，使之产生二次交易。一般来说，现有顾客是新产品最好的潜在顾客。

3. 中止往来的老顾客

以往的顾客由于种种原因没有继续购买本企业产品，但仍是销售顾问重要的潜在顾客。事实上，许多老顾客都在期待销售顾问的再度拜访，销售顾问必须鼓起勇气再次拜访他们，并从中探究他们不再购买本企业产品的真正原因，制定满足他们需求的对策。

四、潜在顾客的判断

1. 对潜在顾客购买欲望的判断

（1）对车辆的关心程度，如对购买车辆的大小、性能、配置、价格等关心程度。

顾客：听朋友说这款车的发动机动力不行？

销售顾问：不会的，这个发动机的动力一般可以满足您的需要。

这里可以看到，顾客对发动机性能的关心，反映顾客的购买意愿。但销售顾问的回答表现出对自己的产品信心不足。这样不妥的表达方式实际上容易造成顾客的顾虑

"可能有时候不能满足我的需要"，如果顾客这么一反思，这位潜在顾客就可能流失了。

顾客：听朋友说这款车的发动机动力不行？

销售顾问：您放心，这款车搭载了2.0 L9（NU GDI）动力发动机，最大功率达到121千瓦，最大扭矩为203牛米，非常适用于城市使用，油门初始加速十分线性，深踩之后，中后段将展现出不错的爆发力。

在对话中，销售顾问以发动机的参数来说明这款车的性能，从而给了顾客"事实胜于雄辩，数据反驳传言"的正确认识，并借此建立起顾客对产品的信任。

因此，当顾客已经显示出对车辆的关心程度，销售顾问应该以不会产生任何误解和顾虑的言语赢得顾客的信任和认可。

（2）对购入的关心程度，如对车辆的购买合同是否仔细研读，对售后服务的关心等。

（3）对购买需求满足的关注，如对车辆能否满足家用、上下班用、旅游外出用等的关注。

（4）对车辆的信赖度，如对生产厂家、品牌、进口车还是国产车、质量等的信赖度。

（5）对企业的认可度，如对销售顾问的印象、企业的社会评价等。

2. 对潜在顾客购买能力的判断

（1）信用状况

如对购车单位的经营状况、财务能力，对购车个人的职业、身份地位等收入来源状况等，判断是否有购买能力。

（2）支付计划

从顾客期望一次付现，还是要求分期付款，以及分期支付首期金额的多寡，判断顾客的购买能力。

通过对顾客购买欲望及购买能力的判断，从而判断顾客的购买决策，并由此做出下一步推销计划。

五、潜在顾客的评估

1. 帕列托法则

帕列托法则是意大利经济学家帕列托于1897年发现的一个极其重要的社会学法则。他认为，在任何一组东西中，最重要的只占其中一小部分，约20%，其余80%尽管是多数，却是次要的，因此又称"二八定律"或"二八法则"。

遵循"帕列托法则"，80%的业务来自20%的顾客，因此销售顾问要用80%的精力找到20%属于自己的顾客，再以80%的服务满足这20%的顾客，开发他们，使之成为自己的现实顾客。

2. MAN 法则

在寻找潜在顾客的过程中，销售顾问可以采用"MAN法则"对潜在顾客进行评估管理。

MAN 法则的定义见表 4—1—1。

表 4—1—1　MAN 法则的定义

M——money	代表购买力	指顾客是否具有购车的经济能力，也就是有没有购买力或筹措资金的能力
A——authority	代表购买决策权	指顾客对购车行为是否有决策、建议或反对的权力。能否准确地了解真正的购买决策人是销售的关键
N——need	代表购买需求	指顾客是否有购车的需求

关于购买决策权，据调查分析（见表 4—1—2），其决策人、决策周期、决策差异呈现不同的情况。

表 4—1—2　购买决策权调查分析表

决策人	◇ 家庭购车决策权大部分掌握在男人手里 ◇ 在已婚的家庭中，女性占 1/3 的决策权 ◇ 决策权主要由家庭中经济能力最强者掌控 ◇ 大家庭中更多决策权在最具威望的长辈手中
决策周期	◇ 多数人的决策周期在半年左右 ◇ 需要购车的家庭的决策周期远比想象中的要短 ◇ 26.7%的购车家庭决策周期为 6 个月 ◇ 74%的购车家庭是在 1～6 个月内完成购车的
决策差异	◇ 单身与已婚家庭的购车决策的差异比较大 ◇ 已婚家庭是私人购车的主要力量 ◇ 只有 22%的购车人是单身 ◇ 单身一族购车作决策时主要是由自己做主的占 74% ◇ 已婚顾客购车时，都会与自己的配偶商量

只有同时具备购买力（money）、购买决策权（authority）和购买需求（need）这三要素才是合格的顾客。现代推销学中把对某特定对象是否具备上述三要素的研究称为顾客资格鉴定。顾客资格鉴定的目的在于发现真正的推销对象，避免推销时间的浪费，提高整个推销工作效率。但在实际中，会碰到表 4—1—3 中的状况，对其中的状况，就需要销售顾问采取具体的推销对策，帮助“不合格顾客”转化为“合格的顾客”。

表 4—1—3　　潜在顾客的状况

购车能力	购车决策权	购车需求
M（有）	A（有）	N（有）
m（无）	a（无）	n（无）

在评估潜在顾客的购买力（money）方面，对企业（组织）主要从其经营状况、财务状况、企业规模、生产条件等方面进行评估，还可以通过其上级单位及知情人士了解真实情况；对个人，除了通过交谈获取一些信息外，还可通过顾客及家人的居住条件、职业状况、薪资水平、家庭状况等进行分析判断。当潜在顾客具备相应经济能力时，销售顾问的策略是引导需求；当潜在顾客不具备相应的经济能力时，销售顾问的策略是鼓励信贷消费。

在评估潜在顾客的购买决策权（authority）方面，能否准确了解真正的购买决策人是推销成功与否的关键。在销售活动中，要判断谁是购买决策者不是一件容易的事。在不同的文化背景，不同的经济发展水平社会，不同的消费类型，不同时代的观念下，家庭决策权有所变化。因此，销售顾问要了解顾客的组织机构和人事关系，以做出正确的判断。

在评估潜在顾客购买需求（need）时，需要销售顾问善于分析影响顾客需求的各种因素，深入调查，判断顾客的真实需求。顾客的需求表现并不都是明确的、外在的；有些内在的需求，可能连顾客自己都没有认识到。因此，当潜在顾客表现出对汽车有需求，销售顾问应设法促进其购买欲望，促成交易；当潜在顾客表现出对汽车无需求，销售顾问则应对顾客进行需求启发、引导、影响、培育与发掘，从帮助顾客解决问题的角度出发去创造顾客的需求。普通的销售顾问总是去满足需求、适应需求，而优秀的销售顾问则是去发现需求、创造需求。

通过对潜在顾客购买力（money）、购买决策权（authority）和购买需求（need）三个要素的评估，根据表 4—1—4，我们可以将潜在顾客进行分类，并采取相应的推销策略。

表 4—1—4　　“MAN 法则”顾客类型及其应对策略

顾客类型	发展目标	应对策略
M+A+N	准顾客	理想的销售对象，应重点发展
M+A+n	潜在顾客	对顾客进行需求启发、引导、影响、培育、创造
M+a+N	潜在顾客	设法找到具有 A 之人（有决策权的人）

续表

顾客类型	发展目标	应对策略
m+A+N	潜在顾客	调查其业务状况、信用条件等，鼓励并提供信贷
m+a+N	潜在顾客	保持长期关注，建立密切联系
m+A+n	潜在顾客	长期观察，建立联系档案
M+a+n	潜在顾客	保持关注，建立联系档案
m+a+n	非顾客	可放弃发展

由此可见，潜在顾客有时欠缺了某一条件（如购买力、需求或购买决策权）的情况下，仍然可以开发，只要应用适当的策略，便能使其成为企业的新顾客。

思考与练习

1. 试分析潜在顾客与现实顾客之间的关系。
2. 简述潜在顾客的判断与分析。
3. 假设你是某品牌汽车销售顾问，请谈谈你如何开发潜在顾客。

课题二　顾客寻找

◆ 了解寻找顾客的意义。
◆ 掌握寻找顾客的原则。
◆ 能够开拓顾客信息来源寻找顾客。

销售顾问James推销时，总是带两张纸。一张纸写了许多字，另一张纸是白纸。那张有字的是顾客的推荐信，当遇到顾客拒绝时，他会说："先生，您认识Miles先生吧？他是我的顾客，他用了我们的汽车很满意，他希望他的朋友也享受这份满意。""您不会介意把您的名字加入到他们的行列中去吧？"运用这个方法，他一般都能取得较好效果。当成功地销售一辆车后，他会拿出另一张白纸，说："先生，您觉得在您的朋友当中，还有哪几位可能需要买车？""请介绍几个您的朋友让我认识，以便让他们也享受

到与您一样的优质服务。”然后把纸递过去。85%的情况下，顾客会为他推荐 2～3 个新顾客。

James 的成功在于他善于以顾客寻找顾客，当然其前提是为顾客提供优质的服务和满意的产品，并获得顾客的充分信任和认可。这就要求销售顾问充分掌握顾客寻找的途径和方法。

随着汽车市场的发展，供求关系的改变，今天的汽车销售市场已彻底进入买方市场。买方市场中的汽车销售手段与卖方市场相比，最大的特点就是不能“等客上门”，而应主动出击，寻找顾客。

但是，顾客又不是轻易就能获得的。在日本，汽车销售商平均要拜访 30 次才能卖出一辆汽车；在美国，遍地出击挖掘顾客的是汽车销售人员、保险销售人员和房地产经纪人。由此可见寻找顾客的重要性及艰巨性。

一、寻找顾客的含义

所谓寻找顾客是指销售顾问主动找出潜在顾客的过程。

寻找顾客是推销程序的第一个步骤。由于推销是向特定的顾客推销，销售顾问必须先确定自己的潜在顾客，然后再开展实际推销工作。

寻找顾客实际上包含了这样两层含义：一是根据推销品的特点，提出有可能成为潜在顾客的基本条件；这个基本条件框定了推销品的顾客群体范围、类型及推销的重点区域。二是根据潜在顾客的基本条件，通过各种线索和渠道，来寻找符合这些基本条件的合格顾客。

在寻找顾客的过程中，销售顾问的职业态度特别体现在职业敏感度上，即树立“将周围人都视为顾客”，从一开始就认定对方是自己的顾客，使自己形成一种条件反射，积极去寻找顾客。乔·吉拉德说：“不管你所遇见的是怎样的人，你都必须将他们视为真的想向你购买商品的顾客。这样一种积极的戏台，是你销售成功的一大前提。我初见一个客人时，我就不会认定他是随便看看或寻开心的。我都认定他是我的顾客，会购买我销售的汽车。通常情况下，他们大部分都成了我名副其实的顾客。”

在中国，很多人是第一次购车。据调查，目前中国的汽车购买者在购车前95%以上会向周围的朋友咨询，听取别人的意见，特别是向有车一族请教购车心得。因此，很多人可能自己不买车，但会影响别人的购车决定。从本质上说，这些不购车但却能影响别人购车决定的人，也是你的顾客。销售顾问要处处留心，抓住每一次机会接触顾客，把每一个可能的人变成你的顾客。

台湾有位保险界奇人，他的核心理念就是把他身边遇到过的每个人都视为他的顾客。他很善于创造与人相识的机会，他最闪光的一点就是“旅行推销法”。他家距离火车站非常近，火车站这个充满着陌生的世界里就是他发展顾客的黄金地带。他每天都会来到火车站售票厅排队，他不需要去哪里，他也不知道自己会去哪里，他的旅程决定于排在他前面的人。他会想方设法与前面的人聊天、套近乎。在排队中，他有办法与前面的人熟悉起来。临到排在他前面的人买票说：“高雄（或其他地方）……”还没等在他前面的人说完，他马上说：“两张。”于是，他随着前面的人去了高雄。一起买的票，座位自然在一起。台北到高雄的一段时间，就成了他推销保险的时间。下车时，他已顺利做成了一笔保单。回家时，他又重复上面的做法，在高雄到台北的回程中又做成了一笔保单。

正是由于他把每一个人都认定是他的顾客，因而他的推销业绩总是处于顶尖的地位。所以，销售顾问应当养成随时发现潜在顾客的习惯，培养敏感的职业态度。

二、寻找顾客的意义

寻找顾客是一项最具挑战性、开拓性和艰巨性的工作。如果只满足于等顾客上门，满足于同老顾客的业务往来，这样的结果势必导致销售市场逐渐萎缩，销售业绩下降。因此，寻找顾客具有极其重要的意义。

1. 寻找顾客是企业生存发展的基础

没有顾客，企业将失去存在的基础；只依靠原有顾客，企业将失去发展的动力。寻找顾客是企业生存和发展的基础。

2. 寻找顾客是稳定和提高销售额的保证

销售顾问要想稳定自己产品的销售市场，促进销售额的增长，就必须有足够的顾客积累。在实际销售过程中，企业很难保持所有的顾客。IBM曾经做过一个调查，研究老顾客为什么选择了离开。调查的结果如下：

◇ 1%是由于老顾客去世了

◇ 3%是由于老顾客搬迁，离开了原来的区域

◇ 4%是非常自然的流动——因为好奇心而不断更换品牌

◇ 5%是由于购买了朋友或亲人推荐的产品

◇ 9%是由于选择了更便宜的产品

◇ 10%是由于长期对产品有抱怨情绪

◇ 68%是由于顾客的需求得不到关注，他的抱怨得不到及时处理

因此，如果没有新的顾客资源补充，销售市场将不断萎缩。

3．寻找顾客是销售顾问自我价值认识的过程

寻找顾客是销售工作最重要的环节，也是销售顾问工作的主要内容。寻找顾客是销售顾问寻找市场、认识市场、分析市场，是销售顾问认识推销工作价值与意义的过程。寻找顾客的过程体现了销售顾问的职业价值。

三、寻找顾客的原则

1．培养克服畏难自卑的心理素质

推销工作就是和拒绝打交道，在多次失败后，销售顾问很容易产生畏难心理。“门难进，脸难看，话难听”是销售顾问每天所要面对的现象，因此销售顾问要研究顾客拒绝的心理、原因和方式，调整策略，调整好心态，克服畏难心理，不断探寻，永不放弃。

2．养成随时随地挖掘顾客的意识

寻找顾客是一项长期而细致的工作。销售顾问要养成随时随地挖掘潜在顾客的意识，时刻做好寻找顾客的准备，不放过任何一次捕捉潜在顾客的机会，并逐渐使之成为一种工作习惯。销售顾问要处处留心，以自己的职业敏感去听、去观察、去接触，抓住一切线索和机会，以便积累大量的顾客信息，并在关键时刻有的放矢，有效地寻找到目标顾客。

3．完善寻找顾客的方法和途径

“兵无常阵，水无常势”，推销无常规。不同的顾客，不同的时间，不同的场合，不同的环境，这些都要求销售顾问不能以同一种方式和途径面对顾客，而应在实践中仔细揣摩，力求方法和途径的多样性、灵活性和创新性。

4．掌握分子裂变原理

分子裂变原理主要是针对老顾客而言，也就是说要重视老顾客。一位推销专家深刻指出，失败的销售顾问常常通过找到新顾客来取代老顾客。通过新顾客来弥补老顾客的流失并没有促使销量总额的增加，但在老顾客稳固的基础上寻找新顾客，则将使销售量大幅度提升。

乔·吉拉德著名的“250 定律”认为，你只要赶走一个顾客，就等于赶走了潜在的

250 个顾客。换句话说，每个顾客的背后大约有 250 个与其关系比较亲近的人，这些人也许以后就能成为你的顾客。

成功的销售顾问善于从一个老顾客身上裂变出更多的新顾客，这种从老顾客身上寻找新顾客的做法不仅省时、省力，而且成功率高。

四、寻找顾客的途径

1．内部途径

很多汽车企业在业界有多年的经营历史，有健全的管理体系，因此，企业内部的营销信息系统中有许多潜在顾客的信息资料（见表 4—2—1）。

表 4—2—1　　内部信息来源

来源项目	信息分析
公司销售记录	检索公司原始销售记录，列出一份在过去 5 年内停止与公司往来的顾客清单，分析这些顾客流失的原因，了解流失顾客有关现状
广告反馈记录	公司各种广告反馈记录、广告活动记录
顾客服务电话	顾客在对公司产品进行服务申请、业务咨询、故障报修、投诉等项目活动中留下的联系方式
公司网站、邮箱	顾客登录公司网站留下的有效联系记录，顾客通过电子邮箱向公司发来的邮件
公司营销活动	促销、市场调查、赞助活动、主题活动等顾客信息记录

2．外部途径

寻找顾客的外部途径见表 4—2—2。

表 4—2—2　　外部途径

来源项目	信息分析
顾客关系	从老顾客处获得潜在顾客信息 老顾客亲自推介或牵头
社会关系	向朋友、熟人打听获知潜在顾客信息
社会机构	从社会有关团体、机构处获取顾客线索，如俱乐部、协会等
中间人关系	通过中间人关系寻找顾客
无竞争关系的销售人员	从无竞争关系的销售人员处寻找顾客线索

续表

来源项目	信息分析
有影响力的顾客	结交能影响到其他顾客的，受公众瞩目的和有影响力的顾客，如大型机构、单位，以及明星、公众人士等
网络媒介	网页、QQ、微信、微博、论坛等
代理公司	猎人公司、营销公司
各种活动	展销会、研讨会、公益活动、竞技活动

网络的普及让很多信息变得透明化，善于运用和信赖网络的年轻消费者往往会事先通过网络获取足够的车型信息，反复进行对比筛选后，直接锁定一家经销店前去下订单。因此，通过网络媒介途径往往也能争取到更多的顾客。

五、寻找顾客的方法

1．普遍访问法

普遍访问法也称逐户寻找法或者地毯式寻找法，是指销售顾问针对特定区域范围内的特定群体，用上门、信件或者电话、电子邮件等方式对该范围内的组织、家庭或者个人无遗漏地进行寻找与确认的方法。通过这种广泛搜寻的方法，可以捕捉到一定数量的潜在顾客。

这一方法的理论依据是平均法则，即销售顾问在走访的人中，潜在顾客的数量与走访的人数成正比。换句话说，要想获得更多的潜在顾客，就得访问更多数量的人。

为了获得更好的寻找效果，销售顾问在访问之前要进行必要的接近研究，找到一条最适合的“地毯”，即划定走访的范围，选定接近的潜在顾客。

普遍访问法的优点是，地毯式的走访不会遗漏任何有价值的顾客；寻找过程中接触面广、获取的信息量大，各种意见和需求都可能收集到，是分析市场的一种方法；可以让更多的人了解到自己的企业。

当然其缺点也是很明显的，如成本高、费时费力，易导致顾客的抵触情绪等。因此，如果活动可能会对顾客的工作、生活造成不良的干扰，一定要谨慎进行。

2．分子裂变法

分子裂变法又称连锁介绍法、链式引荐法、顾客引荐法或无限连锁法，是指销售顾问请求现有顾客介绍潜在顾客的方法。分子裂变法在西方被称为是最有效的寻找顾客的方法之一，被称为黄金顾客寻找法。

该方法遵循的是“连锁反应”原则，即犹如化学上的“分子裂变”，通过现有顾客去寻找潜在顾客，不断循环往复，扩大了销售顾问与顾客之间的联系面，使销售顾问所掌握的潜在顾客源源不断得到扩充、发展和更新。因此，分子裂变法的关键在于销售顾问首先要取信于第一级顾客，通过第一级顾客开始形成每一级的不断裂变。要保证每一级顾客链的良性裂变，销售顾问必须不断地向裂变链“传动系统”增添“润滑剂”。

实际上，作为分子链上的第一级，可以不是顾客，可以是销售顾问的家人、朋友、同学等，一个人带动一群人，通过这种方式，销售顾问很快将获得大量的潜在顾客。

分子裂变法可以避免销售顾问主观判断潜在顾客的盲目性，有利于取得潜在顾客的信任，寻找成功率较高。不足之处在于潜在顾客要依靠现有顾客或人脉的引荐，事先难以制订完整的寻找计划，整个推销工作也相对比较被动。

3. 中心人物法

中心人物法也叫中心寻找法、名人介绍法、中心辐射法，是指销售顾问在某一特定推销范围内发展一些有影响力的中心人物，利用这些中心人物的影响力和号召力寻找该范围内潜在顾客的方法。一般来说，中心人物包括在某些行业里具有一定的影响力的声誉良好的权威人士、专业人士及公众人物或明星人物。中心人物法是分子裂变法的特殊形式。

该方法遵循的是“光辉效应法则”，即中心人物的购买与消费行为，可能在他的崇拜者心目中形成示范作用与先导效应，从而引发崇拜者的购买与消费行为。实际上，许多汽车品牌请明星代言，对特殊人士奖励、赠送汽车，这些都是使用中心人物法来寻找潜在顾客的运用典型案例。

中心人物法的优点是销售顾问只需集中精力做中心人物的工作，利用中心人物的影响力扩大品牌的知名度；其缺点是中心人物的确定比较困难，对潜在顾客的导向存在片面性。

4. 个人观察法

个人观察法也叫现场观察法，是指销售顾问依靠个人的知识、经验，通过对周围环境的直接观察和判断，寻找准顾客的方法。个人观察法主要是依靠销售顾问个人的职业素质和观察能力，通过察言观色，运用逻辑判断和推理来确定潜在顾客，是一种原始且基本的方法。绝大部分销售顾问在许多情况下都要使用个人观察法。

个人观察法的优点是简便、易行、可靠；其缺点是受个人知识、经验和能力的限制，只能观察到表面现象，容易被表面现象迷惑，失败率高，销售顾问的积极性容易受挫。

5. 委托助手法

委托助手法也称“猎犬法”，就是销售顾问雇佣他人寻找顾客的一种方法。在西方国家，这种方法运用十分普遍。一些销售顾问常雇佣有关人士来寻找顾客。这些受雇人员一旦发现潜在顾客，便立即通知销售顾问，安排推销访问。这些接受雇用的人员被称为推销助手。如西方国家的汽车销售顾问，往往雇请汽车修理站的工作人员当“猎犬”，负责介绍潜在购买汽车者，车主很可能就是未来的购车人，这些“猎犬”一旦发现哪位修车的车主打算弃旧换新时，就立即介绍给汽车销售顾问。

因为委托一些有关行业与外单位的人充当助手，在特定的销售地区与行业内寻找顾客及收集情况，传递信息，然后由销售顾问去接见与洽谈，这样花费的费用与时间肯定比销售顾问亲自外出收集情况更合算些。适当地运用委托推销助手来寻找顾客，拓展市场，是一个行之有效的方法。

这种方法的缺点是推销助手人选确定较为困难，销售顾问处于被动的状态，其绩效取决于推销助手的合作程度；由于推销助手不是本企业员工，无法加以控制，也可能同时为竞争产品服务。

6. 广告寻找法

广告寻找法又称广告拉动法、广告吸引法，是指销售顾问利用各种广告媒介向目标顾客群发送广告，吸引顾客上门展开业务活动或者接受反馈展开活动的方法。这种方法依据的是广告学的原理，即利用广告的宣传攻势，把汽车产品的信息传递给广大的消费者，刺激或诱导消费者的购买动机和行为，然后销售顾问再向被广告宣传所吸引的顾客进行一系列的推销活动。

根据传播方式不同，广告可分为开放式广告和封闭式广告两类。开放式广告又称为被动式广告，如网络广告、电视广告、电台广告、报纸杂志广告、招贴广告、路牌广告等，当潜在顾客接触或注意其传播媒体时，它能被看见或听到。封闭式广告又称为主动式广告，它的传播内容直接被传至特定的目标对象，与开放式广告相比，具有一定的主动性，如邮寄广告、电话广告等。

广告寻找法的优点是信息传递量大、传播速度快、覆盖范围广、受众多、可视化强、重复性好，对潜在顾客刺激性强，可以减少盲目性，节省时间，效率高。其缺点是推销对象的选择难以掌握，针对性和及时反馈性不强。

7. 资料分析法

资料分析法又称文案调查法，是指销售顾问通过收集、整理、查阅各种现有文献资料，来寻找顾客的方法。这种方法是利用他人所提供的资料或机构内已经存在的可以为其提供线索的一些资料，这些资料可帮助销售顾问较快地了解到大致的市场容量及潜在顾客的分布等情况，然后通过电话拜访、信函拜访等方式进行探查，对有机会发展业务关系的顾客开展进一步的调研，将调研资料整理成潜在顾客资料卡，就形成了一个庞大的顾客资源库。

销售顾问经常利用的资料有：统计资料，如国家相关部门的统计调查报告、统计年鉴、行业在报刊或期刊等上面刊登的统计调查资料、行业团体公布的调查统计资料等；名录类资料，如顾客名录（现有顾客、旧顾客、失去的顾客）、工商企业目录和产品目录、同学名录、会员名录、协会名录、职员名录、名人录、电话黄页、公司年鉴、企业年鉴等；大众媒体类资料，如电视、广播、报纸、杂志等大众媒体上的资料；其他资料，如顾客发布的消息、产品介绍、企业内刊等。

资料分析法需要注意的是资料的时效性和可靠性。此外，销售顾问注意对资料（行业的或者顾客的）的日积月累往往更能有效地展开寻找工作。

8．市场咨询法

市场咨询法，是指销售顾问利用社会上各种专门的行业组织、市场信息咨询服务等部门、机构所提供的信息来寻找顾客的办法。这些部门、机构主要包括汽车修理厂、专业信息咨询公司、工商行政管理部门、各级统计和信息部门、行政单位、大中专院校、科研单位、行业协会等。这些部门、机构手中往往集中了大量的顾客资料和资源以及相关行业和市场信息，这种咨询的方式是寻找顾客的一个行之有效的方法。

9．网络搜寻法

网络搜寻法就是销售顾问运用各种现代信息技术与互联网通信平台来搜索准顾客的方法。它是信息时代的一种非常重要的寻找顾客方法。随着互联网技术的不断发展与完善，各种形式的电子商务、网络通信工具、网站平台等盛行，网络技术的发展，使得在网上寻找潜在顾客变得十分的方便且有效。对于新销售顾问来说，网络寻找顾客是最好选择。

10．营销活动法

营销活动法是指利用各种营销活动寻找顾客的方法。充分利用营销活动寻找顾客，与潜在顾客联络感情、沟通了解，是一种很好的寻找顾客的方法。

国际国内关于汽车及其产品的展览、展销、推介、主题活动非常多，如试乘试驾、促销活动、新车上市、产品讲座等。据有关调查分析，不管是购买何种车型的顾客，都会在不同程度上参与相关的汽车营销活动。参加营销活动往往会让销售顾问在短时间内接触到大量的潜在顾客，而且可以获得相关的关键信息，对于重点意向的顾客也可以作重点说明，约好拜访的时间。

思考与练习

1. 简述寻找顾客的原则。
2. 根据市场情况，分析顾客失去的原因。
3. 简述寻找顾客的途径与方法。

课题三　顾 客 开 发

学习目标

◆ 了解顾客开发的条件与手段。

◆ 掌握顾客开发的策略。

◆ 能够采取不同的策略方法进行顾客开发，并能确定最佳开发方案。

某汽车学校经过整合后搬迁到郊区的新校区，由于上下班路程远，交通不便，学校班车有限，职工抱怨较大。在得知这个消息后，经验丰富的销售顾问老刘立即向公司建议，并带着优惠购车方案与经理到学校洽谈。得到校方的支持后，公司组织了不同车型到学校进行专门“车展”及试驾活动，并获得了极大的成功。

从案例可以看出，机会的把握是顾客开发的关键条件。因此，这就需要我们抓住时机，制定合理的顾客开发方案，并采用合适的手段和策略开展顾客开发活动。

顾客开发工作是销售工作关键的一步，通常来讲是业务人员通过市场扫街调查初步了解市场和顾客情况，对有实力和有意向的顾客重点沟通，最终完成目标区域的顾客开发计划。顾客开发可分为新顾客的开发和老顾客的维持。在掌握潜在顾客的信息后，通过对潜在顾客进行判断和评估，确定潜在顾客的类型，销售顾问应及时开展顾客的开发工作。

一、顾客开发的条件

顾客的购买决策是建立在对品牌文化、企业形象、产品质量和优质服务上的。因此，潜在顾客的开发，必须以此为前提条件，以赢得潜在顾客的认可。

1. 树品牌、创名牌，以质量信誉赢天下

在产品日趋同质化、消费日益个性化的新经济条件下，市场竞争必然是品牌的竞争。品牌运作的好坏，关系到顾客开发的效果。

时下，追求名牌消费已成为广大顾客新的消费热点，这无疑为推销活动开拓了新途径。名牌战略的核心问题是质量。只有推出顾客满意的具有创新性的高质量产品，

才能真正创出名牌，才能打动顾客。

2. 抓服务、塑形象，以真诚守信赢人心

服务是现代企业生命的保护神，没有服务就没有营销。在现代营销活动中，世界上各大汽车公司、各个汽车营销公司，都把服务放在第一位，以服务打动、吸引和赢得顾客。

良好的企业形象是赢得顾客信心的重要条件，这既代表一个企业的文化，也代表一个企业的实力。汽车公司通过企业形象和优质服务，以真诚和信任赢得顾客的信赖，这是销售顾问开发顾客的有利条件。

3. 加强沟通，扩大宣传，把企业信息及时有效地传给每一个顾客

企业通过传递各种信息对顾客的心理和思想施加重大影响，不仅有助于保持与现实顾客的关系，还有助于吸引潜在顾客。如经常开展企业文化活动，经常开展汽车新材料、新工艺、新的生活方式展示活动，经常开展顾客服务活动等，增加顾客对企业的认识，密切顾客与企业的联系，树立企业及产品在顾客中的良好形象，有力激发顾客的潜在需求，从而使老顾客持续成为系列新产品的忠实顾客，使潜在顾客转变为现实顾客，使越来越多的人成为潜在顾客。

二、顾客开发的漏斗原理

新顾客的开发即是获得大量基盘顾客。所谓基盘顾客就是不要预设立场，不要预设顾客会不会买车，不要预设顾客会不会在你这里买车，不要预设顾客会不会买你的车。销售顾问要考虑的是怎样使基盘顾客从一个变为两个。

在此基础上，销售顾问则可用漏斗原理来进行开发（见图 4—3—1）。漏斗的顶部

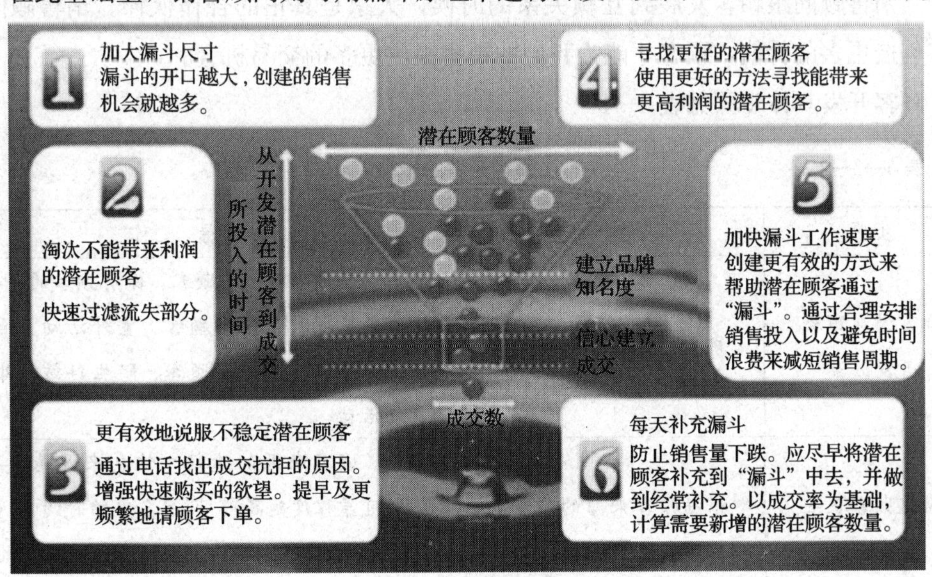

图 4—3—1 漏斗原理

是有购买需求的潜在用户，即基盘顾客；漏斗的上部是将本企业产品列入候选清单的潜在顾客；漏斗的中部是将本企业产品列入优选清单的潜在顾客（如两个品牌中选一个）；漏斗的下部是基本上已经确定购买本企业的产品，只是有些手续还没有落实的潜在用户；漏斗的底部就是我们所期望成交的顾客。

三、顾客开发的步骤

顾客开发的过程实质是一个激发兴趣，增进了解，建立信任关系，认同彼此价值，直至产生依赖关系，促成交易的过程。

第一步，激发顾客对汽车的兴趣。如果顾客对销售顾问所推荐、介绍的车型缺乏兴趣，或者销售顾问缺乏激发顾客兴趣的职业能力，那么对顾客开展开发的后继工作也就是一句空话。

第二步，增进了解。对于顾客的背景，个人喜好，性格特点，购车目的和用途，销售顾问展示的个人魅力，汽车产品信息等，相互了解以后，再接下来继续接触。

第三步，建立信任关系。信任关系是赢得顾客的关键因素，也是打开顾客心扉的重要纽带。信任不够，就要不断地加强信任，当信任累积到一定程度以后，就变成价值。

第四步，认同价值进行投资。价值就是觉得这款车不错，值得购买。对双方都有价值，才会促成最终交易。

第五步，产生依赖关系。交易产生以后，购销双方产生了依赖关系，再往后走就是“互赖”，由此而产生可能的利益循环关系。

当销售顾问跟顾客发展到互赖关系的时候，大家是真正的合作伙伴。销售顾问为顾客创造更多的价值，顾客才能为我们的销售提供更多的交易机会。

顾客开发具体步骤见表4—3—1。

表4—3—1　　顾客开发的步骤

步骤	内　容	操　作
制定潜在顾客开发方案	确定广泛的途径寻找顾客	定期跟踪保有顾客、保有顾客的介绍、给展厅打电话的顾客、室外活动、他人介绍、外来保有顾客、陌生拜访、外展活动
确定顾客联系优先顺序	根据顾客来源的质量和时效来确定顾客的优先顺序	顾客来源的途径（信息来源越准确，可靠程度越高）、顾客名单的时间性（新的顾客）、顾客的主动性（主动来店的顾客）

续表

步骤	内　容	操　作
准备工作	准备好记有顾客的姓名、电话号码、信息来源和以前的联系记录的表单	意向顾客管理卡、保有顾客管理卡、营业活动访问日报表、来店（电）顾客登记表、其他相关文件或记录
与潜在顾客联系	与潜在顾客联系，作自我介绍并介绍专营店，说明联系原因，确认顾客是否有足够的谈话时间	勇于不断尝试，初步沟通
建立联系	讨论该潜在顾客对汽车的需求以建立联系	通过了解潜在顾客的购买需求来和顾客建立联系，如目前用车情况、车辆用途、使用人等；及时跟踪，通过各种方式适时联系顾客，通过真诚的节日问候、节日礼物、生日祝福等情感方面的投入，获得顾客的情感认同
顾客邀约	在建立关系后请该顾客确定一个具体日期和时间的邀约	时间一定要具体，邀请顾客到公司来，感受一下公司的整体环境，征求顾客对于汽车产品的整体意见和感受，如试乘试驾活动、上门服务等，产生信任感
后续工作	将有关该潜在顾客的重要信息和谈话内容都计入相关的顾客信息表单中	意向顾客登记表

四、顾客开发的手段

潜在顾客存在多种层面、多种情况等特点，因此，在潜在顾客开发的工作中，要采取内外兼修、新旧并举的手段。

1. 留住现有顾客

留住现有顾客是开发潜在顾客最基本的手段。首先，现有顾客是新产品的潜在顾客；其次，现有顾客的忠诚度，能吸引更多潜在顾客；再次，现有顾客在开发潜在顾客上能有效提供信息来源，充当销售顾问角色。

2．开辟新市场

开辟新的市场，实质上就是开发潜在顾客的重要手段。企业通过研发新产品，开发新的销售市场，不断吸引和挖掘潜在顾客。如开发高端产品市场的潜在顾客，开发低收入市场的潜在顾客。

3．争夺一般潜在顾客

一般来说，忠诚的顾客总是有限的，而潜在顾客是准顾客中数量最多的，因而潜在顾客也是汽车公司之间争夺最激烈的。谁的“道法”高，谁就可能更多地赢得这些潜在顾客。所谓“道法”，最主要的还是质量，包括以质量为基础的品牌效应以及促销手段等。

4．争夺竞争者顾客

在顾客竞争中，你的现有顾客也是竞争者的潜在顾客，竞争者顾客也是你的潜在顾客。争夺竞争者顾客是开发潜在顾客的手段之一。

要将竞争者顾客争夺过来，变为自己的潜在顾客或现实顾客，都必须费相当大的力气，但这种争夺必须采取合法手段，不能违反《反不当竞争法》。说到底，要将竞争者顾客“策反”成自己的顾客，还是靠品牌效应，靠产品的质量和价格。

五、顾客开发的策略

许多销售顾问在潜在顾客开发中，缺乏有效的策略，不懂得方法，显得很盲目，见了面不知道该说什么，不知道该怎样说，只是极力向顾客推销自己的产品，顾客拒绝后，便灰溜溜地走了，灰心丧气，拜访下家就没有激情。这样，不仅失去了潜在顾客，甚至产生多米诺骨牌效应，影响到其他潜在顾客的选择。

1．专业取信顾客

自身素质和专业水平是赢得顾客信任，获取潜在顾客的重要保证。为了实现这一点，销售顾问在接近潜在顾客前必须做足功课。

（1）拜访前的调研

在拜访顾客之前，要充分对顾客的情况进行调查和了解，如顾客的职业情况、性格、爱好、需求等。

（2）接近前的准备

接近前的准备工作包括仪容准备，如穿着职业化，面部形象职业化，充满自信、面带微笑等；专业知识准备，如汽车车型、性能、价格等；资料准备，如企业简介、产品手册、价格政策、优惠活动表等；心理准备，如做好拒绝心理准备，做好出现的种种困难和挑战方面的准备，时刻保持昂扬向上的进取心态。

（3）与顾客洽谈时，要时刻彰显自己的专业水平包括自己公司的介绍、车型的特点、新材料、新工艺、竞争车型特点比较、行业的分析、价格政策、促销活动、品牌宣传、信贷政策等，要很熟练地说出，不能吞吞吐吐，让顾客觉得你不专业。当然对于顾客所提的条件也要灵活应对，自己解决不了的不要当场给予回答，下次拜访时把上次遗留的问题解决掉。

2．利益打动顾客

销售顾问在向顾客推销产品的时候，不能只是一直说这款车如何的好，这样是打动不了顾客的，他所关注的是这款车能给他带去什么，比别的品牌或车型有什么优势。这个时候，销售顾问就要“投其所好”，极力向顾客推销“利益”，反复说明这款车能带给顾客哪些利益，如油耗、性价比、优惠等，以利益打动顾客。

3．态度感染顾客

开发潜在顾客是一项非常艰辛的工作，销售顾问要始终保持积极乐观向上的态度，不要把上家的情绪带到下家去，要充满激情与活力，要在顾客面前展示自己热情、诚恳与谦和。销售顾问要转变观念，始终牢记，顾客可以拒绝你的推销，但他不一定会拒绝你这个朋友。在与潜在顾客洽谈中，要展示自己个人的魅力，展示自己的精神风貌，用积极的态度去感染顾客，让他觉得你永远都是朝气蓬勃、充满自信的。这样，顾客自然会产生对你的信任、对公司的信任以及对产品的认可。

4．情感感动顾客

有些顾客表面可能很冷漠，你一次两次三次拜访他都不会接受，但是或许你再坚持一下就能成功。顾客可能不光在比较你的产品，更是在考察你的人品，所以要学会用情感去感动顾客，如可以经常给顾客发发信息，打打电话，节日送点礼物，生日送点礼物等，用情感与真诚去感动顾客，从而赢得顾客。如有位汽车销售顾问，他都会习惯在特定的节日，给自己筛选出来的潜在顾客寄出一张别出心裁的卡片，取得良好的效果。

5．行动说服顾客

销售顾问不光要感动顾客，更重要的要善于行动，为顾客着想。如在介绍汽车的性能时，不能光说，要通过演示或实践让顾客体会、体验到。当有优惠活动时，第一时间告知顾客；当顾客有意向参加公司的体验活动时，要主动去接顾客。通过行动，让顾客感觉到你不是在卖车，而是在交朋友。

6．真诚打动顾客

销售顾问在潜在顾客开发中，要以真诚感化顾客，多站在顾客的角度去考虑问题，善于抓顾客的心理进行“攻关”。当顾客介绍自己现用车车况后，销售顾问从使用价值的角度真诚建议顾客暂时不要换车；当了解到顾客有关情况后，销售顾问可以从实用角度建议顾客买其他车型或其他品牌车。这种首先想到顾客利益的真诚推销，是销售顾问在顾客开发中要考虑的重点；也就是说，只有当你为顾客扫除了购买障碍，强化了顾客的需求，他才能成为你现实的顾客。

思考与练习

1. 简述顾客开发的手段与策略。
2. 谈谈你对“真诚打动顾客”策略使用的理解。
3. 试举一个成功开发顾客的方法案例，并进行分析。

课题四 顾客接待

学习目标

- 熟悉顾客接待流程。
- 掌握展厅接待工作。
- 能够针对不同顾客的情况进行顾客接待。

某4S店为了让来选购汽车的顾客安心看车，专门设置了一个小孩玩乐的区域，里面布置了各种玩具和游戏设备，并配备了一名工作人员专门照顾小孩。这一做法赢得了顾客的赞同，也因此促进了销售业绩的提高。

该4S店在顾客接待上显得非常人性化，充分考虑到顾客的一些顾虑。有不少带着小孩看车的顾客，往往会由于小孩乱跑或吵着要走而无法静心选车，有时也会因为小孩不耐烦而说不喜欢这些车进而放弃继续选车。因此，在顾客接待中，接待的准备工作和人性化工作，也是非常重要的。

顾客接待环节贯穿汽车销售流程的整个过程，并且汽车销售由顾客接待开始。顾客接待主要包括来电顾客接待和展厅顾客接待。

当顾客进入展厅时，销售顾问只有一次机会来建立良好的第一印象。最初的几分钟，最初的几句话，可以使销售顾问的推销获得成功，也同样可以使之失败。因此，接待顾客是最基本的，又是极其重要的。

一家4S店的接待服务直接可以体现出该4S店的整体服务水准，同时接待人员热情礼貌的态度也会吸引用户是否选择进店购车。某品牌汽车在有关顾客接待服务满意度调查中，表示非常满意的车主只有11.07%，表示满意的车主占27.24%，表示一般的车主占35.00%；表示不满意和非常不满意的车主分别占9.64%和17.05%，如图4—4—1所示。从这点可以看出，部分接待人员的服务培训还有待继续提高。

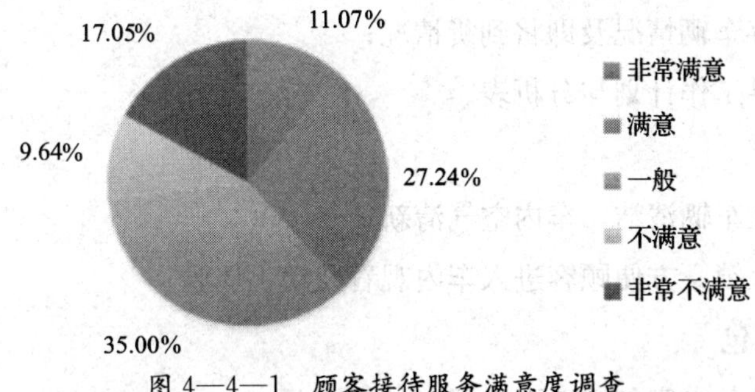

图4—4—1　顾客接待服务满意度调查

一、顾客接待的基本流程

顾客接待基本流程如图4—4—2所示。

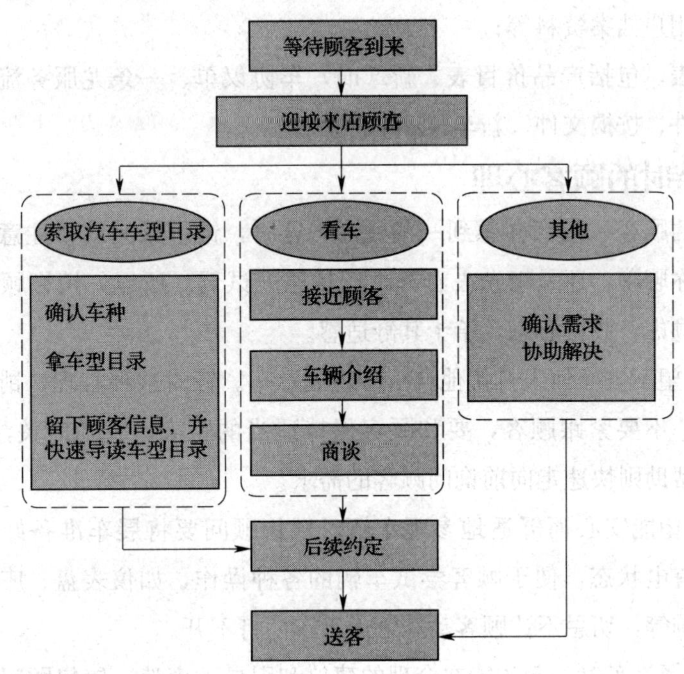

图4—4—2　顾客接待基本流程

二、接待准备工作

1. 办公区或洽谈区

办公区接待准备工作主要包括以下内容：

（1）桌面整理干净（基本是空的），可布置一些装饰品，如鲜花等，保持室内空气清新自然；

（2）计算机开机，随时方便输入顾客信息或调出顾客档案；

（3）准备名片、洽谈记录本和笔等；

（4）准备好饮水机、饮品、杯子、糖果、烟、烟灰缸（干净）及雨伞等；

（5）查看库存车辆情况及即将到货情况；

（6）浏览当月工作计划与分析表。

2. 展车

（1）时刻保证车辆清洁，车内空气清新；

（2）车门不上锁，方便顾客进入车内观看及动手体验。

3. 销售工具包

销售工具包准备内容包括以下方面：

（1）办公用品，包括计算器、笔、记录本、名片（夹）、面巾纸、打火机等；

（2）资料，包括公司介绍材料、荣誉介绍、产品介绍、竞争对手产品比较表、媒体报道剪辑、用户档案资料等；

（3）销售表，包括产品价目表、新（旧）车协议单、一条龙服务流程单、试驾协议单、保险文件、按揭文件、新车预订单等。

三、接待时的顾客心理

初次到店的顾客一般都会感到一些顾虑，这时，销售顾问就要注意观察，顾客是想先坐下来和你聊聊，还是想先去看车，还是想先试驾。所以，销售顾问首先要做的是让顾客消除顾虑，放松心态，给予其舒适感。

1. 顾客希望不被任何人打扰他自由参观展示车。针对这种心理，销售顾问不要给顾客太大压力，不要紧跟顾客，要和顾客保持适当的距离，并随时关注顾客的动向，如果顾客需要帮助则快速走向前询问顾客的需求。

2. 顾客希望能安心而舒适地参观车辆。销售顾问要将展车准备好，打开所有车门，车辆处于有电状态，便于顾客尝试车辆的各种操作，如仪表盘、座椅调节、电动天窗、汽车音响等，切忌不让顾客动车辆或者车门打不开。

3. 顾客选择汽车时，希望能在合理的建议和引导下商谈。销售顾问要切实起到顾问作用，而不是简单生硬地推销，要根据顾客的需求，给予有针对性的建议。

4. 顾客希望销售顾问能提供专业的汽车信息。

5. 顾客其他的期望。如展厅的整体感觉要协调，工作人员的形象良好并且热情礼貌等。

四、电话接待

1. 电话接待前的准备

电话接待前主要准备每日来电顾客记录表（见表 4—4—1）、笔以及相关宣传资料等。

表 4—4—1　　　　顾客来电记录表

来电时间	顾客名称	顾客电话	来电事项	来电要求	来电答复	接听人

2. 电话接待流程

通过销售顾问热情、真诚地与顾客通话，使顾客感受到销售顾问的诚恳，欣然接受下次会面。电话接待流程如图 4—4—3 所示。

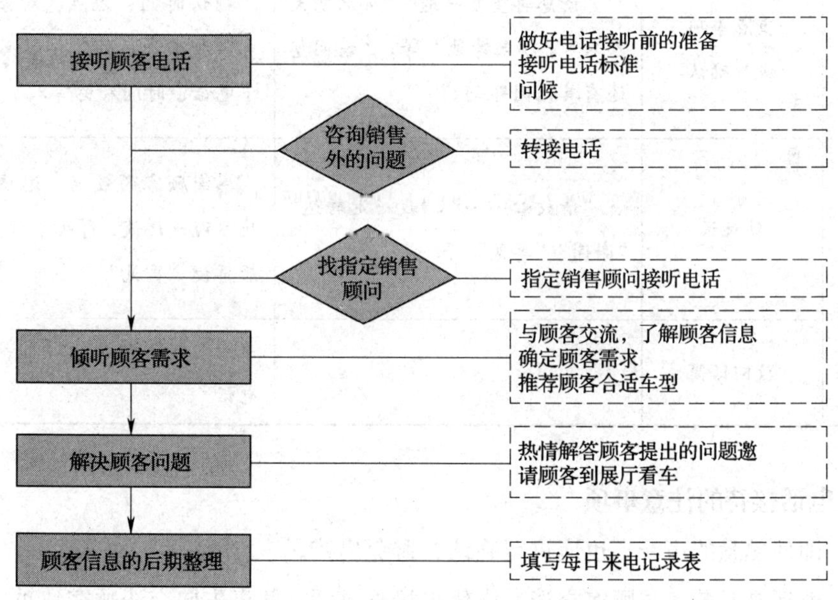

图 4—4—3　电话接待流程

3. 电话接待的目的

电话接待主要包括以下目的：

（1）获取顾客信息，如姓名、地址、使用车辆信息、家庭信息等，确定需求；

（2）邀请顾客来店参观、详谈或试乘试驾；

（3）电话接待过程中可报价但不谈价。

4. 电话接待的标准

电话接待标准见表 4—4—2。

表 4—4—2　　电话接待标准

序号	工作事项	基本用语	注意事项
1	拿起话筒告知对方自己的姓名	您好，××汽车专营店，我是销售顾问××	电话铃响 3 声之内接听电话时，不能说“喂”；保持微笑，讲话声音适中，告知对方自己的姓名
2	确认对方	“请问您怎么称呼?”“X 先生，您好!”	必须对对方进行确认
3	听取对方来电用意	“很高兴为您服务”，并用“是”“好的”等回答	必要时应进行记录，对于顾客的问题应热情回答
4	重点事项进行确认	“请您再重复一遍”“那么明天在××，9 点钟见”等；“请问您还有其他问题吗?”	确认时间、地点、对象、联系电话和事由，如需传话必须记录下电话、时间和留言人
5	结束语	“请放心……”“我一定转达”“谢谢”“再见”等	感谢顾客的致电，邀请顾客来店参观或详谈；等顾客说“再见”后再说“再见”
6	放回话筒		等对方挂断电话后再轻轻挂断电话

5. 电话接待的注意事项

（1）即使熟悉的声音，也应进行确认，避免出错。

（2）电话来时若正与顾客交谈，应优先接听电话，并事先向交谈顾客致歉。

（3）接电话时，若有顾客进店，销售顾问应起立、微笑、点头致意。

（4）若是转接电话，在 20 秒内顺利转接，并关注是否已经转接到位。

（5）若顾客找的人不在，应及时告知，并主动征询顾客是否能留言。

（6）打错电话要礼貌地回答，让对方重新确认电话号码。

(7) 对自己不了解且不能解决的问题，要做好详细的电话记录，然后转交相关人员处理。

(8) 电话中应避免使用对方不能理解的专业术语或简语。

(9) 填写顾客来电记录表（见表 4—4—1）。

五、展厅内接待

1. 展厅顾客接待

展厅顾客接待如图 4—4—4 所示。

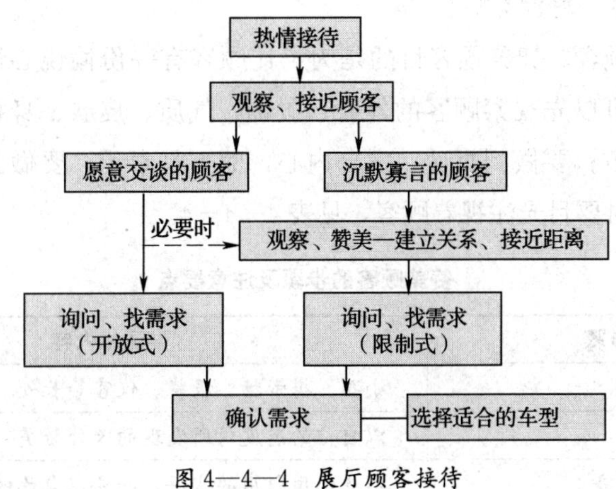

图 4—4—4　展厅顾客接待

2. 顾客进入展厅

顾客进入展厅时的接近时机与接待要点见表 4—4—3。

表 4—4—3　顾客接近时机与接待要点

接近时机	接待要点
◇ 当顾客无明确目标、四处张望时	◇ 表情（自信、微笑）
◇ 当顾客停下、目光注视某件产品时	◇ 目光（亲切、柔和、目光接触）
◇ 当顾客用手触摸某件产品时	◇ 姿态（面对顾客、迎向顾客）
◇ 当顾客与你目光相对时	◇ 语言（亲切、自然）

(1) 30 秒内察觉到顾客的到来，并在几秒内大脑要加工处理顾客的信号，依据其衣着、姿态、面部表情、眼神等，评估出顾客的态度、购买倾向等，注意不要以貌取人。

(2) 目光相遇时，点头示意，如顾客点头回应，应即刻上前接待，如果顾客视而不见且直奔展车专注看车，可给顾客 1～2 分钟的自由看车时间。

(3) 面带微笑，目光柔和地注视对方，以愉快的声调致欢迎词“欢迎光临，我是销售顾问×××，请问有什么可以帮助的吗”。

(4) 对每个来访者必须在2分钟内打招呼并进行交谈，可与顾客从与车无关的话题开始交流，借此打消顾客本能的警惕和戒备，拉近彼此心理距离。

(5) 礼貌、热情，所有员工与顾客目光相遇时皆应友好地点头示意，并打招呼"您好!"良好的第一印象有助于增强顾客对于我们品牌、公司和个人的信任，将为后来放松、深入的交谈奠定坚实的基础。

(6) 如顾客是再次来展厅的，销售顾问应用热情的言语表达已认出对方，最好能够直接称呼对方，如"张先生，您来了，上次去昆明旅游收获很大吧?"或"张姐，您来了，咦，发型换了，好漂亮啊!"等。

(7) 善于赞美顾客。赞美顾客目的是为了让顾客有一份愉悦心情，拉近与顾客之间的距离。赞美时可以先观察顾客的外表、服饰、气质、皮肤、身材、鞋、包或任何其他值得赞美的地方；要做到真诚，发自内心，而不是奉承；要做到具体，赞美对方具体的事实；赞美时要目光注视着顾客，见表4—4—4。

表4—4—4　　赞美顾客的步骤及注意要点

赞美的步骤	具体内容
1. 努力发现赞美点	小孩、携带物、服装、仪容等长处
2. 只赞美事实	以自信的态度对所发现的长处赞美
3. 以自己的语言赞美	不要使用引用的言语，而要以自己的语言自然地赞美
4. 具体地赞美	具体表现"何处""如何""何种程度"的赞美
赞美时要注意	**具体内容**
1. 适时地赞美	设法在说话中适时地加以赞美
2. 由衷地赞美	为克服"害羞的情绪"要练习多种赞美的方法
3. 在对话中加入赞美语	在顾客回答问题或做商品说明时，对顾客加以赞美

3. 顾客要求自行看车或随便看看时

(1) 回应"请随意，我愿意随时为您提供服务"。

(2) 撤离，在顾客目光所及范围内，随时关注顾客是否有需求。

(3) 在顾客自行环视车辆或某处10分钟左右，仍对销售顾问没有表示需求时，销售顾问应再次主动上前"您看的这款车是×××，是近期最畅销的一款……""请问您……"

(4) 未等销售顾问再次上前，顾客就要离开展厅，应主动相送，并询问快速离开的原因，请求留下其联系方式或预约下次看车时间。

4. 顾客需要帮助时

(1) 亲切、友好地与顾客交流，回答问题要准确、自信、充满感染力。

(2) 提开放式问题，了解顾客购买汽车的相关信息，发掘需要，如"×××车给您的印象如何”“那您理想中的车是什么样的”“您对×××产品技术了解哪些”“您购车考虑的最主要因素是什么”等，鼓励顾客表达自己的认识和观点。建议开始提一些广泛的问题，而后转入具体问题。

（3）获取顾客的称谓，“可以告诉我，怎么称呼您吗?”并在交谈中称呼对方。

（4）主动递送相关的产品资料，给顾客看车提供参考。

（5）照顾好与顾客同行的伙伴。

（6）不要长时间站立交流，适当时机或请顾客进入车内感受，或请顾客到洽谈区坐下交流。

5. 顾客在洽谈区

（1）主动提供饮用的茶水，递杯时，左手握住杯子底部，右手伸直靠在左臂前，以示尊重和礼貌。

（2）充分利用这段时间尽可能多地收集潜在顾客的基本信息，尤其是姓名、联系电话。如请潜在顾客填写“顾客接洽卡”。填写接洽卡的最佳时机是在同顾客交谈了一段时间后，而不是见面后立即提出请求。可以说“麻烦您填一下这张卡片，便于今后我们能把新产品和展览的信息通知您”。

（3）交换名片，“很高兴认识您，可否有幸跟您交换一下名片？这是我的名片，请多关照”“这是我的名片，可以留一张名片给我吗？以便在有新款或有优惠活动时，及时与您取得联系”。

（4）交谈时，除了谈产品以外，寻找恰当的时机多谈谈对方的工作、家庭或其他感兴趣的话题，建立良好的关系。

（5）多借用推销工具，如公司简介、产品宣传资料、媒体报道、售后服务流程以及糖果、香烟、小礼物等。

6. 顾客离开时

（1）放下手中其他事务，陪同顾客走向展厅门口。

（2）提醒顾客清点随身携带的物品以及销售与服务的相关单据。

（3）递交名片，并索要对方名片（如果前面没有交换过名片）。

（4）预约下次来访时间，表示愿意下次造访时仍由本销售顾问来接待，便于后继跟踪。

（5）真诚感谢顾客光临本店，期待下次会面。在展厅门外，挥手致意，目送顾客离去。

7. 顾客离去后

（1）车辆调整至最初规定位置，并进行清洁。

（2）洽谈桌水杯、烟灰缸等卫生细节的清理、清洁。

（3）整理顾客信息。

（4）自我着装、情绪调整到最佳状态，准备接待其他顾客。

思考与练习

1. 试分析顾客进入展厅时的心理及应对策略。

2. 电话接待应注意哪些问题？

3. 模拟训练：一个阴雨绵绵的下午，展厅里没有其他人，销售顾问小王正整理车辆信息，这时进来一位戴眼镜的中年男性顾客，假设你是小王，请你应用展厅接待流程进行接待。

模块五 顾客需求分析

课题一 顾客分析

学习目标

◆ 了解顾客类型及其需求。

◆ 掌握顾客购车心理及其动机分析。

◆ 能够正确判断顾客类型及其购买心理。

胡润研究院对车主情况进行了一项定量调研，如右图所示。在定量调研中，胡润研究院将118个形容词作为选项，其中，车主身份的形容词18个，如政府官员、富二代等；车主生活态度和价值观的形容词31个，如热爱运动的、炫富的等；车主性格特征的形容词24个，如高调张扬活泼的、关注个人、注重精神等；豪车品牌形象特征的形容词45个，如值得信赖的、动感的等。

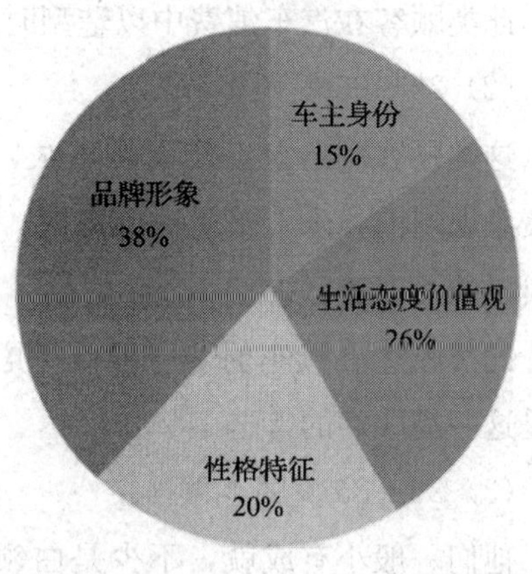

调研结果启发了商家，顾客特征与汽车品牌有着紧密的联系，顾客买什么类型和档次的车取决于顾客自身的特点。因此，这就要求销售顾问要善于进行顾客分析，从而为开展有针对性的推销工作提供依据和指导。

顾客分析就是根据顾客的各种信息和数据来了解顾客需求，分析顾客特征、心理，评估顾客价值，掌握顾客需求，从而为顾客制订相应的营销策略与资源配置计划。

一、顾客类型

1. 按年龄分

年龄不同，顾客需求不同。2015年中国购车用户中，35岁以下人群比例已突破50%，成为主流消费群体，汽车市场年轻化格局已显露。同时，随着消费观念的变化，50～65岁年龄段购车顾客不断增多。我国汽车消费者年龄结构如图5—1—1所示。

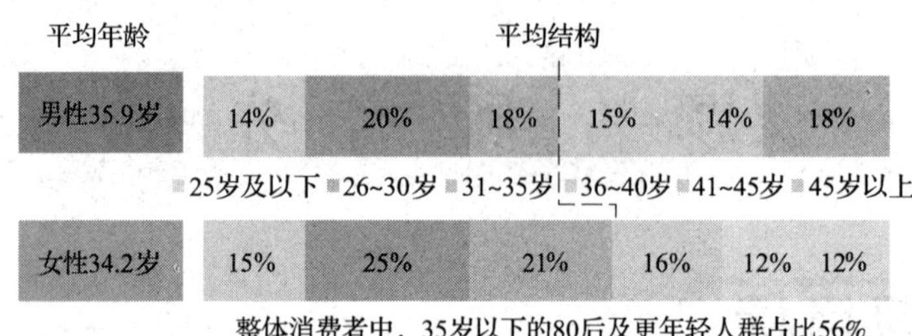

图5—1—1 我国汽车消费者年龄结构

（1）20岁以下年龄段顾客群

这类顾客的特点是年轻，追求时尚与潮流，富于幻想，冲动，多为独生子女，受家庭宠爱，没有或较少经济来源，不少家庭经济状况较好，在汽车消费中拥有话语权。

此类顾客在汽车消费中以造型时尚的经济适用车型和过渡车型为主。

（2）20～25岁顾客群

这类顾客刚走上工作岗位不久，受过良好的教育，工资收入不高但经济负担小，消费意识超前，乐于接受银行按揭，对未来充满信心。在当前的汽车消费群中，这一年龄段的消费者已占到1/4。

此类顾客在购车时，一般既考虑经济性，又考虑实用性，6万～15万元车价的车型是这一类顾客的首选。

（3）26～35岁顾客群

他们一般小有成就，不少是白领、中高层管理者或小老板，事业处于上升期，收入稳定。驾驶的乐趣和品牌的高贵是此类顾客主流的消费取向。他们追求品味和时尚，部分渴望体现年轻人张扬的个性。这类顾客选择的车型，其价格一般在10万～20万元。

（4）36～49岁顾客群

这类顾客一般事业有成，收入稳定，追求身份地位的表现，并渴望休闲、品位。他们购买汽车注重身份、品牌，强调稳定的性能和实用性。

对这一类顾客，销售顾问可以以成功、休闲、地位体现等价值观念引导一步到位，购买相应适合他们身份地位的车型。

（5）50 岁以上顾客群

由于驾龄年龄的放宽，这一群体的汽车消费比重处于上升趋势。这类顾客购车目的以休闲和旅游为主，强调的是汽车的舒适性和安全性，消费观念相对随性，比较注重厂商信誉，具有较强的理智性和稳定性。

此类顾客中，有的人购车是馈赠子女，因而他们也注重车型的年轻化及价格。

2．按性别分

（1）男性顾客

男性善于控制自己的情绪，处理问题总能冷静权衡；同时男性又有较强的独立性和自尊心，因此动机形成果断迅速，并能很快导致购买行为。男性购车动机感情色彩比较淡薄，不易受感情支配。一般情况下，男性顾客非常重视汽车的技术参数、性能及售后服务，关注汽车的快速反应能力、通过能力及科技含量。

成功的销售顾问往往会以一些男士偏爱的汽车及其内涵表现的搭配为手段对顾客进行引导推销。在接待时，销售顾问应该注意动作迅速，言语简洁切中要点。

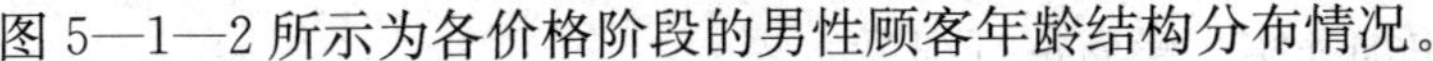

图 5—1—2 所示为各价格阶段的男性顾客年龄结构分布情况。

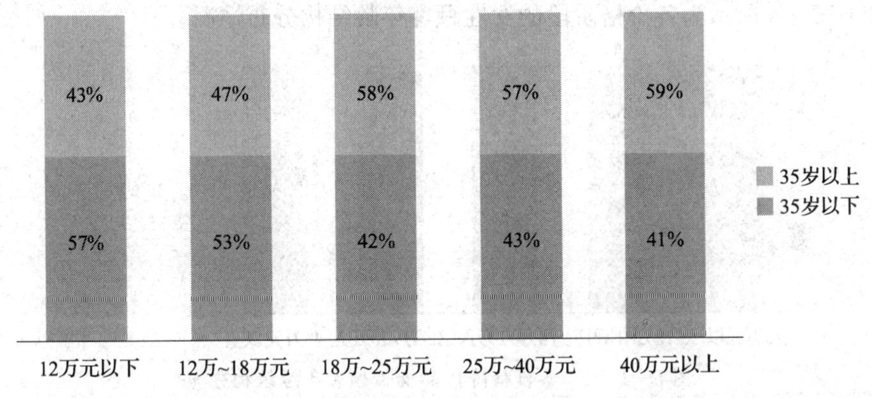

图 5—1—2　各价格阶段的男性顾客年龄结构分布

（2）女性顾客

随着国内女性收入水平上升，其社会和家庭地位也在不断提高。中国式家庭中，妻子掌握财务大权的占 40％以上，但是女性在家庭买车方面亦有 60％以上的决策权。如何抓住女性消费者的心理，对于汽车销售的重要性是不言而喻的。

2014 年中国乘用车市场，女性消费者贡献了近 30％的销量，虽然已相当可观，但是相对欧美发达国家乘用车市场女性消费者近 50％的占比，中国乘用车市场女性消费仍有很大发展空间，消费潜力有待挖掘，如图 5—1—3 所示。

女性爱美求新，感情丰富、细腻，富于幻想、联想，购车具有较强的感情色彩，但也易受外界各种因素影响，如广告、销售活动、购买环境、销售顾问的服务、其他人的

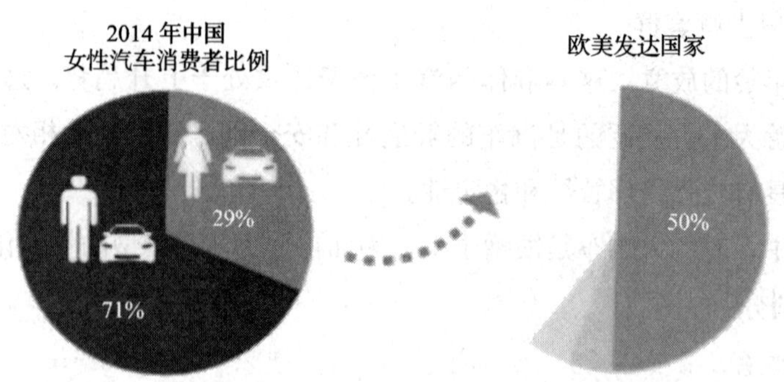

图 5—1—3　我国女性汽车消费者比例

意见观点等。女性顾客偏爱流线造型和艳丽色彩的车型，追求灵活娇小、造型时尚、内饰高雅、储物空间大、安全和操控性能好的品牌车型。

调查数据显示，女性的购车预算在 10 万～15 万元的比例为 31.5%，这一价格区间的选择大多为紧凑型车及高品质的小型车，且这两种级别的车型主要特点是排量小、油耗低，价格合理，实用性更强。10 万～15 万元的经济型车成了女性追捧的对象，可以看出女性在购车时更加务实，崇尚精打细算。

图 5—1—4 所示为各价格阶段的女性顾客年龄结构分布情况。

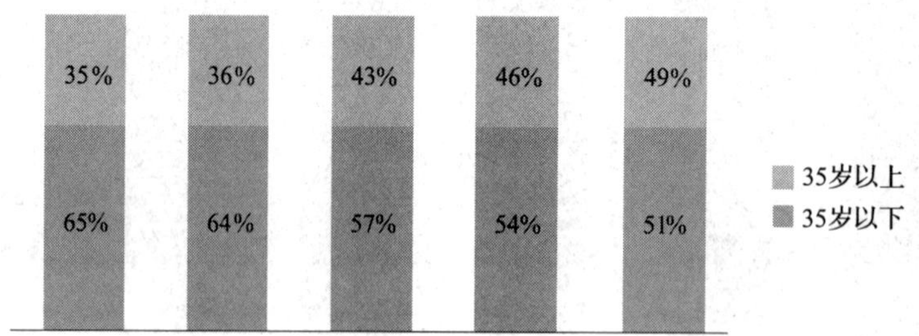

图 5—1—4　各价格阶段的女性顾客年龄结构分布

女性顾客是汽车消费的重要群体，且如果赢得了一个女性顾客的信心，那么带回来的可能不止一个回头客。

（3）不同性别对车型的选择（见图 5—1—5）

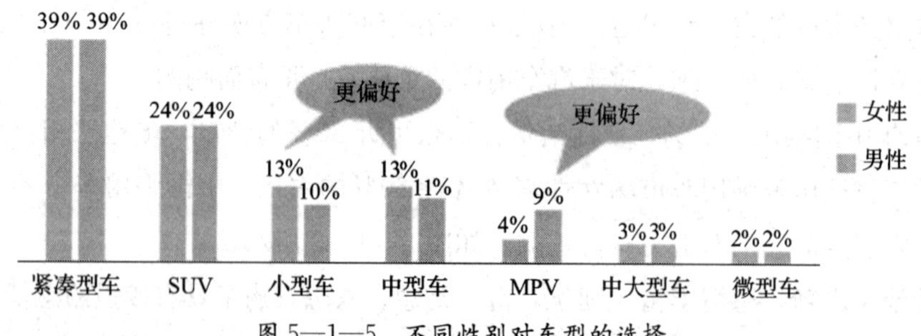

图 5—1—5　不同性别对车型的选择

（4）不同性别对汽车国别的选择（见图 5—1—6）

更偏好　更偏好

	德国	中国	日本	美国	韩国	其他国别
女性	27%	20%	20%	16%	9%	8%
男性	19%	34%	18%	13%	10%	6%

图 5—1—6　不同性别对汽车国别的选择

（5）不同性别对汽车价位的选择（见图 5—1—7）

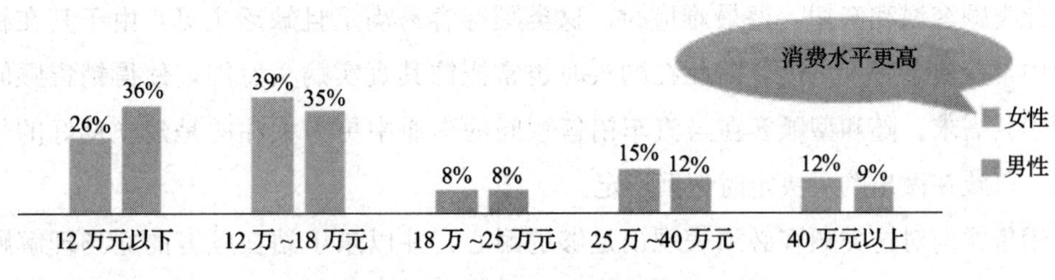

图 5—1—7　不同性别对汽车价位的选择

3. 按性格分

（1）主观型顾客

这类顾客常常以完成购买任务为目标，购买行为发生率极高，只要产品能满足其最低购买标准时就不会太在意产品技术性能方面的表现。其更加看重能体现其价值的产品利益点，讲究效率，好胜心强且一意孤行。

对这类顾客，销售顾问言辞必须言简意赅，介绍汽车时必须简明扼要、条理清楚。当他们提出异议时，要尽快清晰地回答，不要尝试改变顾客的购买意愿。对这类顾客，关键在于不断强调他的利益。

（2）情感型顾客

这类顾客直率开朗，擅长交际，对人热情大方，其对汽车本身的特性兴致不高，只是将其视为自己身份或地位的体现。对于他们来说，汽车作为交通工具的意义远远不及它作为成功象征的意义。情感型顾客对汽车性能的技术性介绍不大感兴趣，更易于接受感性较强的图形图案介绍。

销售顾问对情感型顾客提出的问题，最好依照顾客的购买愿望、观点和个人利益尽快做出回答。对于这类顾客，销售顾问最好能说出一些购买该款汽车的知名人士，这样更能激起顾客的购买欲望。更为关键的一点是，与情感型顾客沟通，采取轻松愉快的方式会使顾客更加乐意听从你的引导。

（3）分析型顾客

此类顾客属于内向、思考型，整洁而又有条理，衣着讲究，举止彬彬有礼，生活有规律，一般习惯以精心筹划的方式处理问题。其比较看重汽车性能方面的细节，并会尽可能收集详尽的车型信息，在做出购买决定时表现得慎重而迟缓，常常被销售顾问误认为沉默寡言、感情冷淡的人。

这类顾客对产品提出异议时，销售顾问应根据事实进行详尽的答复，就事论事避免主观争执，所提供的信息资料越多越详细越能让他放心。因此，销售顾问不要催促他们做出决定，多准备事实资料，善用权威的影响，说服力更大。

（4）随和型顾客

此类顾客温和亲切，但最难应付。这类顾客容易满足且缺乏主见，由于其在社会生活中常扮演老好人角色，因此在购买时也常掩饰其真实购买意图，使得销售顾问很难洞察其需求。随和型顾客在与汽车销售顾问的沟通中更为关注的是建立良好的个人关系，以致在做出购买决定时迟疑不定。

销售顾问对这类顾客必须表现出足够的耐心，并以乐于站在顾客的立场理解顾客的态度，帮助顾客树立购买目标，激发他们的购买欲望，并提供相关的保证以减少顾客对于购买所带来的风险疑虑。

二、顾客购车行为分析

汽车产品属于特殊的商品，顾客购车的过程，是产生需求、收集信息、评估需求、购买决策、购后行为的综合过程。销售顾问要善于分析顾客在不同阶段产生的需求，并采取不同的应对策略，帮助顾客实施购买决策。

1．产生需求

需求是顾客购车过程的起点，前面我们提到，顾客的需求是多层次性的，是多变的，具有显性和隐性的特点。顾客需求有的是自发的，有的受某种因素的影响产生的，有的是“沉睡”的。销售顾问要通过积极的营销活动和销售策略，强化、激发或唤醒顾客的需求。

2．收集信息

为了印证和明确自己需求的可能性、内容、条件和要求，顾客通常会收集大量信息，如品牌、特征、性能、市场情况、价格、行政政策、促销活动等，以期对汽车产品有一个全面的了解。

3．评估选择

顾客对所收集到的信息进行分析、比较、评估，形成一组待选方案。这个阶段对于销售顾问极其重要，是销售顾问帮助顾客对需求进行论证、评估和确定的阶段，也是决定顾客做出购买决策的关键阶段。

4．购买决策

在对需求进行评估选择后，顾客一般会做出购买决策。但购买决策阶段产生的购买地点、时间、支付方式等，也是非常重要的，也可能决定成交的走向。

5．购后行为

购后行为主要是顾客对成交后的汽车使用和售后服务进行的评估，即顾客满意度。顾客的购后行为对产品及企业有深远的影响，它既可能为企业带来更多的潜在顾客，也可能削弱企业潜在顾客的开发。

三、顾客购车心理分析

顾客购车心理过程和心理状态，会直接影响顾客需求导向，也会激发顾客的目标导向和系统导向，使他们采取行为或回避行为。

1．品牌心理

不同品牌在技术和质量以及服务方面存在较大差距。著名品牌的优良品质和服务给顾客留下深刻的印象，顾客逐渐产生强烈的信任感和安全感，并形成习惯和偏好，甚至产生依赖性，从而建立起很高的品牌忠诚度。品牌在一定程度上可以左右顾客的消费导向。

品牌心理除了与顾客自身有关外，还与社会、行业，甚至和周围人有关。不同地域的消费文化也是影响顾客品牌心理的一个重要因素。如在珠三角地区，消费者比较钟爱丰田、本田等品牌，在长三角地区上海大众汽车则更受欢迎。

2．炫耀心理

在中国，汽车进入百姓家庭的时间很短。拥有一辆高档汽车是非常荣耀的事情，是一种身份和地位的象征。不能认为带着炫耀心理购车的顾客就一定是很有钱的人，他们在实际交易的时候肯定也会考虑价格问题，但是价格的影响程度已经大大降低，更多的关注点是如何体现他所追求的“分量”。因此，在销售过程中，销售顾问要充分掌握这一特点，不妨为顾客推介档次高一点的车型，满足他们的心理要求。

3．价值心理

具有价值心理的顾客，影响他的购车因素主要是产品的性价比，也就是说他会比较理智地去考虑花这笔钱买这样一辆车是否值得。有些顾客在经济上不存在问题，花二十几万元买车不在话下，但是如果他觉得十几万的车性价比非常高的话，也许会降低档次选择购买。相反，有的顾客经济实力并不很强，本来准备买辆十几万元的车，也可能会考虑物超所值的高档次的车，当然，其前提是不会产生较重的经济负担。

4. 从众心理

这类顾客不希望与别人有太多的不同，朋友买什么车，他也会买相同层次的车，标新立异的事他是不会考虑的。

5. 实用心理

这类顾客是实用主义者，由于工作或上班的需要而购车，完全以实用为主，不会过多地考虑性价比和其他因素，购车预设的价位也偏低。

四、顾客购买动机分析

购买动机是直接驱使顾客实行某种购买活动的一种内部动力，反映了顾客在心理、精神和感情上的需求，实质上是顾客为达到需求采取购买行为的推动力，其结构如图5—1—8所示。

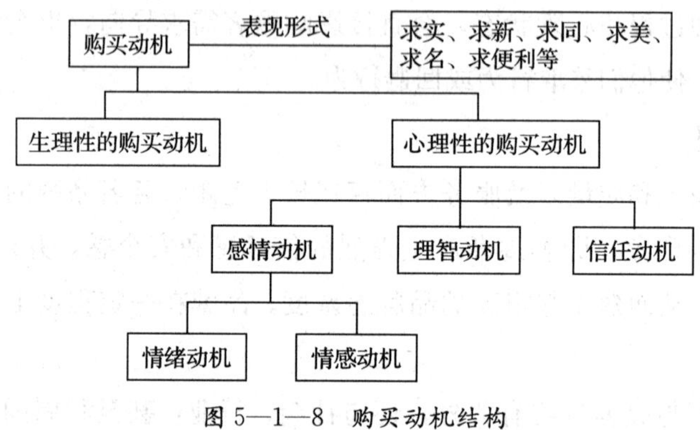

图5—1—8　购买动机结构

顾客购买动机理论的核心问题是顾客的需求问题，如顾客购买凯迪拉克汽车的动机如图5—1—9所示。

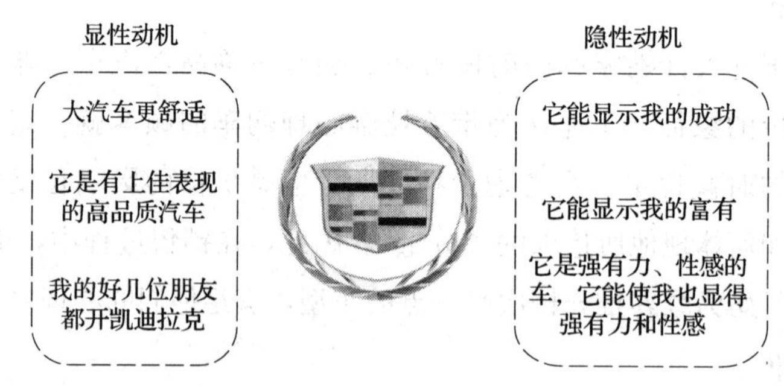

图5—1—9　购买凯迪拉克的动机

1. 顾客购买动机的模式

(1) 本能模式

由生理本能引起的动机称为本能模式，也叫生理性的购买动机。本能模式在汽车消费中主要体现在追求生活的舒适性、便利性、实用性等方面。这种为满足生理需要购买动机推动下的购买行为，具有经常性、重复性和习惯性的特点。

（2）心理模式

由人们的认识、情感、意志等心理过程引起的行为动机称为心理模式，也叫心理性的购买动机。具体包括以下四种动机：

1）情绪动机。这是由人的喜、怒、哀、欲、爱、恶、惧等情绪引起的动机。如购车作为生日礼物送给所爱的人。这类动机常常是被外界刺激信息所感染，所购商品并不是生活必需或急需，事先也没有计划或考虑。情绪动机推动下的购买行为，具有冲动性、即景性的特点。

2）情感动机。这是道德感、群体感、美感等人类高级情感引起的动机。例如，为了给顾客证明自己有实力竞争项目而买高档车。这类动机推动下的购买行为，一般具有稳定性和深刻性的特点。

3）理智动机。这是建立在人们对商品的客观认识之上，经过比较分析而产生的动机。这类动机对欲购商品有计划性，经过深思熟虑，购前做过一些调查研究。例如，经过对性能、价格、售后服务的比较分析，在众多汽车中做出选择。理智动机推动下的购买行为，具有客观性、计划性和控制性的特点。

4）信任动机。这是指基于情感与理智的经验，对特定品牌、车型，产生特殊的信任和偏好，使顾客重复地、习惯地前往购买的动机。如有的顾客换新车时仍然选择原有品牌汽车等。这类动机推动下的购买行为，具有经验性和重复性的特点。

（3）社会模式

后天的由社会因素引起的行为动机称为社会模式或学习模式。社会模式的购买动机主要受社会文化、社会风俗、社会阶层和社会群体等因素的影响。

（4）个体模式

由顾客个体素质引起的购买动机称为个体模式。顾客个体素质包括性别、年龄、性格、气质、兴趣、爱好、能力、修养、文化等方面。个体模式比上述心理模式、社会模式更具有差异性，其购买行为具有稳固性和普遍性的特点。在许多情况下，个体模式与本能、心理、社交模式交织在一起，以个体模式为核心发生作用，促进购买行为。

2. 购买动机的特点

（1）迫切性

购买动机的迫切性是由顾客的高强度需求引起的。如上班远了，乘公交车又不方便，就会产生迫切需要一辆车的想法。

（2）内隐性

内隐性是指顾客出于某种原因而不愿让别人知道自己真正的购买动机的心理特点。如当新的更有档次的车型推出来后，将才买几年的车处理掉买新车，表面上说原有的车有问题，实质上其真正的购买动机可能是为了显示自己的身价及富有程度，满足自己的虚荣心。

（3）可变性

在顾客的诸多消费需求中，往往只有一种需求占主导地位（亦即优势消费需求），同时还具有许多辅助的需求。当外部条件刺激时，占主导地位的消费需求将会产生主导动机，辅助性的需求将会引起辅助性动机。主导性的动机能引起优先购买行为。一旦顾客的优先购买行为实现，优势消费需求得到满足，或者顾客在购买决策过程或购买过程中出现新的刺激，原来的辅助性购买动机便可能转化为主导性的购买动机。

（4）模糊性

引起顾客购买活动的动机往往是多种动机的综合作用。有些是顾客意识到的动机，有些则处于潜意识状态。有些顾客往往弄不清楚自己需要购买什么车型，这主要是由于顾客动机的复杂性、多层次和多变性等造成的。

（5）矛盾性

当个体同时存在两种以上消费需求，且两种需求互相抵触，不可兼得时，内心就会出现矛盾。这里人们常常采用“两利相权取其重，两害相权取其轻”的原则来解决矛盾。只有当顾客面临两个同时具有吸引力或排斥力的需求目标而又必须选择其一时，才会产生遗憾的感觉。

3．购买动机的作用

购买动机是顾客需求与其购买行为的中间环节，具有承前启后的中介作用。概括来说，购买动机对购买行为起到三种作用：

（1）始发功能

购买动机能够驱使顾客产生行动。

（2）导向功能

购买动机促使购买行动朝既定的方向、预定的目标进行，具有明确的指向性。

（3）强化功能

动机会强化行为，并可能促成行为重复出现；动机也会因不好的行为结果而受到削弱，以致动机弱化。正强化能够肯定行为，鼓励行为，加强行为；负强化则可以削弱行为，惩罚行为，不定行为。

4．购买动机的影响因素

（1）人的因素

其主要包括年龄、性别、文化程度和职业等。

（2）文化因素

其主要包括消费习俗、宗教信仰、道德规范、价值观念、审美观念等。

（3）社会阶层

社会阶层的分层标准主要有职业地位、收入状况、教育程度、权力大小、家庭背景、居住区域等。

（4）相关群体

其主要包括直接相关群体，如家庭；其他相关群体，如亲戚朋友、同学同事和邻居；间接相关群体，如公众人物、明星等。

思考与练习

1. 试以图表形式简要分析顾客的类型及其需求。
2. 顾客通常具有哪些购车心理？
3. 简述顾客购买动机的影响因素。

课题二　需 求 分 析

◆ 了解顾客需求的类型和特征。

◆ 掌握顾客需求分析的内容及其基本过程。

◆ 能够正确识别顾客需求，并判断顾客需求的特点及其内容。

展厅里来了一对夫妇，销售顾问热情地进行了接待，但这对夫妇表示自己先看看再说。不一会儿，夫妇俩看了锐志和威驰两款车，这时销售顾问走上前问道："两位看过车后，感觉怎样？"丈夫说："锐志这车不错，大气，操控性好，我比较喜欢。"而他的妻子却说："太贵了点，我们的生意还不太稳定，还是节省点好，而且这款车油耗比较高。维修保养费也贵了不少。"丈夫说："说的也是，但威驰感觉太小了，开去和顾客谈生意档次是不是太低了点，感觉有点小气。"这时，

夫妻俩都陷入了短暂的沉默。

这是汽车销售顾问经常碰到的现象。丈夫从汽车的性能方面考虑需求，而妻子则从经济的角度考虑需求，面对这种情况，销售顾问要善于进行顾客需求分析，帮助顾客找到适合自己需要的车型。

对于购车顾客的需求分析是许多销售顾问比较薄弱的环节。有些销售顾问的问题就像在审嫌疑犯一样，让顾客感觉很不舒服；有时又过于迎合顾客，让顾客感觉销售顾问在讨好自己，很不舒服；有时一句都不问，等着顾客问自己。归根到底是由于销售顾问不知道从哪些方面来了解顾客需求。

汽车销售顾问应时常想一个问题：顾客为什么购买你的汽车？如果销售顾问不知道顾客为什么需要购买，那么销售顾问必然很难说服顾客购买你所销售的产品。推销一定需要理由，哪怕是一个理由。这个理由就是顾客的需求。

一、顾客需求

顾客需求（customer demand）是指顾客的目标、需要、愿望以及期望。

汽车推销的起点——顾客的需求与愿望；

汽车推销的终点——最大限度地满足顾客的这种需求与愿望；

汽车推销的基础——汽车产品的品牌、效用与价格。

成功的推销不是如何去说服顾客，而是对顾客的需求进行最全面的了解，根据顾客的真实需求和潜在需求有针对性地介绍产品。一般情况下，汽车推销成功的概率取决于顾客的需求与汽车产品的结合度。

顾客的需求往往是多层次、多方面的、不确定的，很少有顾客能对自己要购买的汽车产品进行非常精确的描述，这就需要销售顾问去分析和引导。

二、顾客需求结构分析

顾客对有车生活的愿景是一切需求的内在基源。人们在生活气质、生活价值和生活方式上有什么样的期待，就会产生相应的品牌车型的社会性、情趣性和心理性的利益需求。同时也会对品牌车型的性能质量、使用用途、使用效果，产生明确的、具有个性色彩的希冀。这些希冀直接决定了他们对于空间造型、性能配置、整车质量、品牌价值、产品价格的具体需求。

品牌车型的市场定位，不是指确定目标市场，而是指对目标顾客的核心利益定位以及满足顾客核心利益的车型核心价值优势的界定。因此，汽车销售顾问必须明确顾客存在哪些关键利益期望，即顾客利益需求点，这些关键利益期望之间存在怎样的内在关联；要紧紧抓住顾客的求利心理，以产品的利益来向顾客发问，从而使客户动心，无法拒绝。但在向顾客提问时，应该注意利益必须可以验证，即要有证据，这样才能取信于顾客。

从产品心理学的角度分析，顾客需求结构模型（见图 5—2—1）可以全面而准确地洞察顾客的需求项构成，还可以洞察需求项之间的内在关联，这体现了顾客价值优势替代理论。为了将模型具体化，我们以轿车为例来进行需求结构分析，如图 5—2—2 所示。

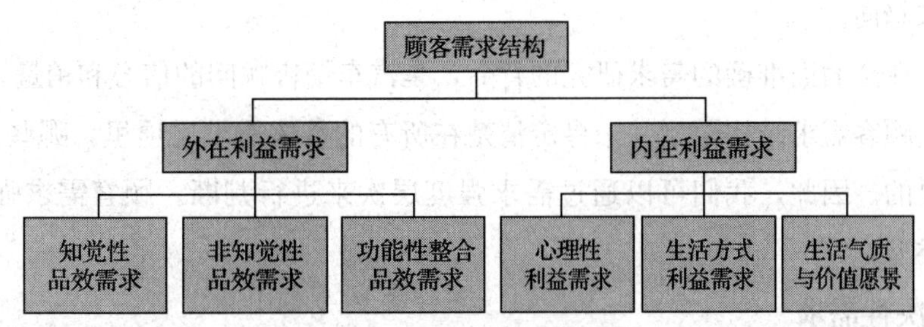

图 5—2—1　顾客需求结构模型

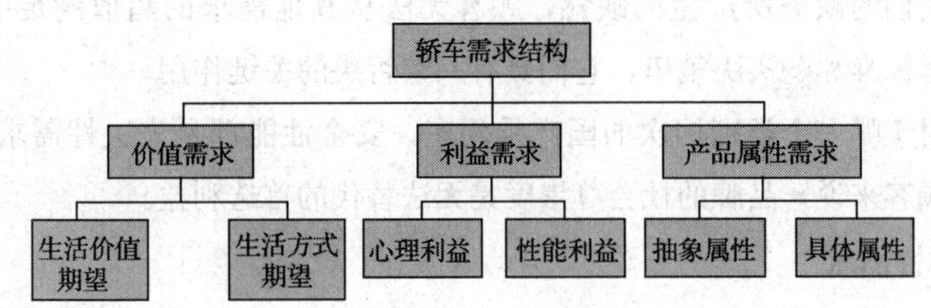

图 5—2—2　轿车需求结构模型

具体属性需求：顾客的感官能感知到的产品物理特性所组成的需求，如新车的外形和配置。

抽象属性需求：顾客的感官无法感知到的但又客观存在的产品属性的需求，如新车的安全性能。

性能利益需求：顾客对产品带来的可感知的结果和利益的期望，如"我想要一辆动力十足的车"。

心理利益需求：顾客对产品带来的心理利益和社会利益的期望，如"我要一辆感觉很酷的车"。

生活方式需求：顾客对有车之后的生活方式的期望，如"我的车要能胜任长途商务旅行的各种要求"。

生活价值需求：顾客对有车之后的生活价值的期望，以及由此引发的心理状态，如"我的车要能让我感觉到个性的飞扬"。

这六个需求层面从右至左，由外在的浅层需求逐步深化为内在的深层需求。外在的浅层需求的形态是由内在的深层需求决定的。并且，只有内在的深层需求得到了满足，顾客才会对产品产生积极的信念和态度。

从轿车需求结构模型，我们可以清楚地看到在人们对未来生活的期望与轿车性能需求之间，存在着多么密切的关系。人们对未来生活方式和生活价值的美好向往，已经内化为轿车消费需求的内在核心，秘密地决定着人们对轿车的性能、造型、配置和价格的需求趋向。

因此，在全面而准确的需求研究的背后，是汽车销售顾问的信心和销量。

但是，顾客需求结构模型并未界定清楚在所有的具体需求属项里，哪些是重要的，哪些是次要的。因此，我们可以通过需求强度层次来进行判断。顾客需求强度层次主要有三种类型：

1．先决性需求

先决性需求的特征是：需求项数最少，但在顾客的购买决策中却具有无法替代的利益地位。它们的缺失所产生的缺憾，顾客无法从其他需求的超值满足中得到补偿。所以，在选择标准和购买决策里，它们具有一票否决的关键作用。

如无论对于哪一个类别档次的国产乘用车，安全性能都是先决性需求。对于购买高端轿车的顾客来说，品牌的社会尊崇度是无法替代的首选利益。

2．显要性需求

显要性需求的特征是：项数相对较少，对于各个汽车子系统的价值评估具有标尺性作用。在所有需求属项里，它们的位置非常靠近核心。顾客对它们具有明确和强烈的利益期望。但是，它们并非不可替代，它们的缺失所产生的缺憾，可以通过其他的超值满足来获得补偿。对于选择标准和购买决策，它们能够产生非常重要的影响作用。

如对于注重心灵娱乐效应的顾客来说，造型往往是强度很高的显要性需求。相反，对于代步工具车的购买者来说，造型只是锦上添花的一般性需求。

显要需求的分析和界定，要在需求形态分析模型的框架下，通过需求结构、需求水平、需求时间、需求强度整合研究产生。

3．一般性需求

一般性需求是由次要性需求和边缘性需求组成。这类需求的项数最多，对于产品价值评估具有次要影响。它们像 NBA 球队里的替补角色球员一样，发挥着重要的利益作用，却并非不可舍弃。并且，在做出舍弃后，顾客不会产生无法弥补的价值硬伤。如对于低端代步工具车的顾客来说，内饰和配置就是可以为钱袋而舍弃的一般性需求。

因此，汽车销售顾问首先要对顾客需求结构做出准确的界定，然后对其中的先决性需求和显要性需求做出正确的鉴别，从而建立起一个顾客利益需求 GPS（利益关键点），见表 5—2—1。

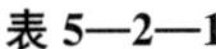

表 5—2—1　　顾客利益需求 GPS

利益需求层面		具体需求构成
外在利益需求	知觉性品效需求	先决性需求 0～n；显要性需求 1～n；一般性需求 1～n
	非知觉性品效需求	先决性需求 0～n；显要性需求 1～n；一般性需求 1～n
	功能性整合品效需求	先决性需求 0～n；显要性需求 1～n；一般性需求 1～n
内在利益需求	心因性利益需求	先决性需求 0～n；显要性需求 1～n；一般性需求 1～n
	生活方式利益需求	先决性需求 0～n；显要性需求 1～n；一般性需求 1～n
	生活气质与价值愿景	先决性需求 0～n；显要性需求 1～n；一般性需求 1～n

三、顾客需求的特征

1. 顾客需求的多层次性

根据马斯洛需求层次理论，顾客的需求分成生理需求、安全需求、社会需求、尊重的需求、自我实现的需求和自我超越的需求，顾客处于每一层次时对产品的要求都不一样。销售顾问应对顾客所属的需求层次进行分析，不仅要找到他的关键需求，也要维护好他的其他需求，以此采取不同的推销策略。

2. 顾客需求多是隐性的

大多顾客不会一开始就将自己的购车需求和盘托出，更多的顾客对自己购车需求描述不清楚，也有不少顾客实际上并不清楚自己的真正需求。根据弗洛伊德的冰山理论，冰山水平面以上的部分代表顾客的显性需求，也就是顾客知道的、能说出来的部分；水面以下隐藏的那一部分是隐性需求，也就是顾客不知道或不愿意说出来的。销售的过程中显性需求是理性的，容易发现，也容易解决；隐性需求多是感性的，是深藏的利益，也是真正影响成交的因素。换言之，顾客的隐性需求更能够驱动顾客做出购买行为。

顾客需求分析的目的在于将水平面下 85％的冰山挖掘出来。

3. 顾客需求具有可变性

当顾客确定了目标品牌与车型后，只要还没有购买，这个需求都有可能发生变化，前提条件是他们必须发现性价比更高、性能更卓越的替代品牌与产品。根据顾客这一心理特征，销售顾问只要让顾客了解已经确定的品牌和车型的缺点，就有可能改变顾客购买的决策方向，战胜竞争对手。例如，当发现顾客已经初步确定选择某个品牌的车后，经过跟踪发现该车除装备 ABS 外，没有安装 EBD，而自己销售的车正好配备了 EBD。此时，在两辆车价格差异不是太大的情况下，只要能够让顾客认识到一部只装备了 ABS 的汽车还不足以全面保护其安全，如果选择了装备 ABS＋EBD 的汽车，更适合其在山多的地区驾驶，这将改变顾客的最初购买目标。

4．顾客需求的时代性

顾客需求常常受到时代精神、风尚、环境等的影响，富有强烈的时代气息。顾客需求的时代性通常表现在三个方面：一是高新科技的时代性，如车载网络、新材料、新工艺等；二是社会经济发展的时代性，如环保、新能源等；三是时代发展的风尚性，如汽车的新颖性、新潮性特点等。

5．顾客需求的可诱导性

顾客需求常常会受到企业、行政部门、销售顾问及其他人的引导或影响而发生改变。如行政部门的政策导向，汽车公司的产品开发及广告宣传，销售顾问的销售建议，其他人员的观点意见。

四、顾客需求分析

顾客需求分析，也叫确定顾客需求或评估顾客需求，是指通过买卖双方的持续沟通，对顾客购买产品的愿望、用途、功能、款式进行逐渐发掘，将顾客心里模糊的认识以精确的方式描述并展现出来的过程。

1．顾客需求分析的目的

顾客需求分析的最终目的是促成交易，其具体目的有：

◇ 明确顾客的真实需求，并提供专业的解决方案

◇ 挖掘出影响顾客做出购买决策的因素

◇ 收集详尽的顾客信息，建立准确的顾客档案

◇ 在顾客心中建立专业的顾问形象

◇ 建立与顾客之间的融洽关系

2．顾客需求分析的原则

（1）全面性原则

尽可能多地了解顾客，要充分考虑到顾客的生活习惯、消费偏好、性格特点、职业习惯、购买能力，全面掌握顾客对汽车的需求情况。

（2）突出性原则

要突出产品和顾客需求的结合点，清晰定义出顾客的需求。

（3）深入性原则

不把顾客需求认为是简单的购买欲望或单纯的购买行为。要深入了解顾客的生活、工作、日常交往的各个环节，才会发现顾客的真正需求，也才能挖掘出更多的潜在顾客。

（4）广泛性原则

不是对某一个特定顾客进行需求分析，而是在与顾客沟通时，了解所有接触顾客的需求状况，学会对比分析，差异化地采取相应推销策略。

（5）建议性原则

对于与顾客之间存在的观念、意见分歧，销售顾问对顾客的需求分析只能是建议性的，而不能是肯定式或命令式的。

3．顾客需求分析的途径

需求是购车销售的第一要素，顾客需求分析是销售过程中的重要环节。顾客需求分析主要通过六个途径来了解顾客的真实需求，如图5—2—3所示。

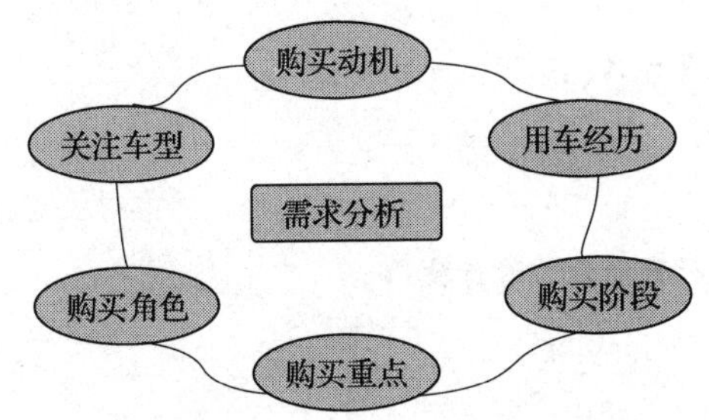

图5—2—3　顾客需求分析的途径

90%以上的销售顾问，在面对顾客的时候首先就是产品和服务的介绍，但成功概率只有5%～10%；而5%～10%的优秀销售顾问，他们见到顾客以后，并不急着进行产品介绍，而是对顾客的需求进行挖掘，给顾客把脉，先了解顾客需要什么再推荐，他们的成功概率因此达90%以上。

不同销售顾问在不同阶段的时间分配如图5—2—4所示。

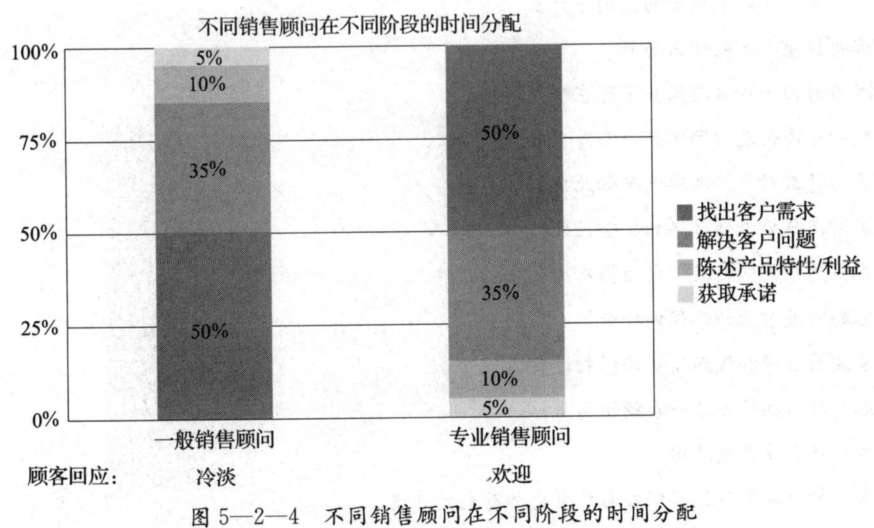

图5—2—4　不同销售顾问在不同阶段的时间分配

所以，一般的销售顾问他们只花5％的时间和精力去挖掘顾客的需求，10％的时间来解决顾客的问题，35％的时间陈述产品利益，最后50％的时间获得产品的承诺，也就是他的销售越到后面越难。而优秀的销售顾问则用50％以上的时间和精力去调查需求，35％的时间解决问题，10％的时间来讲产品，最后临门一脚只用5％的时间就可以了。

销售顾问应从以下问题中迅速确定顾客的希望和意愿：

◇ 您在车型及配置方面有什么要求
◇ 您最想了解的问题是什么
◇ 您现在用的是什么车
◇ 您的职业是什么
◇ 您现在所开的车的用途是什么
◇ 您何时决定买车/换车的
◇ 您何时需要您的新车
◇ 您的车主要是用于短途行程还是长途行驶
◇ 您计划为买车花多少钱
◇ …………

直到已经获得所有关于顾客希望和意愿的相关信息，才能开始下一步，并在上述几个问题内确定顾客的购买动机。

在任何情况下，销售顾问都应考虑以下问题：

◇ 车辆具备什么样的条件顾客才会购买
◇ 顾客决定购车的最重要的原因是什么
◇ 顾客更注重汽车的什么功能
◇ 顾客当时因为什么而购买了现在所用的车
◇ 车辆的经济性能对顾客来说有多重要
◇ 顾客为什么对××品牌汽车如此感兴趣
◇ 顾客对车辆要求什么样的安全性能
◇ 顾客认为如何能使我们成为强有力的合作伙伴
◇ 顾客的家庭对于新车强调什么
◇ 顾客是否曾经和汽车销售顾问打过交道
◇ 顾客为什么换了另外一家经销商
◇ 顾客为什么要更换品牌
◇ 购买一辆新车会对顾客哪方面产生更加有利的作用

直到销售顾问认为自己已经知道了顾客的所有必要信息，才能开始下一步。

对于所有这些需求分析问题，都是由“W”开头，因此我们称之为“W 问题”或开放式、渗透式问题，因为顾客不能简单地用“是”或“不是”来回答。开放式的问题会使销售顾问获得关于对方的更多信息。如果顾客迟疑不定，可以向他提供建议，如提供一些选择性的信息问题，使顾客尽可能做出决定。如“您侧重车辆的动力性能还是舒适性能”“您认为车辆的经济性能和驾驶性能，哪个更重要”“您是喜欢深色的还是亮色的”。

4．顾客需求分析的内容

顾客购车欲望的强化是一个渐进的过程。大多数顾客，尤其是家庭用车的顾客，还达不到一掷千金的条件，购车的投资要经过相当长时间的积蓄，因而在购车的过程中，始终都会对自己的投资进行全面的审视。销售顾问如果能够明确顾客需求内容，并加以分析、提炼，将顾客潜在的需求变成显现的需求，就能够赢得顾客的青睐，最终达成交易。

（1）顾客的背景情况

顾客背景情况主要包括购车主体、购买决策者、年龄、性别、职业情况、收入状况、性格特点、购车用途、个人喜好等。如购买主体是单位购车还是个人购车，是自己购车还是为家人（或其他人）购车。

销售顾问：您好，您是第一次买车吧？

顾客：是的，刚拿到驾照。

销售顾问：恭喜您，您终于可以自己驾车了！

顾客：谢谢。

销售顾问：您有没有自己比较中意的品牌与车型呢？

顾客：嗯……还没想好。

销售顾问：那您买车，主要考虑哪些因素呢？

顾客：价格要适中吧，就上班和家用，品牌要有一定的知名度，性能要好。

这个案例中，销售顾问关注的重点是与顾客未来购买决策相关的背景情况。通过接触，销售顾问了解到顾客是第一次购车，缺乏汽车专业方面的知识，需要建立一个品牌和车型的选择目标。

（2）顾客对汽车产品的了解

顾客是否已拥有过汽车，顾客是否有驾驶经验，顾客工作与汽车关系是否密切，顾客以往接触过哪些品牌的汽车，顾客对汽车企业及品牌是否了解，顾客对汽车性能及新工艺、新材料是否了解等。

影响顾客购车的产品因素主要有：

◇ 车辆价值

◇ 车辆的燃油经济性

◇ 车辆的保险值

◇ 车辆的维护成本

◇ 车辆的性能

◇ 车辆功能的多样性

◇ 车辆的舒适性

◇ 车辆的安全性

◇ 车辆的防盗性

◇ 车辆的配置

◇ 车辆的形象

---

(3) 购车优先考虑因素

在已有过成功购车经历的顾客中，他们购车时会优先考虑哪些因素呢？调查结果显示，对车型“外观”的考虑因素占据了第一位；其次为“油耗”“性能”“价格”；同时，空间、品牌、质量、配置等也为一部分消费者所看重。

从不同年龄购车顾客所表现出来的差异来看，20 世纪 80 年代、90 年代出生的年轻消费者比 70 年代、60 年代出生的消费者更加看重外观；而年龄越大则越看重油耗。同时，相比较而言，年纪越轻越看重内饰，年纪越大则越看重排量，如图 5—2—5 所示。

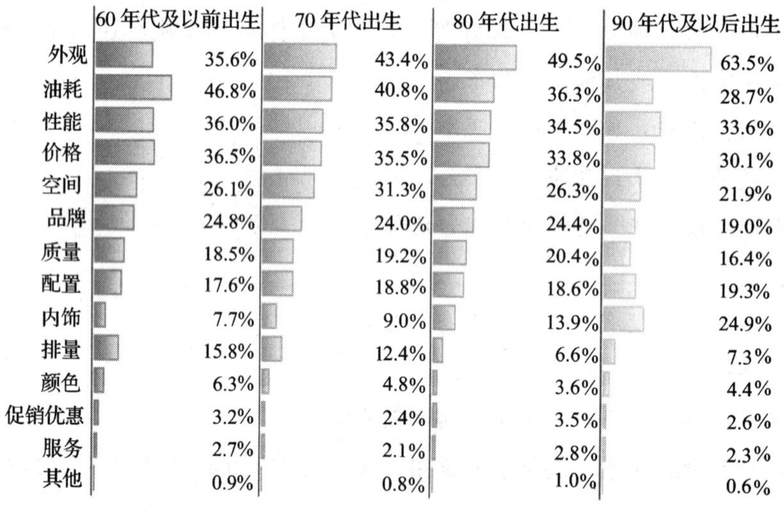

图 5—2—5　不同年龄顾客购车优先考虑因素

思考与练习

1. 简述顾客需求的类型及其特征。
2. 简述顾客需求分析的原则。
3. 根据轿车需求结构模型，分析其六个需求层次分别有哪些顾客群。

课题三　顾客需求分析的方法与技巧

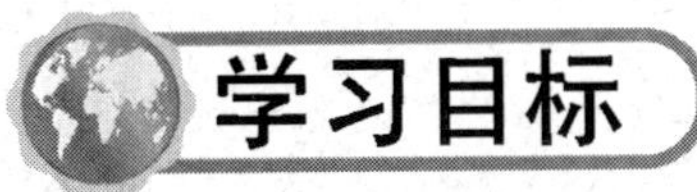

学习目标

◆ 了解顾客需求分析的方法。

◆ 掌握观察、提问、倾听的技巧。

◆ 能够使用正确的方法分析顾客的真正需求。

实习生小王对销售顾问老李在短短的不到两小时内就与顾客签单了大为佩服，请教诀窍。

老李说，这夫妻俩开了辆高端的SUV来买车，这是不差钱的顾客；我为他们做导购时，发现丈夫说话果断而且理性，对妻子比较顺从；妻子抱怨说接小孩时学校门口很堵，说明顾客买车是为了给妻子开接小孩的，车身大的不方便，其外出使用率不会很高。因此，我建议顾客买性能好、灵活的，女性和小孩比较喜好的MINI车。

销售顾问老李的成功在于他的职业技能和职业经验，他从顾客下车就开始观察顾客特点，通过倾听和交流了解顾客需求，并根据顾客实际情况提出合理的购车参考。由此可见，对顾客需求的分析，需要掌握一定的方法和技巧，才能掌握顾客需求，实现签单。

一、5W2H分析法

顾客需求分析通常采取5W2H分析法。5W2H分析法又叫七何分析法，是一种对顾客需求进行发现、分析和明确的方法。其中：

What——顾客背景分析，即顾客什么情况

Why——顾客为什么要买车，购车时考虑什么因素

Who——谁是车辆使用者，谁是购车行为影响者，谁是购车决策者

Where——考虑买什么车，在哪家店买

When——计划买车的时间，提车时间

How much——买多少，预算是多少

How——怎样购买，付款方式

5W2H 分析法的优点是可以准确界定、清晰表述问题，抓住顾客需求的实际，有助于思路的条理化，有助于全面思考问题，杜绝盲目性。避免问题遗漏，简单、方便，易于理解、使用，富有启发意义。

二、观察法

顾客的部分需求是可以从观察中得到的。要善于从顾客的外表神态、言谈举止上揣摩各种顾客的心理，正确判断顾客的来意与爱好，并有针对性地提供顾客需要的服务。

1. 观察谁是决策者

真正的决策者并不一定是看车最仔细或需要买车的人。销售顾问要及时判断谁是真正决定购买的人。但是，当顾客结伴前来，要弄清谁是决策者就需要一定的技巧。

(1) 朋友或同事

一看亲密程度。亲密的好友拥有决策权。如果陪伴而来的人不是亲密的朋友，则可能只是一个意见参考者，那么直接购买者会拥有更多的决策权。判断亲密程度，可以根据两人的距离、说话的亲密程度以及肢体语言进行判断。

二看中心位置。两人行，左边为尊；三人行或三人以上平行，注意中间。如果一时很难判断亲密程度的话，就观察中心位置。如果三人不平行走，那么走在前面的一般都是中心人物。只要注意到这些细节，就可以很快找到真正的决策者。

(2) 情侣

汽车的购买常常以男性为主导，但女性在销售过程中依然发挥着重要的作用。销售顾问一方面要说服男性顾客，但同时还要注意观察女性一方的感受，避免出现顾此失彼的情况。

(3) 家庭

家庭购车时，年长者往往不是最终购车决策者；如果带着小孩子来购车，那么我们首先要注意观察和判断小孩的年龄，特别是孩子在 15～20 岁之间时，会根据自己的

喜好来决定购买。虽然买车的是孩子的父母，但销售顾问不能忽视孩子的影响力。

2．观察顾客的年龄特征

顾客的年龄是影响汽车消费的一个重要因素，它在一定程度上反映了顾客的工作成就、社会经验、经济实力、购买倾向、决策能力等重要问题。这个内容我们在前面“顾客分析”课题中已经做过论述。

3．观察顾客的身份形象

观察顾客的身份主要是为了对顾客需求意向和选择进行分析。如学生、工薪阶层、不同职业人、白领阶层、管理者阶层、领导或老板阶层等，不同身份对车辆品牌、性能、外观的要求及使用习惯和用途不一样。

4．观察顾客的言谈举止

顾客的言谈举止可以反映顾客的身份，也可以反映顾客某些真实需求。顾客言谈举止的观察内容主要包括表情、步态、手势、目光、语态、服饰等，通过观察这些特征来判断顾客的需求动机和购买意向。

三、提问法

观察顾客只是探求顾客需求的第一步。要想确定顾客的真正需求，更多的还是要和顾客进行深入的交谈沟通。提问就是挖掘顾客需求最有效的方法，那么怎样提问才能获得最多、最准确的信息呢？这需要销售顾问正确把握提问的方式和技巧。

开放式提问与封闭式提问是提问方法中最基本的两种提问方法（见表5—3—1），在这两种方法的基础上，销售顾问还可以综合运用一些提问方法。

表5—3—1　开放式提问与封闭式提问

	开放式提问	封闭式提问
益处	◇ 可获得足够资料 ◇ 在对方不察觉的情况下影响谈话 ◇ 让对方相信他自己在主导谈话 ◇ 鼓励对方参与，制造和谐气氛	❖ 很快了解对方的想法 ❖ 可用来锁定对方的意图 ❖ 可用来确认所听到的情况是否正确
弊端	◇ 需要更长时间 ◇ 要求顾客的参与 ◇ 有跑题的危险	❖ 需问更多问题才能了解对方情况 ❖ 用得不得当容易自以为是，得到不正确的结论 ❖ 容易制造负面气氛 ❖ 方便不肯合作的人

1．开放式提问

开放式提问是指提出比较概括、广泛、范围较大的问题，对回答的内容限制不严格，给对方以充分自由发挥的余地。这样的提问比较宽松，不唐突，也常得体。

在销售过程中，开放式提问主要用来判断顾客需求。例如："有什么我可以帮您的吗""您认为在购车时，什么对您是最重要的""您对车辆的配置有什么要求"等。

2．封闭式提问

封闭式提问是指提出答案有唯一性，范围较小，有限制的问题，是可以用"是"或者"不是"，"有"或者"没有"，"对"或者"不对"等简单词语来作答的提问。在推销过程中，封闭式提问多用于确认信息。

例如：

错误话术：您自己可以定下来吗？您自己可以做主吗？

建议话术：买车是大事，您还需要参考家人的意见吗？（家用）

选购这台车是您全权负责的吧？（公用）

在推销过程中，要学会配合使用两种提问方式，用开放式提问鼓励顾客表达；利用顾客的兴趣点、好奇点引导谈话的方向；利用顾客的观点、评价、经历来发现顾客的需求信息；最后应用封闭式提问得到确定的答案。

3．选择式提问

人们有一种共同的心理——认为说"不"比说"是"更容易和更安全。选择式提问可以有效地解决这个问题。选择式提问也叫限定式提问，就是在问题中提示两个以上可供选择的答案。选择式提问可以限定顾客的注意力，掌握主动权。例如："×先生，在汽车的造型、动力、操控、舒适、安全性能这几个方面，您更注重哪个方面呢?"

选择式提问也可以为顾客限定两个都是肯定的选项，以促成交易。例如："×先生，您是交定金，还是付全款呢?""您是要这个标准型还是那个豪华型呢?"

4．逻辑性提问

在提问中，对顾客的需求分析还要注意采取逻辑性提问方式，即逐层挖掘顾客的需求，从一般性提问之后接着进行辨识性提问，在确定后立即推进到连接性提问，层层深入，环环相扣。

◇ 一般性问题——过去或现在，如"您过去（现在）开的是什么车"

◇ 辨识性问题——现在或未来，如"您想买一台什么样的车"

◇ 连接性问题——未来，如"您觉得这个车型怎么样"

除了以上提问方式，还有探寻式提问、启发式提问、假设式提问等，销售顾问可以综合运用各种提问方法，深度挖掘顾客的需求。

四、倾听

日本推销大师原一平说：“对销售而言，善听比善辩更重要。”倾听，不仅可以满足顾客的社交需求、尊重需求和自我实现需求，还可以了解顾客实质的和潜在的需求。要学会做一个善于倾听的销售顾问，善于倾听顾客讲话的销售顾问，这样更能赢得顾客的好感。

“倾听”是以“听到”为基础，更重要的是“听懂”。积极的倾听就是聆听者有责任地获得对说话者想要传达信息的完备和正确的理解。

倾听要同顾客保持稳定的目光接触。目光的接触是一种无声的语言。心理学家认为，谈话双方彼此注视能给彼此造成良好的印象。能获得他人好感的目光，应该是诚恳而谦逊的，不卑不亢，既尊重他人也尊重自己。但在目光注视中要注意，目不转睛地凝视，会让对方感到不自在，甚至还会产生敌意；而游移不定的目光，又会让对方觉得你心不在焉。

倾听要注意保持正确的倾听姿态。倾听的姿态可以显示你对说话者及其所谈话题的态度。正确的倾听姿态应该是身体稍向前倾并以诚恳、赞美的目光看着说话者。

倾听要参与谈话。倾听顾客说话，不只是被动地接受，还应主动地反馈。也就是说，在倾听的同时，销售顾问要对顾客的谈话做出呼应，与顾客互动，引发共鸣。例如一些表示听懂、赞同的声音，“哦”“是的”“我明白”等。还可以适当地重复对方的话，例如：“您是说……”“您刚才的意思是……”等。

倾听要注意听出顾客的“弦外之音”。在实际销售过程中，顾客很少直截了当地把自己的需求说出来，因为很多需求是隐性的，不想说出来，或者是自己也不是很清楚。销售顾问应能通过倾听，分析理解诸如“顾客说了什么，它代表什么意思，顾客为什么这么说，顾客的话我能相信吗，顾客表达了什么样的需求，什么样的购买条件”等问题。

倾听的重点是用心去听，思考话中的含义，引导顾客表达或流露自己的隐性需求。

思考与练习

1. 在汽车推销活动中，如何实施观察法进行顾客需求分析？
2. 试拟写一份以逻辑提问方式来导出顾客需求的简案。
3. 根据你的研究和体验，在顾客需求分析中，还有哪些方法与技巧？请列出，并简要说明。

模块六 汽车导购服务

课题一 车辆介绍

学习目标

- ◆ 掌握车辆介绍的基本要求。
- ◆ 熟悉车辆介绍的主要方法与技巧。
- ◆ 能熟练运用六方位介绍法进行车辆介绍。

展厅里，夫妻俩围着新款哈弗 H9 在看，并不时相互交流着。在看车的过程中，这对夫妻顾客希望销售员详细介绍这款车的一些情况。作为销售顾问，你将如何向他们俩介绍这款车呢？

在车辆介绍中，销售顾问必须在掌握车辆介绍的基本要求的前提下，熟练运用适合场景和不同顾客需求情况的车辆介绍方法和技巧，才能达到让顾客了解、心动、购买的目的。

车辆介绍的目的是让顾客充分了解汽车的外观、款式、性能、功能、操作方法及给顾客带来的利益，激发顾客购买汽车的欲望。因此，销售顾问在车辆介绍中，要把握顾客心理，掌握车辆介绍的基本要求，熟练运用车辆介绍的各种方法和技巧。

据某品牌有关销售顾问所提供的购车咨询服务是否满意调查数据，如图 6—1—1 所示，表示非常满意的顾客只占到 9.16%，表示满意的顾客占到 25.83%，表示一般的顾客占到 37.58%，表示不满意的顾客占到 10.52%，表示非常不满意的顾客占到 16.91%。这说明顾客对于销售顾问所提供的包括车辆介绍在内的购车咨询工作是非常重视的，同时也说明购车介绍服务会直接影响到顾客的购车意愿。

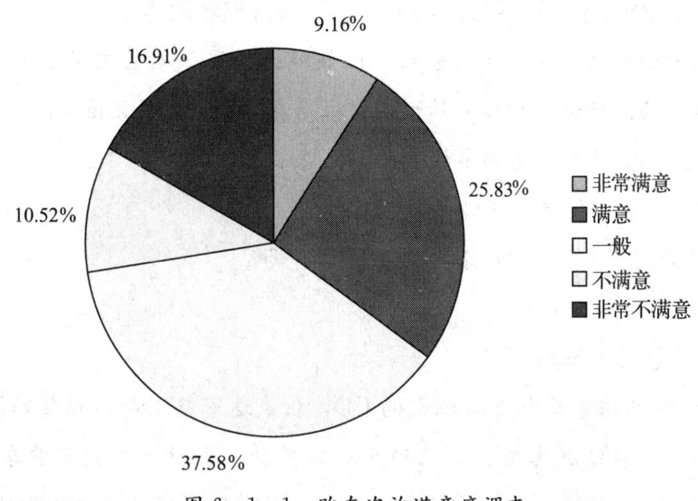

图 6—1—1　购车咨询满意度调查

一、车辆介绍的基本要求

1．把握顾客心理

顾客期望能从销售顾问那里得到帮助，了解车辆各种信息和数据；销售顾问要从顾客心理出发，帮助顾客解决需要了解的车辆问题，确认该车是否符合顾客需要和愿望，建立顾客与销售顾问之间的信任关系。

2．营造良好的展厅气氛

善于调动顾客持续了解心理，增强互动，营造良好的展厅气氛，并选择恰当时机进行车辆介绍，尽快进入销售主题。

3．熟悉车况

熟悉车辆的各种性能和参数及市场信息，有针对性地概括产品特征，如外形设计、动力性与操控性、舒适性及实用性、安全性能、先进科技、性价比等。

4．熟练运用各种介绍方法和技巧

能熟练运用各种车辆介绍方法和技巧，并能根据顾客特点和场景等各种不同情况灵活应对。

5．熟练掌握语言艺术

介绍语言要简明、得体、清晰、响亮、有情感，拉近与顾客的距离，使顾客产生好感；要针对不同顾客的专业度采用不同的语言表达方式。

6．尊重顾客

介绍中，要尊重顾客的想法，站在顾客的立场，引导顾客表达自己的需求和意愿，关心并力求解决顾客的问题，让顾客产生优越感。能满足顾客的特殊需求，给顾客带来意外的惊喜，获得顾客的好感与信任，让顾客获得强烈的尊重感。

曾经有这么一位顾客，在货比三家后，他最终选择了一家店购买了一辆车。当问他为什么选择在这家店买车时，顾客回答说，这家店在细节上做得让他放心，让他信任。

当时顾客说："我想听听这辆车的音响效果怎么样。"

销售顾问就问他："您喜欢听哪方面的音乐？"

这位顾客笑着说："怎么？我想要的音乐你有吗？"

销售顾问说："您说说看？"

顾客说："我想听听豫剧。"

可能99%的汽车销售店都没有豫剧的CD，但是这家店里有。销售顾问立即到总台取出豫剧的CD盘，放给顾客听。这位顾客非常感动，当时就办理了购车手续，他说："你们公司能把事情考虑得这么细，买车以后，我还有什么不能信任你们的呢？"

案例中的销售顾问虽然没有对车辆的音响设备进行专业的介绍和推销，但他却通过满足顾客特殊的喜好体验获得了顾客的信任。正如顾客所说的，在细节上做得让他放心，才会产生购买的信任。这种信任是源自于销售顾问充分考虑到，并尊重顾客的各种需求满足。因此，在车辆介绍中，销售顾问的专业介绍固然重要，但由各种情感与特殊需求满足所构成的对顾客的尊重，是推销活动中不可忽视的内容，很多时候决定了推销是否成功的走向。

二、车辆介绍的方法与技巧

1. FAB介绍法

FAB介绍法是一种针对不同顾客的需求意向，将车辆本身的特点、优势及能够给顾客带来的利益有机地结合起来，按照一定的逻辑顺序加以阐述，形成完整而又完善的推销方法。

F指属性或特性（feature），即汽车所包含的客观现实，如材料、外观等。属性是有形的，可以让顾客真切地看到、摸到。这就要求汽车销售顾问必须对自己所卖的汽车有足够的认识和了解，发掘产品的潜质，找到其他人所忽略的地方。

A是作用或优势（advantage），即汽车可以带给顾客的用处，是根据汽车的特性总结出来的特殊功能，用来解释汽车的属性如何能被利用，可以回答顾客"它能做什么"的疑问。

B是顾客利益与价值（benefit），就是如果顾客购买了你所推荐的汽车，可以获得哪些利益。

FAB介绍法关注的是"买点"，即顾客所关心的利益点。汽车销售顾问在使用FAB介绍法前，要熟悉所销售的各款车型，能将其属性、作用、利益罗列出来，做好产品介绍工作。

这种方法在介绍产品的过程中，贯穿着一种属性、优点和利益之间的因果关系，所以就形成了如“因为……所以……对您而言……”的标准句式，如图 6—1—2 所示。

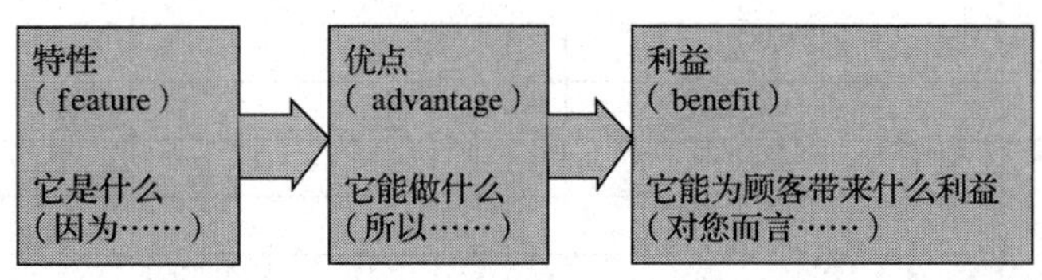

图 6—1—2　FAB 介绍法

“因为……”这一句，讲的就是汽车产品的属性（feature），它回答了汽车产品“是什么，具有什么特征”的问题。如“（因为）我们这款车的发动机是全铝材质的……”

“所以……”这一句介绍了汽车产品的优点（advantage），解释了产品的哪些属性有什么优点。如“（因为）我们这款车的发动机是全铝材质的，（所以）质量更轻……”

“对您而言……”这一句，是告诉顾客产品会给顾客带来什么样的利益（benefit），也就是产品将如何满足顾客的需求。如“（因为）我们这款车的发动机是全铝材质的，（所以）质量更轻，（对您而言）整个车的经济性就提高了，也就节省了您的日常开支”。

这种车辆介绍方式，可以让顾客充分地感受到车辆的性能带给他的利益，从而让顾客认为自己确实需要这一款车，进而促成交易。

FAB 介绍法的四种顺序

- F—A—B：特点—优势—利益
- A—F—B：优势—特点—利益
- B—F—A：利益—特点—优势
- B—A—F：利益—优势—特点

在运用 FAB 介绍法时，销售顾问必须对自己所售车型的产品知识要了如指掌。建议销售顾问把每款车型的属性、优点以及能给顾客带来的利益以表格的形式全部罗列出来（见表 6—1—1），然后运用 FAB 介绍法多加练习，这样可以加深对产品知识的记忆以及增强对 FAB 介绍法的理解，进而做好产品的推销介绍工作。

表 6—1—1　　　　FAB 介绍法的顾客利益介绍

项目	属性（feature）	优点（advantage）	利益（benefit）
外观			
性能			
构造			
方便程度			
耐久性			
经济性			
舒适性			
时尚性			
价格			
售后服务			
……			

我们在使用 FAB 介绍法时要注意几个原则：

（1）实事求是

在介绍产品时，切记要以事实为依据。夸大其词，攻击其他品牌以突出自己的产品都是不可取的。

（2）清晰简洁

在介绍时要逻辑清晰，语句通顺；介绍力求用语简单易懂，形象生动，让人一听就能明白。

（3）主次分明

重要的信息，比如产品的优点、好处，可以详细地阐述；对于一些产品的缺点、不利的信息我们可以简单陈述，而且这种陈述必须是有技巧地说出来。

2．FBSI 介绍法

FBSI 介绍法是通过介绍车辆的配置，阐述车辆配置能给顾客带来的好处，引导顾客亲自感受，并设想感受的情境。FBSI 的具体含义是：

- F 指 Feature（配置），即车辆所拥有的配置
- B 指 Benefit（利益），即该配置能给顾客带来什么好处
- S 指 Sensibility（感受），即引起顾客的感受
- I 指 Impact（冲击），即一个具有冲击性的情境

其标准句式是“拥有（配置）……对您来说……感受……试想……”

这款车采用锁止式防滑差速器技术，能够在遇到突发情况紧急制动导致一侧轮胎打滑时，触发机械锁合机构将车轮完全锁死，并将发动机扭矩百分之百传递到有抓地能力的车轮上，从而提供足够的牵引力帮助车辆驶出故障路段。对您来说，在任何的

路面行驶都随时放心，这是这款车带给您的安全、踏实感觉；您试想一下，开着这款车到远方旅行，一家人带着安全感一路欣赏风景，平安到达，那是多么踏实的感觉啊。

3．构图讲解法

顾客在决定购买车的时候，会在潜意识里勾画出他拥有汽车之后会是什么样的生活场景，然后根据这一情景或画面来做出判断。

因此，销售顾问必须了解顾客心中的这幅图画有什么内容，有多美，然后提炼出有针对性的推销主题，构造一个应用情景，将这个主题与情景建构起来，连缀成一个故事或生活场景，描绘成一个与顾客心中相应和的图景，以此推动顾客的购买欲望，如图 6—1—3 所示。

图 6—1—3　构图讲解法

如销售顾问在介绍 SSC 车载发烧音响系统时，可以说“这款车配备的这款发烧音响，不论高音还是低音都能完美呈现，让您有一种亲临音乐会现场的感觉；当您在驾车途中，遇到堵车心烦时，打开音响，让轻柔的乐曲在心间流淌，让您的身心沐浴在动人的旋律之中，心中的烦恼再也找不到了……”

构图讲解法的好处是讲解形象生动，顾客容易明白；能吸引顾客注意力，给顾客留下深刻的印象；增加顾客的参与感，引起共鸣，从而激发顾客的购买欲望。

4．道具演示法

道具演示法是为了在车辆介绍过程中，让顾客更逼真、更形象、更直观地了解车辆。道具演示法使用的道具包括车辆模型、配件模型、3D 影像及其他辅助道具。

销售顾问：“这款车的发动机，采用了丰田公司最先进的 VVT—1 技术，不仅功率大，油耗低，而且非常安静，您看，用眼睛根本看不出它有震动。”说着，销售顾问拿出一支香烟，对顾客说，“将这支烟立在发动机上，它不会倒下，您相信吗？”

顾客：“不会吧！”

销售顾问启动发动机，然后将一支香烟立在发动机上。

顾客惊呆了：“真的可以啊！从来没见过这么安静的发动机啊！”

这个案例采用的就是道具演示法，利用了香烟这种道具。应用道具演示法应注意以下几点：

◇ 道具的作用是吸引顾客注意力，唤起顾客想象力，激发顾客好奇心，给顾客留下深刻印象，因此，道具选择要巧妙，出乎顾客意料

◇ 在道具演示过程中，语言、手势、动作与道具要协调，表情要自然，让顾客觉得真实可信

◇ 道具演示法一般是在顾客无法理解或体会产品特性的情况下采用的方法，因此要根据车辆特点及顾客需要来使用，不可滥用

5．六方位介绍法

六方位介绍法也称绕车介绍法、六方位绕车介绍法，是通过科学分析和众多销售顾问的经验，形成的一套从特定位置进行实车讲解的方法，通常有六个方位，所以称为六方位绕车介绍法。六方位分别是车头、车侧（副驾驶席）、车后座、车尾、驾驶室、发动机室，如图 6—1—4 所示。

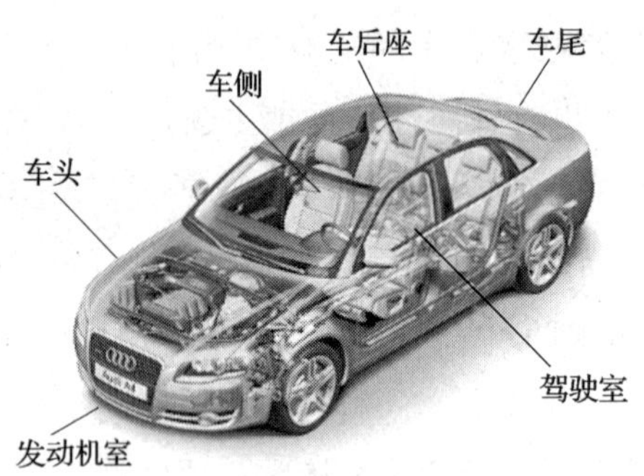

图 6—1—4　六方位介绍顺序

（1）六方位绕车介绍法的基本要求

1）尽量遵循“车头→车侧→车后座→车尾→驾驶室→发动机室”的流程；

2）视顾客聆听、移动等动作介绍；

3）掌握引导手势与站立位置，以及肢体动作；

4）扼要生动介绍每一特色之功能；

5）掌握几个主要卖点，避免重复说明；

6）增强与顾客的互动，让顾客动手，寻求顾客认同；

7）保持探询，鼓励顾客提问，满足顾客需求；

8）保留顾客观赏与发问时间。

（2）六方位绕车介绍法基本流程

1）车头方位介绍（见图 6—1—5）。

图 6—1—5　车头方位

◇ 站于车辆右前方 45 度角位置，距离 90 厘米

◇ 上身微向顾客，距离 30 厘米

◇ 五指并拢，手心朝上引导参观车辆

◇ 介绍要点主要有整车造型设计、车身尺寸、涂料工艺、前照灯、进气格栅、车标设计、前保险杠、前挡风玻璃及雨刮器等

◇ 重点介绍整体品质和造型设计特点

2）车侧（副驾驶席）方位介绍（见图 6—1—6）。

图 6—1—6　车侧（副驾驶席）

车侧方位介绍一般情况下主要介绍外观、特色装置及车辆的安全配备。

车侧方位介绍时将顾客邀请至 B 柱外 60～100 厘米的位置观看。

介绍要点主要有车侧外线、侧面转向灯、外侧车门把手、轮胎与轮毂、车内空间、行驶性能设计、最小转弯半径、前后悬架、轻质及高强度车体、车身、防抱死制动系统、电子制动力分配装置、车身稳定性控制系统、牵引力控制系统、上下坡辅助控制系统、各种冲撞减轻人性化设计、再生材料应用、遥控及智能装置和系统等。

介绍车轮与制动系统时视情况蹲下。

3）车后座方位介绍（见图 6—1—7）。

◇ 开车门引导就后座

◇ 以手示意车顶高度

◇ 示范中央扶手功能

◇ 主要介绍后排空间、储物空间，悬挂方式、儿童座椅安放位置、儿童锁、后排遮阳帘、安全带、安全气囊及其他特殊装备及功能等

4）车尾方位介绍（见图 6—1—8）。

◇ 站于车尾左右，距离60厘米
◇ 指出倒车警示位置
◇ 开启行李厢介绍
◇ 掀起备胎工具
◇ 介绍要点有组合尾灯、排气管、倒车雷达及倒车影像监视器、行李舱、后保险杠等

图 6—1—7　车后座方位

图 6—1—8　车尾方位

5）驾驶室方位介绍（见图 6—1—9）。

先打开驾驶室车门，站在车辆 B 柱位置前介绍转向盘、变速器；引导顾客进入驾驶室，以标准蹲姿为顾客操作座椅；得到顾客允许后，坐到副驾驶席继续介绍其他功能。

驾驶室介绍的要点较多，主要有车内空间、内饰设计、座椅、自动调节系统、转向器、仪表盘、显示器、空调、电子控制系统、储物空间、制动系统、安全气囊、导航系统、音响系统等。

6）发动机室方位介绍（见图 6—1—10）。

图 6—1—9　驾驶室方位

图 6—1—10　发动机室方位

对等待的顾客说“请稍后”，到驾驶室拉动发动机舱盖锁定释放杆，关好车门后返回车辆前端偏右，双手打开发动机舱盖。

介绍要点主要有发动机舱盖、发动机参数及性能、发动机室减振、降噪、隔热设计、变速器、线束的分布等，手指指出“四油三水”的位置。重点介绍发动机及汽车的动力性和行驶性能。

（3）六方位绕车介绍法注意事项

六方位绕车介绍法只是一个指导性的方法和技巧，关键是销售顾问要对车辆的各个要点及参数非常熟悉，能针对顾客的需求和关注点进行介绍。

在作介绍时，销售顾问要保持微笑、主动、热情的服务态度；在介绍过程中使用规范的站姿、走姿、蹲姿、坐姿、手姿；在介绍时要时刻使用“您看”“您请”“请问您”等文明礼貌用语；在为顾客指引时，手臂伸出，五指并拢，自然和谐；顾客进入车内时，销售顾问应掌心朝下，五指并拢，挡在车门框下保护顾客；保持展车内外清洁及车内饰物整齐；若顾客手持香烟、食品、饮料等容易破坏车内外清洁的物品，应礼貌制止其进入展车内参观。

车辆六个方位中每个方位可以说明不同的重点，但在实际工作中六个方位并没有严格的顺序要求，不同的品牌可能有不同的顺序与方位，应以顾客的需求为出发点，要把六方位的要点融合进去。

图 6—1—11 为六方位介绍重点。

图 6—1—11　六方位介绍重点

思考与练习

1. 在展示中，车辆介绍有哪些基本要求？

2. 针对车辆配置与驾驶感受要求比较高的顾客群体，你认为采用哪一种车辆介绍方法比较合适？并谈谈介绍的技巧。

3. 请运用六方位介绍法就某款车进行一次车辆展示介绍。

课题二 试乘试驾

◆ 掌握试乘试驾的四大手法。

◆ 熟悉试乘试驾的流程及主要环节。

◆ 能有效防范试乘试驾中的事故发生。

有的销售顾问说，我们在向顾客进行介绍的时候，一般都会向顾客发出试乘试驾的邀请，带他去绕一圈，之后顾客的反馈可能回答一般、很好，或者不怎么样。还有的销售顾问说，试乘试驾活动结束之后，感觉顾客的兴趣好像没有得到多大提高，对我们的销售业绩也没有多大的帮助。

两位销售顾问所说的现象在试乘试驾中是普遍存在的。问题的根本在于公司没有制定试乘试驾的规范和流程，或者销售顾问没有很好执行，导致顾客在试乘试驾中对车辆的性能和优势没有得到进一步的体验。因此，销售顾问在试乘试驾中要按规范流程操作，在试乘试驾的各个环节中让顾客得到满意而心动的驾驶体验。

展厅内的车辆展示是一种静态展示，而试乘试驾则是一种动态展示。汽车的许多性能必须通过顾客亲自体验才能打动顾客。

所谓试乘试驾，是指在汽车销售中，让顾客在汽车经销商控制的场内或场外区域进行亲自乘车驾车的体验。试乘试驾是汽车销售过程中的一个重要环节，是使顾客真正意识到拥有该车将带给他利益的有效方法之一，是许多顾客最终被征服的关键阶段。一般来说，试乘试驾的顾客都是有购车意向的顾客。

一、试乘试驾的目的

试乘试驾是车辆介绍的延伸，是让顾客感知车辆性能的最好手段，也是销售顾问动态介绍车辆性能的最佳时机，是促进销售成功的最重要方式。试乘试驾提供的是一种“体验式”服务，其目的是为了满足并超越顾客期望。

1．确认顾客需求

在试乘试驾过程中，销售顾问应注意了解顾客需求心理，收集更多的顾客需求信息，把握顾客的重点需求。

2．强化顾客关系

在相对私密的环境中拉近与顾客的距离，增进友谊，建立良好的人际关系。

3．创造顾客拥有的感觉

通过试乘试驾，让顾客从触觉、听觉、感觉等机能上全面体验驾驶汽车产品的感受，加强并暗示顾客拥有后的感觉，从而建立顾客的品牌信心。

4．创造销售购买契机

通过试乘试驾，加深顾客对汽车产品的了解与认同，激发顾客的购买冲动。

二、试乘试驾四大手法

在试乘试驾过程中，销售顾问应充分应用四大手法，把握顾客的心理感受，引导顾客体验汽车的性能，获得顾客的认同。

1．望

让顾客观察车辆的优势细节，例如车身的造型与颜色，驾驶装置的布局，驾乘空间和行李舱空间等。

2．闻

让顾客倾听声音，例如关车门的声音，发动机的声音，驾驶舱内和驾驶舱外的声音等。

3．问

这里的问有两方面意义，一是不断询问顾客的感受，二是鼓励顾客提问。两者的目的都是为了了解顾客的真实想法，也就是寻求顾客的认同。

4．切

所谓“切”，就是要顾客亲自体验，不仅仅是用手去感觉内饰材料的手感和品质，更要实实在在地去体会车的性能。比如驾驶过程中是否操控自如、转向精确，制动效能如何，制动间隙的脚感如何，离合器是否轻便等。

三、试乘试驾流程

试乘试驾流程如图 6—2—1 所示。

四、试乘试驾主要环节

1．试乘试驾准备

（1）车辆准备

良好的车况以及试乘试驾前的准备可以让顾客有良好的第一印象，对促成销售有很大的帮助，同时也可以提升顾客满意度。

车辆准备项目见表 6—2—1。

图 6—2—1 试乘试驾流程

表 6—2—1 车辆准备项目

项目	内容	备注
车辆的检查	各部件常规检查，确保车况良好	特别是行车信息的删除，避免引起顾客的疑问
车辆的调整	座椅、头枕、转向盘、安全带的位置，收音机的选台	夏天和冬天要提前开启空调
车辆的清洁	彻底清洁并上光打蜡，随时用皮革清洁剂清洁真皮座椅	清洁剂不能放在车内，以防高温爆炸
车内必备物品	饮品、香水、不同风格的 CD、MP3 等	尽量适合顾客的喜好

（2）路线准备

根据各经销店实际路况、车型的需求选择路线。在路线选择时，如有可能要考虑安排大直路、上下坡、高低速弯道、颠簸路段、安静路段及适合紧急制动的路段，见表 6—2—2。

表 6—2—2 试乘试驾路段选择

路段	目　的
安全区	用于座椅调整、系安全带、启动车辆、试驾专员与顾客换手等
直路	体验起步加速、超车加速、高速稳定性、紧急制动、音响空调等
弯路	体验转向特性、抗侧倾能力等
坡路	体验动力性、爬坡能力
凹凸不平路	体验减震、座椅舒适性、隔音效果等

尽量避免安排太多的恶劣路况路段，否则顾客舒适感会降低；选择适合恶劣天气试乘试驾的路段，避免因视线不清、路面湿滑而发生事故；选择人流量较少的路段，避免在试乘试驾中发生车辆及人身伤害事故。

（3）人员准备

1）陪同试乘试驾的销售顾问必须持有合法的驾驶执照，并熟悉试驾路线；

2）陪驾销售顾问经过系统的培训，了解试乘试驾过程中的注意事项；

3）陪驾销售顾问熟悉试乘试驾中汽车介绍的要点和时机，并能处理突发事件以及交通事故；

4）销售顾问驾驶技术不熟练的，应安排专人负责试乘试驾；

5）销售顾问应具有良好的精神状态迎接顾客，并准备了充分的试乘试驾时间；

6）熟悉顾客的信息，便于试乘试驾中有针对性地进行介绍。

（4）文件准备

事先准备好必要的文件可以减少顾客的等待时间，以防止顾客热情的降低，同时也可以避免遗忘一些必要的手续。

试乘试驾前准备的文件有“试乘试驾预约记录表”“试乘试驾登记表”“试乘试驾协议书”“试乘试驾路线图”“试乘试驾安全说明”“试乘试驾意见调查表”等。

2．顾客邀约

（1）第一时间接待顾客，让顾客有备受尊重的感觉，并在见面时能及时准确地称呼顾客，让顾客有亲切感，建立初步的信任。

（2）简单总结前一次接待的产品介绍内容，明确顾客原先的需求及顾客对产品的肯定。

（3）过渡到试乘试驾，询问顾客试乘或试驾的选择。

（4）向顾客说明试乘试驾流程，让顾客了解全程。重点要说明销售顾问先行驾驶的必要性。

（5）查验顾客的驾驶证并复印存档。

（6）请顾客阅读“试乘试驾安全说明”，并填写“试乘试驾登记表”，签署“试乘试驾协议书”。

（7）向顾客说明试乘试驾路线，请顾客严格遵守。

（8）向顾客简要介绍车辆的主要配置、性能和操作方法。

表6—2—3为邀约重点说明。

3．试乘试驾

（1）试乘

引导顾客上车时，销售顾问要注意执行规范礼仪；上车后，要帮顾客调节座椅，并提醒系好安全带；询问顾客喜欢什么风格的音乐，将音响打开。出发前，就车内各项配置的使用给顾客作简要介绍。表 6—2—4 为试乘过程中的引导及话术参考。

表 6—2—3　　邀约重点说明

顾客邀约	话 术 建 议
在展车旁或在洽谈桌旁	×先生（小姐）：您对这款车已经有了大概的了解。我们还特别为您提供了试乘试驾活动。一般需要 20 分钟左右的时间。您可以亲身体验一下这款车的真实驾乘感受
引导顾客到洽谈桌入座	×先生（小姐）：这是试乘试驾的安全说明、登记表和试乘试驾协议书及路线图。您先看一下，我帮您复印一下驾照，请您稍等片刻
	×先生（小姐）：如果您没有什么问题，请在协议上签个字确认一下
讲解试乘试驾线路	这是我们行驶的路线图，我们是从×路到×路。由我先来驾驶，您先熟悉一下路况。在×地段时进行换乘，由您来试驾并开回公司
引导顾客走出展厅	×先生（小姐）：车辆已经准备好了，让我们现在就去感受一下吧（在走出展厅过程中，可对顾客感兴趣方面进行讲解）

表 6—2—4　　试乘引导及话术参考

试乘前引导	话 术 建 议
引导来到试驾车前	×先生（小姐）：这款车是××型号的××排量的车
打开前排乘客侧车门	（请顾客入座副驾驶座，用手挡住车顶横梁，防止顾客碰头，并帮助顾客调整好座椅及系好安全带） ×先生（小姐）：我先帮您调整好座椅。您看这样您坐着舒服吗
轻轻关上车门	（从车头迅速绕到驾驶位置） 请您稍等一下
销售顾问进驾驶座入座，轻轻关上车门，系好安全带。	
销售顾问入座后介绍车内相关装置	
遥控钥匙	×先生（小姐）：您看，这是遥控钥匙，具有自动开启车门、自动关闭车门，以及无钥匙点火三大主要功能。人性化的设计，让您即使在深夜也能轻松找到您所需要的功能键
无钥匙启动系统	×先生（小姐）：您看，这是无钥匙启动系统。您只需将钥匙带在身上，不需拿出来就可以轻松启动车辆。这也免去了您在晚上开车时，需要寻找钥匙插孔的麻烦。而且拥有智能钥匙系统除了方便以外，对车辆防盗、安全性也有很大帮助

续表

试乘前引导	话 术 建 议
内饰及仪表板	×先生（小姐）：这款车采用了减压式中控台设计，演绎出更加宽敞的感受，可有效地减轻驾驶员的疲劳。运动型“炮筒”式仪表室内饰设计，同时搭载了行车电脑，简洁的设计风格让驾驶者能对车速、发动机转速等相关信息一目了然
转向盘及换挡拨片	×先生（小姐）：黑色真皮包裹的多功能三幅式转向盘，运动感十足。多功能转向盘采取……的造型，使握感极佳。多功能按键可以对音响和巡航进行控制操作。此外，还配备了全新的高刚性镁合金换挡拨片，手感极佳，操作方便，让您随时享受手动的驾驶乐趣
座椅	×先生（小姐）：我们这款车的座椅是采用人体工程学包覆型座椅设计。当您驾车高速行驶或者急速过弯时，座椅可以紧紧支撑住您的身体，让您操控起来感觉非常精准，减少长途驾驶乘坐的疲劳与不适，更能集中精力开车
后视镜操作演示	×先生（小姐）：这款车的后视镜还具有自动收折的功能
根据不同天气情况，打开空调	×先生（小姐）：这款车标配了自动恒温空调。发动机动力强劲，在打开空调时依然能确保澎湃动力的持续输出
天窗操作演示	×先生（小姐）：一键式防夹天窗，操作非常简便，您试一下
音响	×先生（小姐）：这款车的音响音质优美，车内听的效果很好。采取了降噪技术，让发动机的声音与音乐有效阻隔
内部空间	内部空间很宽敞，特别是头部空间，很高很宽敞，您感受一下
试乘开始（具体步骤可依实际路况适当调整，但所有步骤均需执行）	
感受起步（提示安全）	×先生（小姐）：您看这款车的起步是不是非常的平顺呢？您只要轻踩油门，就能平稳地起步，这得益于……的发动机设计，让您的行车变得轻松、享受
低速行驶（提醒回头率）	×先生（小姐）：作为一款……轿车，您看有不少回头率呢
感受急加速（急踩油门、演示拨片换挡功能）	×先生（小姐）：我准备加速了，您感觉一下发动机强劲动力与……变速的换挡平顺性 我现在要用换挡拨片让您感受一下加速的推背感 您是否感觉到加速能力很强，带有非常明显的推背感？……另外，您是否注意到，车辆的加速过程非常平顺，没有一般汽车换挡时的冲击感……还搭载了同级车中较宽的205子午线轮胎，行驶、操控更平稳

续表

试乘前引导	话 术 建 议
感受制动性能（80 公里/时踩制动）	×先生（小姐）：我现在要制动减速，让您感受一下制动的效果 刚才您是否感觉到……的制动很有力度，这款车采用的是大尺寸的前后通风碟，车子还配置了 ABS、EBD 及 BAS，制动效果非常出色
感受高速过弯（50 公里/时速度过弯）	×先生（小姐）：我要以每小时 50 公里以上的速度过弯，您可以感受一下过弯时车身的稳定性 这款车的最小转弯半径仅为 5 米，在城市道路，特别是狭小的路面调头，那真是轻而易举呀！ 座椅对您侧面支撑感觉怎么样？始终都被包裹在座椅的正中央，不像有些车在转弯时会偏离座椅，对吗？ 您看我们的前挡风玻璃视角宽阔，盲区很小，这一点很重要，提高了您过弯行车的安全性
巡航演示（车速保持在 50～70 公里/时）	×先生（小姐）：我已经开启定速巡航，车速在 70 公里左右，您可以感受一下 您看一下仪表盘，现在车速是时速 70 公里，但发动机转速只有 2 000 多转，能控制在很经济的范围内，这意味着油耗很小。特别是当您在高速上驾驶时或者远途自驾游的时候，您会发现定速巡航这个功能是相当方便的
高速行驶及高速急加速（90～120 公里/时）	×先生（小姐）：前面的路段比较好走，我们把车速加到 90 公里/时左右，并在高速时急加速 您有没有感觉到在高速行驶时非常稳定，不会有任何发飘的感觉。而且在中高速时，急加速性能也非常的好，高速高扭的延续性很强，而且风阻系数只有 0.29，使得它在高速时抓地力极强，即使达到 160 公里/时以上也是这样，这样低的风阻系数也有利车节省油耗 另外请您注意听一下，发动机声音很干净。我们现在无论是聊天还是听音乐都丝毫不会受影响
安全区停车	

（2）换手

车辆完成规划试乘行驶路线后，销售顾问在安全区路段靠边停车，让顾客进入试驾环节。换手须注意以下事项：

1）应选择适当的安全区路段靠边停车进行换手。

2）熄火，拔钥匙；顾客入座驾驶席，轻轻关上门；销售顾问迅速入座副驾驶席，将钥匙交给顾客。

3）协助顾客调整座椅、后视镜及音响等，确认顾客乘坐舒适并系好安全带。

4）简单介绍车辆操作要求及性能，确认顾客已对操作熟悉。

5）强调安全和速度，重述行驶路线，提醒顾客安全驾驶。

表 6—2—5 为换手过程中的引导及话术参考。

表 6—2—5　　换手引导及话术参考

试驾引导	话术建议
行驶路线的告知	我们将要行驶的路线总长大约××千米，在途中我还会及时提醒您的
座椅	您觉得这个位置可以吗？驾驶座椅的调节开关在您左手边，转向盘需要调整吗？座椅的支撑和包覆性还不错吧
视线	您看一下后视镜，调节按钮就在您的左手边，后面的视野很宽阔吧

（3）试驾

试驾时顾客往往比较兴奋，销售顾问在不打扰顾客安全行车的情况下可适时提醒顾客尝试车辆的不同性能，同时提醒顾客注意驾驶安全。试驾中须注意以下事项：

1）少说话，让顾客专心驾驶，确保行车安全，同时让顾客有驾驶自己车辆的感觉。

2）试驾时应顾客的需要适当播放合适的音乐，音量偏中小。

3）适当提醒路段特点，点明体验感觉。

4）不失时机称赞顾客的驾驶技术。

5）仔细倾听顾客言谈，发掘顾客更多的需求。

6）观察顾客的驾驶方式及路况，提醒注意安全。

7）若顾客有明显的危险驾驶动作或感觉顾客对驾驶非常生疏，应及时果断请顾客在安全地点停车，向顾客解释安全驾驶的重要性，获得谅解，并改试驾为试乘，由销售顾问驾驶返回展厅。

表 6—2—6 为试驾过程中的引导及话术参考。

表 6—2—6　　试驾引导及话术参考

试驾引导	话术建议
中段加速	×先生（小姐）：您觉得加速性能怎么样
高速过弯	×先生（小姐）：接下来的弯道，您可以感受一下车身稳定控制系统及悬挂系统……高速过弯时您是否感觉很平稳

续表

试驾引导	话术建议
颠簸路面	×先生（小姐）：接下来的路段是较颠簸的路面，您可以感受一下悬挂和转向盘传递过来的路感……是不是感觉驾乘很舒适呢
坡道	×先生（小姐）：接下来是坡道，您可以感受一下这款车低速高扭矩的发动机的性能

（4）试乘试驾后

一般而言，顾客在刚完成试乘试驾后的心情都比较兴奋，这时，销售顾问要“乘胜追击”，适时跟进，以促使顾客确认购买。

1）引导顾客回展厅入座休息，提供饮品，称赞顾客的驾驶技术，激发顾客的好感。

2）不排除顾客再度试乘试驾的可能性，不能急于结束顾客的试乘试驾环节，以免造成顾客的不满。

3）交流试乘试驾体会，引导顾客回味试乘试驾体验，邀请顾客填写试乘试驾意见表；仔细倾听顾客谈话，捕捉购买信息。

4）利用顾客试乘试驾后未消退的热度，引导顾客进入报价商谈阶段，促成交易。

5）对未做出购买决定的顾客，确定其疑虑、问题及需求所在，立即给予客观合理的说明。

6）顾客离去后，填写顾客信息表存档，注明顾客的驾驶特性及关注点。

试乘试驾后，顾客通常会出现犹豫、再考虑或放弃购买的情况，这时销售顾问要处理好顾客的这种表现，见表6—2—7。

表6—2—7　　试乘试驾后的顾客抗拒处理

抗拒	话术建议
今天没带钱	没带钱没关系！今天我们最重要的是让您体会到我们产品的优势
要回家再商量	这是应该的！毕竟这是件大商品，需要和家人商量！那请问您家人对我们这款车有什么需求吗？我也可以为您分析一下
需要比较其他车型	能知道您在哪几款车之间做比较吗？如果您信任我的话，我可以为您做个先期的对比
暂时不考虑	没关系！您一定对我们的车辆非常的感兴趣。方便的话麻烦留下您的联系方式，到时候我们会有类似的试驾活动，可以邀请您参加
今天不定车，后天来买	那您要的颜色和车型可以确定吗？我们现在按需生产，您可以先付定金，这样的话您可以在后天准时拿到您的爱车，我们也可以先帮您打理好您的车子

续表

抗拒	话 术 建 议
购买方式还没考虑清楚	没关系！可能您还在考虑哪种购买方式更适合您。请给我点时间，让我来帮您介绍几种方式，看哪种更适合您
定金可不可以退	定金是您的承诺，相信您一定是喜欢我们的车子才付的定金，我相信我们的车一定会为您带来非常愉快的感受

五、试乘试驾事故的防范

试乘试驾活动已成为汽车销售商的常规销售手段，也是消费者购车前必不可少的环节；但同时，在试乘试驾中发生交通事故的现象也逐渐攀升。如 2015 年 5 月 31 日，宁夏回族自治区贺兰县永胜西路两辆 4S 店的试驾车相撞，两死一伤。据汽车销售顾问说，带顾客试驾车时，在转弯路段会有意加速，以测试车辆过弯性能。试乘试驾逐渐成为汽车事故中的一个突出问题，如图 6—2—2 所示。

图 6—2—2　试乘试驾事故

因此，试驾时，为了保障试驾人员的权利，一定要选择上路手续齐全的试驾车辆；试驾中，销售顾问与试驾员应该严守试驾操作规程，遵守交通规则、安全理性驾驶车辆。此外，汽车商家组织试乘试驾活动时，也必须严格规范，确保试驾道路的安全性，最好是在一个封闭的道路上进行试驾，同时对试驾顾客的驾照、技能等要有所了解，对于驾龄等不符合规定的顾客坚决不能试驾。

1．试乘试驾中存在的问题

根据近年来多次发生的试乘试驾事故分析，主要存在以下管理和操作问题：

（1）商家试驾人员的问题

为了显示车辆的性能，超出自己操控能力驾驶车辆。

（2）试驾车辆的问题

疏于维护，因车辆出现故障导致事故。

（3）顾客的问题

驾龄短，驾驶经验不足，对车辆不了解，不听试驾人员安排等。

2．试乘试驾事故防范要求

（1）查验试驾者驾龄，拒绝不符合试驾情况

销售顾问要仔细查验试驾者是否符合试驾驾龄，同时对孕妇、患有不适宜驾驶车辆的疾病人员、饮酒人员等拒绝试驾；拒绝儿童乘坐试驾车辆，限制试驾车辆超载等。

（2）了解路线行程，要做到心中有数

在试驾开始前，除了签署试驾协议外，还要了解试乘试驾行程路线及其特点，哪段路线适合体验车辆的哪项性能，要做到心中有数，避免事故。

（3）了解车辆操作部件，要防止手忙脚乱

销售顾问要就车辆的一些特性和操纵部件对顾客进行讲解，确保顾客掌握，并在试驾中时刻关注并提醒行驶安全。

（4）试驾过程心情平和，要避免过度兴奋

保持并提醒试驾人员平和试驾，禁止过激驾驶行为。

（5）坐姿、视野很关键，系好安全带才试驾

正确的坐姿、良好的视野以及安全带的使用都是安全的基本保障。

（6）试驾过程专心专注，忌过度与人交谈

在试驾的时候经常相互交流车辆的感受是非常常见的现象，但是如果过度分神就会变成安全隐患，尤其是与后座乘客的过度交流；销售顾问尽量不作车辆介绍，不干扰试驾。

（7）知己知车循序渐进，忌盲目激烈驾驶

由于大部分试驾者都是第一次接触这款车型，因此对车辆的驾驶状态和感受都并不了解。如果此时盲目的激烈驾驶，试驾者在还不了解车辆状态的时候就很容易失控。

（8）安全驾驶是第一位，勿盲从销售指令

大部分试驾路线就是周边的街道，与日常路况几乎无异。对于销售顾问的指令，要根据自己的驾驶技术，对路况的了解再进行操作，不能盲从。如销售顾问让加速，你如果觉得太快了就不必再加速；销售顾问让右转，要先看好右边是否安全再转方向，否则可能会发生事故。

思考与练习

1．试乘试驾中有哪四大手法，其主要目的是什么？

2．试乘试驾时要做好哪些准备工作？试乘试驾中换手要注意哪些事项？

3．近年来，试乘试驾过程中不断发生安全事故，你认为应如何做好事故的防范？

模块七 顾客异议

课题一　顾客异议的识别

学习目标

◆ 了解顾客异议的含义与类型。

◆ 掌握顾客异议的成因。

◆ 能够正确识别顾客异议。

在得到报价后，顾客提出，这款车这个价格不值，并表示这款车轰动一时的断轴事件让人总觉得心里没安全感。如果你是销售顾问，你该如何看待并应对这种顾客异议呢?

这实际上是对顾客异议的识别，要求销售顾问能正确判断顾客异议成因及其类型，并能正确对待顾客异议。

一、顾客异议的含义

顾客异议又叫推销障碍，是指顾客针对销售顾问及其在销售活动中的各种活动所做出的负面反应，是顾客对销售产品、销售顾问、销售方式和交易条件等发出的怀疑、抱怨，提出的否定或反对意见。

一般来说，顾客在汽车销售过程中，不提任何异议就做出购买决策的情况几乎没有。通过对“顾客需求分析”模块的学习，我们可以得出结论，顾客的需求是顾客异议的来源，顾客没有需求也就没有异议，即“不提任何异议的顾客往往是没有购买欲望的顾客”。

顾客异议有以下几方面意义：

◇ 顾客异议，证明顾客对产品感兴趣，证明销售的可能和希望

◇ 顾客异议，让销售顾问能够判断出顾客是否有需求

◇ 顾客异议，让销售顾问了解到顾客对推销活动的接受程度

◇ 顾客异议，能让销售顾问迅速修正推销战术

◇ 顾客异议，能让销售顾问获得更多的顾客需求信息

二、顾客异议的成因

顾客异议产生的原因往往是非常复杂的、多方面的，正确认识顾客提出的种种异议及其产生的根源，是有效处理这些异议的前提条件。

1．顾客方面的原因

（1）顾客的自我保护

绝大多数顾客所提出的异议都是在进行自我保护，也就是自我利益保护。因此，销售顾问要与顾客建立良好的沟通基础，提醒顾客购买产品所能带来的利益，消除顾客的不安。

顾客：你看，这个品牌有好几家都在卖，我怎么才知道谁最好？

销售顾问：先生，您真是一个行家，品牌是一样、车型也是一样的，这是任何人都无法改变的，因为我们都是这个品牌的销售商。只是，您花了钱是不是希望得到最好的服务，得到最开心的享受？

顾客：是啊，要不然我还选来选去的干吗？

销售顾问：的确如此。不论今后选择在哪一家销售商买车，最重要的是要看一下他们的服务品质如何。

顾客：我又没有买过你们的产品，怎么知道你们会好。

销售顾问：这个问题问得好。在这里，我没有说别的销售商不如我们，不论最终选择谁，为了让您在今后用车的过程中减少麻烦，要提醒您首先要看他们的维修人员的水平和素质如何？您同意我的看法吗？

顾客：没得说的，谁不希望这样。那怎么评价？

销售顾问：其他的要说就太多了，这里只说一点，就是看一看这个品牌的制造商有没有在所辖的销售企业中进行了有关专业维修与服务技能方面的经常性的竞赛，如果有的话，那就看一下哪家公司获得了这种竞赛的殊荣。

顾客：那我怎么才能知道？

销售顾问：您可以问一下他们的销售顾问，如果他们不能告诉您，那说明在这方

面还有不足。

顾客：那你们获奖了吗？

销售顾问：谢谢您的关注，在2014年西南片区的维修人员的技术比赛中，我们公司夺得了西南区的第一名（指着展厅墙上的奖牌说）。这是业界对我们的肯定，因为评委是从全国各地请来的专家，他们跟我们公司没有任何的关系，所以评价是非常公正的，这一点您放心。

这只是差异化地让顾客认识到独特商业价值与顾客利益的一个简单例子，在销售顾问向顾客展示产品与服务的过程中，可以从顾客认同的方方面面去强化这种价值与顾客利益的关系，消除顾客异议。

（2）顾客缺乏产品知识

顾客由于对汽车品牌不了解，对汽车产品缺乏足够的专业知识，导致由此生出的疑问性异议。销售顾问可利用专业知识进行介绍、解释，但要注意通俗易懂，忌长篇累牍、喋喋不休，注意与顾客的互动。

（3）顾客的情绪不好

顾客有时心情欠佳，也会提出异议，甚至恶意反对，肆意埋怨。但这种顾客异议通常缺乏逻辑性，比较感性，容易处理，只不过销售顾问要保持理智和冷静，缓和气氛，以柔克刚。

（4）顾客的决策权有限

有时顾客会说，“对不起，这个我说了不算”“等我老婆来了再商量一下”等。这可能说明顾客没有决策权，有时也可能是一种其他异议的借口。对于决策权有限的顾客，销售顾问要分析谁是决策者、谁是使用者、谁是影响者。

（5）顾客缺乏足够的购买力

购买力是指顾客在一定时期内，具有购买产品的货币支付能力。如果顾客缺乏购买力，就会拒绝购买，或者希望得到一些优惠。有时顾客也会以此作为借口来拒绝销售顾问，或利用其他异议来掩盖缺乏购买力的真正原因。因此，销售顾问要认真分析顾客缺乏购买力的原因，以做出异议处理。

（6）顾客有比较稳定的采购渠道

顾客有时仗着对采购渠道的熟悉，或有比较可靠而稳定的采购渠道，也会以各种异议来刁难或争取不大可能的利益。

（7）顾客的片面经验与成见

有时顾客会对企业、品牌、产品有固有的片面看法，通常这是一些不符合逻辑，或带有强烈感情色彩的反对意见，不容易对付，处理也较棘手。对这类顾客，单凭讲道理是解决不了问题的，而应找到顾客形成偏见的原因，消除顾客的不好印象。

（8）顾客有隐性异议

有时，顾客找借口，推脱，不愿意花时间继续商谈，这有可能是顾客存在隐藏的异议，不愿意直接说出来，而以各种异议掩饰。这时销售顾问要善于找出顾客真正异议，寻找突破口。

2．产品方面的原因

产品质量	汽车材料属性、配件质量、内饰、汽车故障率等
产品性能	汽车的动力性、燃油经济性、制动性、操控稳定性、平顺性以及通过性等
产品造型	对汽车造型的不理解，对汽车外形、样式的不满意等
产品的销售服务	服务态度、体验方式、服务内容、售后服务等
产品功能	产品无法满足顾客的需要

3．价格方面的原因

价格异议是销售顾问与顾客之间谈判的焦点，也是顾客提出的最常见异议类型。价格异议主要在于顾客认为价格过高、价格不实、性价比不高，存在便宜没好货心理、讨价还价心理、打折心理、优惠心理。有调查显示，75.1％的销售顾问在销售过程中遇到过有价格异议的顾客。

（1）价格过高

顾客认为价格过高，或认为价格高于同类竞争对手的车型。其原因在于：

1）顾客对某一品牌车型进行了价格了解，或者对市场上同类车型的价格形成了自己的判断，将此车型的价格与之进行比较，认为价格过高。

2）顾客对产品成本进行了估算，心中确定了一个自认为合理的价格，与此比较认为价格过高；这种看法因顾客对汽车某些无形价值认识不足而常常存在偏差。

3）顾客由于经济支付能力有限，因而认为价格过高。

4）有些顾客无论对什么产品，都觉得对方报价太贵，因而无论报什么价，都要讨价还价。

5）顾客以价格过高为由来试探销售顾问，看是否仍有进一步降价的可能，以实现自己利益的最大化。

6）顾客根本无意购买，以价格过高为借口来摆脱销售顾问。

（2）价格过低

有些顾客会因为价格过低而拒绝购买销售顾问所介绍的汽车，其主要受以下因素影响：

◇ 顾客经济条件比较好，对价格低廉的车型没有信任感，或认为价格低廉的车型没档次，不符合自己的身份、地位

◇ 顾客的“便宜没好货，好货不便宜”心理作用

(3) 讨价还价

顾客讨价还价主要出于以下动机：

◇ 希望购买物美价廉的产品

◇ 比较心理，希望自己买的产品比别人便宜

◇ 希望在讨价还价中显示自己的谈判能力，获得心理满足

◇ 希望通过讨价还价来触及产品价格底线，实现自己利益最大化

◇ 一种购物惯常心理使然

---

4. 销售顾问方面的原因

(1) 仪表。着装随意不正式、仪容不端庄等。

(2) 礼仪。言谈举止不得体，对顾客缺乏足够的尊重，动作不规范等。

(3) 对产品的介绍。专业知识欠缺或使用过多专业术语，产品说明与展示失败或不到位，顾客无法理解销售顾问的介绍内容。

(4) 沟通能力。缺乏亲和力，表达不得体，只顾自己说，倾听顾客意见不够，沟通不流畅等，导致沟通失败。

(5) 推销不实。销售顾问有欺瞒顾客的言语或行为，导致顾客不满。

(6) 销售顾问姿态过高。对顾客存在等第之分。

5. 企业方面的原因

企业及产品定位不清楚，品牌文化不成熟，企业管理水平问题，企业及车型在市场上有不良印象，缺乏知名度等。

三、顾客异议的类型

1. 从主体上分

(1) 沉默型

无论销售顾问怎么说，顾客都是沉默不语，既不表示同意，也不表示否定，让人不知所措。这种顾客比较难以对付，对待这种顾客，销售顾问只能从产品所能提供给顾客的利益着手，耐心介绍与推荐，直到顾客开口。

(2) 借口型

不少顾客异议属于借口，为的是掩饰顾客的真实异议。如“这款车没有其他颜色的吗，这几种颜色我都不大喜欢”“我全额现金付款没有优惠吗，没有优惠就算了，不买了”等。

(3) 批评型

这种顾客异议形式很明显，顾客抓住一点或几点不赞同的地方，直接提出反对异

议，如“这车车身太单薄了，隔音太差了”“这车耗油太厉害”等。

（4）问题型

存在疑问的或拒绝的异议，如“这车有没有八缸的发动机”“这么贵的车，怎么连后排安全气囊都没有，能选装吗”等。

（5）表现型

主要体现在对销售顾问的介绍表示反对或认为不认可，对销售顾问的介绍进行修正、补充，提出自己的观点，这时的顾客表现主动、热情甚至夸夸其谈，并带有丰富的肢体语言。

（6）主观型

只凭自己的过去经验或其他人建议下结论，提出异议。这类顾客一般比较固执，不易说服，销售顾问除了要有耐心，还要提供有说服力的实证。

（7）怀疑型

这类顾客属于忧郁型，比较追求完美，对销售顾问缺乏信任感，即便是事实也会用怀疑的心态去面对。对于这种顾客异议，销售顾问尽量多举实例，用客观事实来说服顾客，或者以现身说法来打动他。

2．从客体上分

（1）产品异议

顾客对销售顾问所推销的汽车产品的内在品质、外观形态等方面提出不同看法或意见而形成的异议，如品牌、质量、性能、造型等。这反映顾客对这款汽车的不够了解或充分了解。

（2）价格异议

顾客对汽车价格产生的异议。价格异议是销售过程中最普遍的现象，但当顾客提出价格异议时，往往表明顾客有一定的购买兴趣和倾向，也会因此产生讨价还价行为。

（3）服务异议

顾客对销售顾问或企业所提供的服务，如维修、售后服务等一系列问题不满，而产生可能退出购买的异议。

（4）时间异议

顾客认为不是最佳购买时间，或以过段时间再买为理由放弃购买，或对交车时间表示不满等产生的异议。

（5）需求异议

顾客主观上认为自己不需要购买的异议，这种异议可能是顾客确实不需要，也可能是顾客以“不需要”掩饰真实异议，还可能是顾客心里没做好准备或没有意识到自己潜在的需求。

（6）权力异议

顾客以自己无权决定购买产品而提出的异议。

（7）财力异议

顾客以支付能力不足而提出的异议。

（8）政策异议

顾客对自己购买是否符合有关政策规定或受政策规定影响而提出的异议，如排量的限制、限行政策等。

（9）心理异议

某些传统习惯、习俗、情绪等产生的异议，如当地认为这种颜色不吉利，如这种品牌汽车名字有不吉利谐音，如因情绪恶化而放弃购车的异议等。

3．从性质上分

（1）真实异议

顾客对销售顾问所介绍车型表示不需要或不满意或有偏见。这些异议是真实客观的，如“我朋友开这车发现油耗很高”“网上公布这车的返修率很高”。面对真实异议，销售顾问必须视情况而采取立即处理或延后处理的策略。

（2）虚假异议

虚假异议有两种，一种是顾客用借口、敷衍的方式应付销售顾问，目的是不想诚意商谈，不想介入推销活动；另一种是顾客提出很多异议，但这些异议并不是他们真正在意的地方。

（3）隐藏异议

顾客并不把真正异议提出，而是提出各种真实异议或虚假异议，目的是借此假象达成隐藏异议解决的有利环境。如顾客希望降价，但却提出油耗高、颜色不喜欢、内饰太差等异议，以降低产品的价值，达到“胁迫”降价的目的。

（4）误解异议

顾客因自己的经验、认识和判断不足而产生的异议。如对汽车性能参数的不理解，对销售顾问动机的误会产生的怀疑等。

四、正确对待顾客异议

1．把顾客异议看成是正常的现象

由于利益和需求的不同，顾客必然会产生异议。异议的存在，是为了解决购买决策的障碍。因此，顾客异议既是推销过程中的一种正常现象，也是使推销走向成功必须跨越的障碍。

2．把顾客异议看成是推销的机会

顾客有需求才有异议，顾客有兴趣才能产生异议；推销是从顾客拒绝开始的，只有顾客提出了异议，销售顾问才能从信息单向沟通的产品介绍和说服，转向信息双向沟通的实质性阶段，才有进一步推销产品的可能和机会。

3. 把顾客异议看成是交易的信号

顾客异议是交易的信号。数据显示，有异议时达成交易的概率是64%，无异议时达成交易的概率只有54%。俗话说，“嫌货人是买货人”“褒贬是买主，喝彩是闲人”，说的就是这个道理。因此，销售顾问应持积极主动的心态，正视顾客异议。

思考与练习

1. 简述顾客异议有哪些类型。
2. 试举例，分析所举例子中顾客异议的成因。
3. 如何正确看待顾客异议？试举例分析。

课题二　顾客异议的处理

学习目标

◆ 了解顾客异议处理的原则。
◆ 掌握顾客异议处理的过程。
◆ 能够把握顾客异议处理的时机。

顾客提车时发现前挡风玻璃有两个焊渣，销售顾问请来经理，经理用钥匙抠走了焊渣，但挡风玻璃有个小洞。顾客当场要求换车，但4S店不同意，说是小问题，不换玻璃但送给顾客一次保养，顾客认为玻璃出了问题送保养有什么用。后来4S店同意换块原厂玻璃，但仍然坚持要求换车，双方就此产生激烈的矛盾。

你认为该如何处理这种顾客异议呢？

从案例来看，顾客异议的根源显然在于4S店交付的车出了问题。在这种情况下，销售方必须坚持顾客异议处理原则，在顾客提出异议之后立即处理，这是维护品牌效益和企业形象的最好方法和最好时机。顾客异议得以圆满处理，销售方损失的是小利益，但得到的是更多的市场。

一、顾客异议处理的原则

1. 强调顾客受益原则

顾客花钱购买产品，总是希望以最小的代价获取最大的利益。之所以会产生异议，是因为顾客觉得自身利益受到损失，有承担责任风险。因此，销售顾问要时时换位思考，把处理顾客异议的着眼点放在顾客利益上，强调顾客受益原则。只有让顾客意识到利益的维护、增加，才能帮助顾客克服风险顾虑，消除顾客的心理障碍。

顾客受益原则是顾客异议处理的基本原则。

2. 尊重顾客异议原则

尊重顾客异议，首先要求销售顾问鼓励顾客提出异议，对顾客异议给予足够的重视和满意的处理。顾客提出异议并不可怕，重要的是销售顾问对顾客异议的态度和处理异议的诚恳。其次，尊重顾客异议，要求销售顾问认真倾听顾客异议，使顾客感到销售顾问重视并考虑他的问题。有些销售顾问，当顾客话说了一半就马上插话，并试图辩解，这常常使得顾客认为销售顾问对他不够尊重，缺乏耐心。再次，销售顾问对顾客异议的尊重，也是对自己的尊重。只有当顾客觉得自己的异议受到重视，感觉到自己受到足够的尊重，他才会对你的工作认可和支持，才会尊重你。

3. 正视顾客异议原则

正视顾客异议就是不回避顾客异议。在处理顾客异议时，应注意对顾客可能产生的影响，要经常询问顾客对你的解释和介绍是否理解和满意，不要搪塞顾客的要求和异议。当顾客某些异议无法处理或不能及时处理时，销售顾问不能回避，应采取跟进的措施，告知顾客实情，争取顾客的谅解。

4. 维护顾客自尊原则

在顾客异议处理中，要给顾客留足面子，维护顾客的自尊。对于顾客不正确的观点、不合理的要求、不得体的言行，销售顾问要耐心处理，真诚沟通，不能训斥、诋毁顾客，不能在异议处理中出现轻蔑、走神、东张西望、绷着脸、耷拉着头、目光游离、话语生硬等情态。如当顾客没有听清楚你的解释时，重复问相同的问题，销售顾问不能不耐烦地说“我刚才不是已经说过了吗”等类似的话。相反，销售顾问应正视顾客，认真倾听，面带微笑，表现出全神贯注，并适时互动。

5．不争辩原则

顾客异议处理过程中，不可避免会同时又产生新的异议，双方的观点和认识可能会存在不同程度的分歧。销售顾问在对顾客异议处理中做出反应时，要避免与顾客发生争论。因为与顾客争论，即使销售顾问在争论中获胜，也可能会因此失去顾客，还可能由此给该顾客留下不好的印象，对企业的形象和声誉产生不良影响。即使是顾客认识完全不对，销售顾问也应注意措施，给予顾客充分的话语权，然后耐心、平和解释，柔性处理。

6．把握适当时机原则

在处理顾客异议的过程中，应选择、把握适当的时机来回答顾客的提问，处理顾客异议。很多时候，同样的问题，同样的回答，只是由于处理的时机把握不同而产生不同的结果。销售顾问应根据顾客异议的性质、异议产生的时间、双方沟通的状态、顾客的个性特征等来确定处理时机，以达到理想的处理效果。

二、顾客异议处理的过程

顾客在提出异议时，希望有人聆听，希望得到认真的对待，希望有反应、有行动，希望得到补偿，希望被认同、被尊重。因此，按照辨明异议的内容、确定异议的动机、找出双方的分歧、提出解决问题的方法和思路，从倾听、分担、澄清、陈述和征求这五个程序来处理顾客异议，即 LSCPA 异议处理。

1．倾听（listen）

倾听即聆听顾客的意见，确认顾客的真实异议。倾听的前提是要让顾客充分表达自己的异议，让顾客畅所欲言。

倾听的要求，一是要耐心听完，不要急于做出反应；二是不可打断顾客的表达；三是聆听时要表现专注、鼓励的姿态，并适时适当互动，如：

◇“您能说得更详细些吗？”

◇“麻烦您再解释一遍好吗？”

◇“您的问题很专业……”

◇“好，我明白了……”等

2．分担（share）

分担是指从顾客的角度为其分忧解难。顾客在陈述自己的异议时，他需要销售顾问肯定他的看法，理解他的感受，并用你专业的知识去帮助他找到自己最满意的产品。

分担是销售顾问向顾客表示自己对顾客异议的善意、诚意和理解，销售顾问对顾客提出的意见要表示感谢，表示赞同，充分理解顾客的感受，如：

◇“我也有同样的感受”

◇“我能理解您的心情”

◇“我知道您的意思了，您是担心……”

◇“我知道买一辆车实际要考虑很多因素……”

◇“很多顾客都这么说，所以我理解您的顾虑”等

销售顾问在对顾客的看法表示理解之后，接下来应以专业知识解释顾客的异议，并与顾客取得一致的立场。这样，既体现了销售顾问的真诚，又能很好地消除顾客的异议。

3. 澄清（clarify）

澄清是指对于顾客的担心要加以解释，以确认异议的真实所在。澄清是一个去伪存真的辨识过程。销售顾问通过一系列的提问及表述，确认自己对顾客异议的理解与顾客的出发点一致，如：

◇“如果我没理解错的话，您是担心……是吗?”

◇“我是否可以这样理解，您觉得真正的问题是…… ”

◇“您先别急，听我给您解释一下好吗?”

◇“从另外一个角度来看，这个问题是……”

◇“我自己常常也会有同样的想法，问题在于……”

找不到真实的顾客异议，就不能解决顾客心中最大的顾虑。在汽车销售中，当顾客提出优惠时，因销售顾问草率守价不给顾客余地而导致推销失败的例子非常典型。殊不知，如果顾客真的是因为价格因素的话，他根本不用花时间坐在那里与销售顾问人费口舌了。如果销售顾问能够去伪存真，确认异议的真实所在，并有的放矢进行处理，则结果就不一样了。

4. 陈述（present）

陈述是指针对顾客的忧虑、异议，进行澄清、解释后，提出合理的方案或建议，并确认方案正是顾客需要的。如：

◇“我有一个建议，不知您觉得是否可行?”

◇“前面我们已经确认了您的需要，您对……还有疑问是吗? 您看我们是否可以尝试……”

◇“另外一种可能性就是……”

◇“关于这个问题，您看我们是否可以……”

◇“既然我们双方都很有诚意，您看是否可以各退一步呢? 我们……您也……”

销售顾问不仅要帮助顾客找出异议的根源，而且应就问题根源可能导致的问题及其处理提出很好的建议和参考思路，帮助顾客解决“我该怎么办”“如果这样我是否可

以接受”“既然会这样，我还是听销售顾问的吧”等异议，从而赢得顾客。做了争取后的失败，会比主动放弃会赢得更多的成交机会。

5．征求（ask）

征求是指销售顾问提出的方案或建议要征得顾客的最终同意。征求（Ask）实际上是 Ask for Action，即征求顾客同意，并确定执行。

提出的建议方案很好，顾客也动心了，他在准备让步。但销售顾问最好能告诉顾客这是他自己的想法，让他自己做出选择，因为顾客渴望受重视的感觉。如：

◇“您也是这么想的，是吗？看来真是英雄所见略同嘛！”

◇“您觉得哪个方案更适合您呢？”

◇“您是觉得这种方案更好，是吗？……你真是好眼力！”

◇“您更愿意选择哪种方式呢？”

◇“那样做，您觉得是否可以？”

顾客做出选择后，会觉得这是他自己的决定，也就是不好意思再提出什么了，最终按照自己确认的方案进行。如果顾客对销售顾问的方案仍然无法确定，说明销售顾问还没有真正弄清顾客的需要，没有解决顾客的异议，则还需进行沟通，直至顾客满意。

三、顾客异议处理的时机

1．在顾客提出异议之前进行处理

防患于未然是消除顾客异议的最好办法。销售顾问在觉察到顾客会提出异议时，在顾客提出异议之前就主动提出来并给予解决，这样可使销售顾问争取主动，先发制人，从而避免因纠正顾客看法或反驳顾客意见而引起的顾客不快。

提前判断顾客即将提出的异议很重要，也是有规律可循的。通常根据顾客的表情、动作、谈话的用词和声调可以觉察。

选择这种处理时机包括两种情况：一是销售顾问在推销前已经考虑到顾客可能提出什么问题，提前制定处理方案，在推销过程中替顾客说出并回答，消除可能发生的异议，这样会使顾客感到你诚实、可信；二是在推销过程中，觉察到顾客马上会提出异议，而这种异议事关重大，为争取主动，应抢先回答，引导顾客顺着你的思路走，不给顾客提出新异议的思考时间。

但不是所有异议预判都那么准确、到位，有时销售顾问的预判异议会把本不属于顾客异议或顾客根本没有想到的问题提出来，反而引出更多的新的异议。因此，异议预判及异议提前处理，要考虑到共性和个性，避免节外生枝。

2．在顾客提出异议后立即处理

大多数情况下的顾客异议需要立即作答、处理，这既可增强顾客的购买信心，又表示对顾客的尊重，否则，就有可能失去销售机会。

需立刻处理的异议情况有：顾客提出的异议是属于他关心的重要事项；必须处理异议后才能继续进行推销活动的情况；异议处理后，能立即做出购买决策的情况。

3．在顾客提出异议后延缓处理

从策略和有利于解决问题的角度考虑，有些异议立即作答、处理并不见得有好的效果，不如暂且放一放，延缓处理。

延缓处理的异议情况主要有：立即处理会影响推销顺利进行；随着推销活动的深入会不解自答；顾客异议无关紧要；异议模棱两可、令人费解；异议站不住脚，不攻自破；异议不是三言两语可以处理好；异议有较强的专业性，超过了销售顾问的能力水平等。

需要注意的是，延缓处理顾客异议，有时会对推销工作产生不良影响，顾客会对销售顾问、企业甚至产品产生怀疑而造成新的异议，因此一定要慎用。

4．对顾客的某些异议不予处理

有些异议是顾客的一时想法、随口言谈，或是明显的借口、肤浅的见解、明知故问的发难，或是与购买无关的说辞，或是具有不可辩驳性的异议等，销售顾问不予作答处理。

可不作答的异议尽量绕过，以免言多必失，节外生枝，引出新的异议。常见不予处理的策略包括沉默，装作没听见，按既有的程序执行，答非所问或转移话题等。

思考与练习

1. 简述顾客异议处理的原则。
2. 简述顾客异议处理的过程，并举例分析。
3. 举例分析顾客异议处理的时机把握。

课题三　顾客异议处理的方法与技巧

- 熟悉顾客异议处理的方法。
- 掌握顾客异议处理的技巧。
- 能够熟练运用技巧和方法进行顾客异议处理。

销售顾问小王碰到一个交了定金又反悔的顾客。顾客在店里一直抱怨，说汽车的发动机不好，又说底盘不行，一会又说听说故障率挺高……小王耐心地聆听顾客抱怨了很久后逐渐明白，导致顾客反悔的原因是听别人说这款车这不好那不好，后来自己又去别的4S店看车，总感觉自己买得不划算。

该采取什么方法来消除顾客异议呢？这就需要销售顾问掌握并熟练运用顾客异议处理的方法和技巧来消除顾客的异议，重新建立产品的价值形象。

顾客异议处理是一个比较复杂的过程，既存在一定的规律可循，又有不可控制的变数。不同的顾客、不同的时间、不同的地点、不同的阶段，异议处理的方法也不一样。为了进行有效的推销，销售顾问既要抓住时机，又要针对具体问题具体分析，还要掌握有效的方法。

一、顾客异议处理方法

1. 直接反驳法

直接反驳法是销售顾问根据明显的事实与理由，直接否定顾客异议的一种处理方法。销售顾问采取这种方法，给予顾客直接的、明确的否定回答，迅速、有效地传递正确的信息，从而达到缩短推销时间，提高推销效率的目的。如顾客提出“你们公司车型太少，没什么选择余地”的异议，销售顾问则可迅速做出反应，说“我们的车型还是比较丰富的，有……”。

（1）直接反驳法的特点

优点	通过摆事实、讲道理，以合理而科学的根据反驳顾客，加大推销说服力度，增强顾客购买信心
	针对顾客异议中的谬误，直截了当地回答并说明有关情况，可以节省推销时间，提高推销效率
	用途广泛，符合多数顾客的习惯
	有利于道破顾客的各种借口，消除顾客异议，促使其接受推销
不足	直接否定顾客异议，容易引起抵触、反感情绪，形成不融洽气氛
	容易增加顾客的心理压力，导致顾客回避推销
	直接反驳可能会降低企业、产品及销售顾问在顾客心目中的信誉度

（2）直接反驳法的适用范围

1）不适用于所有顾客，只有当顾客异议是由顾客的偏见、成见、信息不足等原因引起的，与事实不符时，才能使用反驳法；

2）当顾客因缺乏对产品的了解，害怕买后吃亏而提出相关异议时；

3）当顾客因无知、提出不切实际的异议时；

4）不适用于处理无关的、无效的顾客异议；

5）不适用于处理因情感因素或个性问题引起的异议；

6）不适用于有自我表现欲望及较为敏感的顾客提出的异议。

（3）直接反驳法应注意的问题

◇ 应注意察言观色，密切关注顾客的心理变化

◇ 反驳要有理有据，用事实说话，运用科学合理的根据反驳

◇ 反驳时要态度友好，以诚待客，用词委婉，面带笑容，始终保持良好的推销氛围

◇ 要从顾客的立场和角度出发说服顾客

2．转折处理法

转折处理法也称婉转法，是销售顾问根据有关事实与理由间接否定顾客异议的一种处理方法。销售顾问运用这种方法，首先要承认顾客的异议有一定道理，向顾客做出一定的让步，然后再根据有关事实和理由间接否定顾客的意见，提出自己的看法。

当顾客的意见被别人直接反驳时，内心总是不痛快，甚至会被激怒。因此，销售顾问最好不要开门见山直接提出反对意见。在表达不同意见时，先对顾客异议表示理解、认可、同情，或简单地重复，使顾客心理有所平衡，然后使用如“不过、然而、诚然、除非、如果”等转折词，把话锋一转，委婉反驳。如顾客指出“这款车耗油量太高了”，销售顾问可以婉转以“您说的是事实，这款车的油耗的确不低，但这款车的动力和性能那绝对是一流的……”话术婉转反驳。

（1）转折处理法的特点

优点	销售顾问尊重异议，承认异议，态度委婉，顾客容易被说服
	可赢得时间去分析异议的性质和根源，能够缩短销售顾问与顾客的心理距离
	有利于保持良好的推销气氛和人际关系
不足	销售顾问首先做出“让步”，可能会削弱顾客购买信心，降低销售顾问说服的力量，间接导致顾客因为受到鼓励而产生更多新的异议
	推销话题的转换，可能会使顾客觉得销售顾问圆滑，玩弄技巧，而由此产生反感情绪
	间接否定不一定真正解决了顾客异议，只是回避了异议

（2）转折处理法的适用范围

1）不适用于敏感、固执、个性强的且具有理智型购买动机的顾客；

2）不适用于探索研究性的、疑问类型的顾客异议；

3）适用于那些因顾客成见、偏见及信息不畅而产生的异议；

4）适用于在“以柔克刚”的情况下应用，但不能滥用。

（3）转折处理法应注意的问题

◇ 运用转折处理法的关键是，要注意如何不露声色地转移话题

◇ 销售顾问话术要恰当，否则也会让顾客感觉被否定而产生不满

◇ 要淡化对顾客的“退让”，突出“但是”之后的推销内容，使顾客改变原有看法而接受销售顾问的建议

3．劣势转换法

劣势转换法也称为补偿法，又称抵消处理法，是销售顾问利用顾客异议以外的功能或服务的优点，来抵消顾客异议的处理方法。当顾客异议确实符合实际情况时，销售顾问在认可顾客异议的同时，及时提出异议之外的优点，拿出充分证据让顾客完善认识，达到心理平衡。

例如，当顾客提出“这款车的外形设计和内饰都不错，可惜配置低了些”时，汽车销售顾问可以做出劣势转换处理，说“您的眼光真不错，这款车的亮点在于独特的外形设计，内饰采用最流行的设计，但这款车的配置有几种搭配，您现在所看的这款是低配，高配的是那边几款……”。劣势转换法部分应用示例如下：

顾客	推　销　员
行李箱空间太小	但汽车的乘坐空间更加宽敞，坐在里面不会像同类型其他车那样感到很压抑
动力稍差	适合城市用车，油耗低，经济
工艺一般	价格便宜，一般家用很不错
两厢式不实用	后排放倒，货物装运量比较大，国外很多家庭用车也以两厢车为主

（1）劣势转换法的特点

优点	对顾客坦诚，有利于赢得顾客，有助于建立融洽的推销氛围 有利于重点推销，突出产品的优势 坦诚产品缺点，有利于缓解顾客的抱怨和不满，也可给销售顾问留有一定的回旋余地
不足	某些情况下，会使顾客失去信心，认为销售顾问只顾自己的利益 运用不恰当，会使顾客产生怀疑和误解，增加推销难度 使用过多，会使顾客认为销售顾问诡辩，没解决实际问题

（2）劣势转换法应注意的问题

◇ 运用这种方法的前提是顾客得到补充的利益要大于异议涉及问题所造成的损失，否则得不偿失，结果反而会动摇顾客的购买决心
◇ 销售顾问所承认与肯定的顾客异议必须是真实有效的，并且要及时使顾客得到推销产品及其成交的有关优点和利益方面的补偿
◇ 在劝说中，应淡化顾客异议，强化符合顾客主要购买动机的产品优点，使顾客认为异议可以得到补偿
◇ 切忌在某些疑虑与问题上与顾客纠缠不清

4. 转化处理法

转化处理法是利用顾客的异议本身来处理异议的方法。顾客的异议具有双重性，它既是交易的障碍，同时又是很好的交易机会，销售顾问要利用其积极因素去抵消消极因素。

顾客："我买车只是上班用，不需要买这么高档的车，浪费，也容易被人家说三道四。"

销售顾问："买车本来就是为了方便、舒适和享受生活品位的。开高档一点的车，舒适，能调节上班情绪，还能体现职业品位呢！"

（1）转化处理法的特点

优点	利用异议处理异议，不必回避顾客异议
	可以改变有关顾客异议的性质和作用，将顾客拒绝购买的理由转化为顾客购买的选择
	销售顾问直接承认顾客异议，有利于保持良好的人际关系和营造融洽的推销氛围
	有效利用了推销哲学，把顾客异议转化为推销提示，把推销异议转化为推销动力，把不利因素转化为有利因素
不足	可能使顾客产生抵触情绪
	顾客希望自己的意见受到尊重，但采用转化法容易使顾客失望
	如果滥用，会导致顾客提出更多异议，弄巧成拙，适得其反

（2）转化处理法应注意的问题

◇ 销售顾问不得否定顾客异议，而是尊重、肯定、承认、赞美和利用，从而转化顾客异议
◇ 找出顾客异议的内在矛盾，直接针对顾客异议
◇ 认真分析顾客异议，利用购买异议本身的矛盾去处理购买异议

5．询问法

询问法是指销售顾问在未完全理解或未考虑好如何答复顾客异议时，以委婉的语气，把顾客的异议重复一遍，或对顾客进一步询问，以了解顾客真实想法的方法。这样可以削弱顾客的气势，也可以转换一种说法使得问题容易回答。销售顾问可以复述之后问一下“您的意思是这样的吧”，然后再说下文，以求得顾客的认可。

销售顾问：“我们对这款车已经非常了解了，您也是比较满意，您应该能做出决定了吧!”

顾客：“我还想再考虑一下。”

销售顾问：“您考虑什么问题呢？是不是有什么顾虑，您说出来我们再讨论一下，一起把问题解决。”

顾客：“我听说这款车容易出问题。”

销售顾问：“您能具体说说您听说这款车哪些方面易出问题吗？或许我可以帮您弄清事实。”

顾客的异议在于对产品的质量存在疑问，案例中销售顾问采用询问法来一步一步引导顾客说出具体的疑问点，从而为销售顾问进行解疑找到突破口。

（1）询问法的特点

优点	可以更深入地了解顾客及其异议，获得更多的顾客信息
	真诚虚心的询问会让顾客感到受尊重或重视，有利于保持良好的气氛和人际关系
	可以迫使顾客说出异议根源，还能使销售顾问从被动听顾客申诉异议变为主动提出问题与顾客共同探讨，有利于采取有的放矢的推销策略
	方式灵活，能让顾客自己来处理自己所提出的有关购买异议
不足	对于销售顾问的提问，有些不愿意回答的顾客，可能会产生反感与抵触情绪
	销售顾问的多次询问也可能会使更多异议产生

（2）询问法应注意的问题

◇ 销售顾问向顾客询问时，不要急于求成，要由浅入深、循序渐进地提问

◇ 对于顾客异议要有针对性地提问，以免浪费时间，延误成交时机

◇ 销售顾问要尊重顾客，适可而止，不能把顾客逼到山穷水尽的地步

◇ 询问要及时，应及时引导顾客把真实想法说出来

◇ 询问法适用于处理各种不确定型的顾客异议，不宜处理各种无关异议

◇ 销售顾问在询问时，只能削弱而不能改变顾客的异议，否则顾客会认为是在歪曲他的意思而产生不满

6．沉默法

沉默法也称不理睬法或忽视法，是指当顾客提出异议，并非真的想要获得解决或讨论时，销售顾问可以不作理睬或一带而过，以分散顾客的注意力，从而回避矛盾的方法。这种方法主要是针对销售顾问无法回答，或作答时会陷入纠缠不清的辩解之中。另外，对于与推销无关的异议、故意刁难的异议或微不足道的异议，也可采取沉默法，以保持良好的洽谈氛围。

（1）沉默法的特点

优点	可以使销售顾问按照预定的推销计划和策略展开工作，集中精力考虑重点推销，可节省时间，提高效率
	不去正面反驳异议，可以缓和双方紧张的交易气氛
	可以大事化小小事化了，便于转换话题
不足	忽略顾客异议，可能会使顾客觉得自己的异议没有得到应有的重视而产生不满
	如果使用不当，可能会忽略一些其他重要的异议，影响交易达成

（2）沉默法应注意的问题

◇ 要注意，即使顾客提出的异议是无效的或虚假的，也要耐心聆听，态度要温和恭谦，让顾客感到受尊重

◇ 在忽略顾客的某一异议时，注意马上找到不应忽略的问题，避免顾客感到受冷落

◇ 有时为了沟通感情，也可以花费一点时间回答顾客一些无关紧要的问题

7．延缓处理法

延缓处理法也叫拖延处理法或推迟处理法，是指销售顾问在听到顾客异议后，暂时不对异议进行处理，等待适当的时机再处理的方法。

顾客："这款车什么价？"

销售顾问："这种车型好几种款式，价格略有不同，关键是您喜欢，是不是符合您的要求，您说呢？"

顾客："这款看起来不错，要多少钱呢？"

销售顾问："一分价钱一分货，我为您介绍介绍，看看您是否喜欢？"

顾客："那你说说看吧。"

案例中，销售顾问故意延缓解释顾客的疑问，将问题扩展到构成问题的要素上来，实际上也就转移了问题的矛盾；因为顾客问价，无论销售顾问报以何种价格，顾客都会觉得是虚价。

（1）延缓处理法的特点

优点	不直接进行顾客异议的反驳，有利于交谈继续下去
	可以给顾客自我消化的时间，增加深入了解的可能
	为销售顾问继续努力和改变推销方法赢得机会
不足	会让顾客感觉到销售顾问在回避问题或拖延时间，产生被冷落情绪
	延缓处理可能会引发新的异议
	延缓处理可能会导致销售顾问忽略顾客原有异议

（2）延缓处理法应注意的问题

◇ 没有及时处理可能会引起顾客的不满

◇ 在延迟与等待过程中，还会出现各种预料不到的问题，这些都可能会使销售顾问前面的努力付诸东流

8．先入为主法

先入为主法也叫预防法，是销售顾问在顾客尚未提出异议而抢先就顾客可能提出的异议内容进行主动处理的方法。这是一种先发制人、争取主动、打消顾客新异议的方法。

运用这种方法，首先要求销售顾问必须在和顾客接触前有充分准备，对顾客的可能异议、如何回答顾客异议等心中有数；其次，销售顾问要看准时机提出问题、解释问题，让顾客觉得自然合理；另外，要尽量避免一些牵扯面广、容易造成分歧的问题。例如，销售顾问说“王先生，接触下来，我发现您是个很爽快的人，大气，果断”，不惜美言，先声夺人，防止王先生借口推托，推动交易达成。

（1）先入为主法的特点

优点	先发制人，防患于未然
	阻止顾客异议，提高洽谈效率，促使交易尽快达成
不足	会让顾客感觉销售顾问急于求成，产生怀疑
	异议被压制，会让顾客感觉不踏实
	语气不当，会让顾客感到有心理压力

（2）先入为主法应注意的问题

◇ 销售顾问必须广泛收集资料，准备充分

◇ 要及时关注顾客的心理变化与行为反应，视情况灵活运用

◇ 销售顾问必须淡化自己提出的异议，以防止由此产生的新异议

二、顾客异议处理技巧

1. 顾客需求异议处理技巧

(1) 投其所好

针对顾客不同层次、不同爱好、不同个性，把握其需求特点，有针对性地进行产品推销。

(2) 供其所需

顾客需要什么车型，就提供什么车型，满足顾客需求。

(3) 激其所需

激发顾客需求，打动顾客的心，让本来没有的机会变成可能的机会。

(4) 释其所疑

提供详尽、专业、通俗的资料或信息介绍，让顾客买得明白，用得放心。

2. 价格异议处理技巧

(1) 价值与价格结合

从产品的价值、性能、成本、质量和优势等方面进行对比分析，强调"一分价钱一分货"，使顾客充分认识这款汽车的价值和优点，以性价比来激发顾客的购买欲望。

(2) 折中让步

讨价还价是不可避免的。在遇到价格障碍时，销售顾问根据具体情况，在权限允许范围内适当调整价格，许以折扣或优惠，或提供赠品。但需要注意的是，销售顾问不轻易让步，不主动让步，不做无意义的让步，不损害公司的利益，不作非正当竞争的让步，不作频繁的让步。

(3) 暗示说服

暗示顾客这已经是最优惠的价格及价格底线，暗示这个价格即将结束，如不做出决定，再拿不到这个价格了。

(4) 坚持报价

坚持报价，不作让步，让顾客确信物有所值。

3. 财力异议处理技巧

(1) 降低顾客的需求欲望

顾客的财力异议在很多情况下是因为其需求超过了自身的经济条件，产生的根源可能是爱慕虚荣、攀比、追求新潮、崇尚品牌、个人喜好等心理。销售顾问应根据顾客心理特点和实际情况，帮助顾客认清自己需求情况和经济条件，适当降低需求欲望，使其与自身的支付能力相符，帮助顾客树立正确的消费观念。但要注意不能伤害顾客自尊心。

(2) 分期付款

假如顾客不愿意降低需求欲望，或即使降低了需求欲望仍然解决不了顾客的购买财力问题，只要顾客有稳定的收入保证，在这种情况下建议顾客采取分期付款。

（3）延期付款

如果顾客资金不足，但在短期内能够筹措到所需资金，则可采取延期付款的方式，保证款到发货，满足顾客订购需求。

4．权力异议处理技巧

（1）引导激励

顾客实际上有权做出购买决策，但又举棋不定时，销售顾问应积极引导，帮助顾客认清这一决定为自己和家人或单位带来的益处和实惠，打消顾客顾虑，促成交易。

（2）顺水推舟

对于顾客确实无法自己做出购买决定的异议，销售顾问应顺水推舟，一步步消除顾客异议。如顾客表示“要和家人商量一下”时，销售顾问表示可以等家人来，或者表示派车去接家人来商量。

5．购买时间异议处理技巧

顾客购买时间异议主要在于顾客确实时间上有困难，或以此为借口拒绝购买，或优柔寡断无法决定。

（1）良机激励

采用对顾客有利的机会激励顾客，使其不再犹豫，抛弃“等一等”“看一看”的观望念头，当机立断做出购买决策。销售顾问提出如“目前正值展销期间，正搞价格促销，活动结束将恢复到原来价格”“这款车存货不多，下个月开始要断货，再要买的话，要预订到年底”等。

（2）潜在风险

利用原材料涨价、生产企业调价、国家政策带来的价格浮动等情况，让顾客认识到这些不确定因素可能给自己带来的损失，促使顾客做出及时购买决定。

思考与练习

1．顾客说：“这款车降到这个位置上你不降价了，我告诉你，另一家店也卖这款车，他就能降这个价。再便宜点，我就买了。”请你运用顾客异议处理的方法进行分析、处理。

2．经过很长一段时间洽谈，顾客基本确定想买这款车，但又迟疑不决，下不了决心，请你从顾客异议处理的技巧方面进行分析、处理。

模块八

推销成交

课题一 推销成交概述

◆ 了解推销成交的基本原则。

◆ 掌握推销成交的信号。

◆ 能判断推销成交的影响因素并预防成交中易犯的错误。

经过前面两次的比较与了解，顾客这次带上妻子与定金再次来到店里。

小王：先生，欢迎您的再次光临，通过几次的了解，想必您对所喜欢的车型有了比较完整的了解吧？

顾客（对他的妻子点了点头）：麻烦您再介绍一下这车的性能和油耗情况。

经过介绍和交流后，顾客和他的妻子低声交流了一会。

顾客妻子：价格上能不能优惠点？

小王：先生，真不好意思，上次您来，我已经给您折扣了，这已经是最低价了。

顾客妻子（不悦）：我们也作了比较，这款车这个价格有点高，你们再优惠 3 000 元，我们就买了。

小王：这位夫人，关于价格我已经在前面几次向您先生说得很清楚，您可以问您先生。

顾客妻子：这么说，那就算了，我们走吧。

你觉得小王在成交之际犯了什么错误？

顾客带着妻子和定金来已经表现出了成交的进程信号，也暗示小王妻子才是决定最终成交的决策者。推销成交是一个信息反复沟通的过程，小王对这一点也没有执行好，导致成交失败。

一、推销成交概念

1. 推销成交的含义

推销成交，是指在销售顾问的推销活动中，顾客接受销售顾问的购买建议，从而实现买卖双方都受益的销购决策的行动过程。

推销成交是销售顾问积极发挥主观能动性，实现最终目标的过程。销售顾问是促成推销成交的主体，而顾客是推销成交的客体。顾客虽然是推销成交的客体，但不是被动地接受推销。

“如果没有卖掉，那就意味着什么也没发生。”推销成交是推销活动的核心，也是最终目标，是检验推销活动的最重要工作成果。成交率的高低是衡量销售顾问是否优秀的重要标准。

2. 推销成交的内涵

（1）推销成交是一个信息反复沟通的过程，以顾客做出最终购买决策为实现依据。一方面销售顾问要接收顾客发出的信息，了解他们的购买心理；另一方面还要向顾客传递信息，让顾客了解自己的企业和所推销的产品。

（2）推销成交是顾客对推销行为和推销产品做出的积极响应。

（3）推销成交是顾客融入推销活动，接受推销建议，认可推销产品的渐进过程。

（4）推销成交是销售过程的重要环节，但不是最终环节；是推销成果的重要标志，但不是最终结果。推销的最终目的是要赢得顾客对产品、服务以及品牌的忠诚。因此，销售顾问在促成推销成交中，必须要以诚信为前提，以顾客的满意为最终目标，不能以单次推销成交为终极目标。

3. 成交阶段的目标

当谈判双方对重要交易条件基本达成一致意见，双方的期望非常接近，即将签署协议的阶段，称为成交阶段。

推销成交可能存在于推销过程的各个阶段。

成交阶段主要有三个目标：一是力求尽快达成协议；二是尽量保证本方已取得的谈判成果不能丧失；三是争取获得最后的利益。

二、推销成交的原则

1. 主动原则

销售顾问要主动向顾客提出成交请求。美国施乐公司董事长曾说过：“销售顾问提出成交请求，与射击中的扣动扳机一样，如果你瞄准了目标，最终没有扣动扳机，那么目标瞄得再准，也是毫无意义的。”很多销售顾问在推销活动中与顾客联系得非常紧密，汽车介绍活动也做得很好，就是不知道或不敢向顾客提出成交请求。一项调查显示，有71%的销售顾问未能及时地向顾客提出成交请求。

有些销售顾问天真地认为，如果顾客需要，他们会主动提出成交请求；或认为推销工作是求人买车，不敢把成交要求提出来。事实证明，在直销情况下，只有3%的顾客会主动向销售顾问提出成交请求，其余97%的顾客需要销售顾问请他们购买。

2．自信原则

自信是具有感染力的。当销售顾问自信时，顾客也会坚定购买信心。推销活动中，销售顾问要以大胆、自信的口吻向顾客提出成交请求，不可支支吾吾、犹犹豫豫、吞吞吐吐的。美国十大推销高手之一谢菲洛曾说过，“成交的最后关头，自信是绝对必要的成分”。

3．坚持原则

很多销售顾问在向顾客提出成交要求时，顾客说“先看看，现在还不想买”“你们的车太贵了”“我不喜欢这款车”时，销售顾问自认为是顾客拒绝成交，就直接放弃。美国有关研究表明，销售顾问在推销成交之前，平均要出现6次的否定，而1次提出成交要求就能成交的比例只有10%。据统计，在成交失败的案例中，有64%的销售顾问没有坚持多次向顾客提出成交要求。

在推销介绍中，顾客说：“这款车看上去不错。”

销售顾问提出成交要求：“那您现在买吗？”

顾客拒绝：“我还没考虑好。”

销售顾问继续：“没关系，那我为您再介绍一下这车的性能。”同时观察顾客反应，在顾客出现认同时再次提出成交意向。

顾客：“先看看再说……”

销售顾问装作没听见，继续推销活动。

…………

坚持原则的前提必须是顾客对销售顾问的介绍与服务认同。在推销中，顾客的需求得到印证与满足，几轮坚持下来，成交可能性将会大大增加。

4．尊重原则

尊重顾客是指尊重顾客的人格，重视他们的利益，满足他们的需要，使顾客认为他在销售顾问的心目中有分量、有地位。

首先要尊重顾客的人格，根据顾客的个性推销车型。

其次要尊重顾客的身份地位，给予顾客认同感和满足感。

最后要尊重顾客的权利，尊重顾客了解、认识、挑选、做出购买决策的权利和不做出购买决策的权利。顾客在反复询问、挑选时，销售顾问要有绝对的耐心和热情的服务。

5．互利互惠原则

在推销活动中，买卖双方是按“自愿让渡”的原则进行的，销售顾问不能以欺瞒及强迫的方式让顾客购买。互利互惠是买卖双方达成交易的基础。

在推销活动中，只对企业（销售顾问）有利而对顾客不利的交易，这不仅有悖于销售顾问的职业道德，还会使销售顾问失去大量的顾客，造成经济上的更大损失。有时销售顾问虽然牺牲一点眼前的小利，但由于在推销产品、传递信息、开拓市场和建立信誉等方面取得的成功，都将获得更大的长远利益。

推销活动中，要找出成交双方利益分配的最佳点。成功的销售顾问总是在保证顾客满意的前提下，争取自己的最大利益。如何分配双方的利益，寻找到双方利益分配的最佳点，是销售顾问要为推销成交做的最后一项重要工作。

6．人际关系原则

在推销成交中，与顾客建立起和谐的人际关系至关重要。这种关系不仅仅是经济的、利益的，而且是真诚坦率的、长期的，是一种双方都感到满意的关系。世界成功的推销家，无一不是建立在良好人际关系基础上的。

三、推销成交的信号

1．成交信号

成交信号是指顾客在语言、表情、行为等方面所表露出来的打算购买推销品的一切暗示或提示。顾客表现出来的成交信号主要有表情信号、语言信号、行为信号和进程信号等。

成交活动是一种明示行为，成交信号是一种行为暗示。

成交机会一般出现在顾客发出购买信号的时候。有经验的销售顾问特别善于捕捉顾客透露出来的每一个有关的信息，并把它作为促成交易的线索，从而使自己的推销活动趋向成功。这些信号对推销成交发挥了重大的作用，作为销售顾问对成交信号应具有高度的敏感性和捕捉能力。

2．成交信号的识别

顾客发出成交信号的表现形式往往是复杂多样的，一般可以把它们分为表情信号、语言信号和行为信号。销售顾问可以通过察言观色，根据顾客的面部表情、语言、动作、行为等的变化来判断和识别顾客的成交意向。

（1）表情信号的识别

所谓表情信号识别法，是指通过观察顾客的面部表情来判断和识别顾客成交意向。表情信号的识别见表8—1—1。

表8—1—1　　表情信号的识别

信号表现	信 号 识 别
目光	◇ 在销售顾问的有效推销活动中，顾客的目光集中到汽车的广告、产品说明书时，说明他对这个产品已发生兴趣，或者产生想购买的意向 ◇ 向他的同伴使眼色，彼此相互对望，或者眼神中传递“你觉得怎么样”的表情 ◇ 目光转动由慢到快，眼神发亮而有神采
笑 容	◇ 在销售顾问的有效推销活动中，顾客的脸上露出赞许的微笑时，暗示顾客有购买的意向
嘴唇	◇ 嘴唇开始抿紧，好像在权衡得失或是否值得
凝视	◇ 当顾客听了销售顾问的介绍后，目光凝视某一商品并默默地进行盘算时，暗示顾客已有心动意向
神情	◇ 在销售顾问的有效推销活动中，顾客从表情冷漠、态度冷漠、言辞生硬、拒绝接受到表情“由阴转晴”，而露微笑，态度也逐渐好转，说明顾客已开始接纳销售顾问的推销建议 ◇ 从若有所思变为明朗轻松 ◇ 销售顾问在介绍时，顾客神情专注，很认真

（2）言语信号的识别

言语信号的识别就是通过顾客的言谈话语来判断和识别顾客成交意向的方法。言语信号的识别见表8—1—2。

言谈是判断和识别顾客成交信号的最直接的表现形式，如赞许的言辞、贬斥的言辞、提出要求、有意压价、询问购买有关问题等。销售顾问应能从顾客有意无意流露出的赞叹、喜欢、夸奖、信任、请教、询问等多种多样的言谈话语中，捕捉到他们的成交信号。

表 8—1—2　言语信号的识别

信号表现	信 号 识 别
顾客的询问	顾客通过询问汽车质量、优惠条件、付款方式、交车时间等具体事宜，说明他们有购买意向，这是一种明显的成交信号
顾客的措辞	有时顾客的购买信号表现得很微妙，他们可以通过某些措辞将购买信号传递给销售顾问。例如说“这款车很漂亮”“这款车动力不错”“这款车性价比比较高”“我朋友也买了这款车”等。顾客将对商品的兴趣、购买的信号隐藏在他们的措辞中，销售顾问要训练自己的敏感能力，从言谈话语中找出他们的真实感受，促成与顾客的交易
顾客的提问	顾客会提出车的价格问题、性能问题、油耗问题、动力问题、售后问题等，这说明顾客对该车开始进入深入的了解，有一定的考虑和更具体的要求，表明顾客的成交意向，可能考虑到要进入购买阶段
顾客的异议	顾客有时提出，有多少人购买了这款车，这款车油耗有点高，与同款相比这款车似乎贵了点，这些问题是以疑问、反问和异议的形式提出来的，但这又是顾客真正想购买时所发出的一些信号

言语信号的具体表现主要有：

◇ 顾客对产品或者销售顾问的介绍表示积极的肯定与赞扬

◇ 顾客经过反复比较挑选后，话题集中在某款车型上

◇ 顾客开始征求同伴意见，与同伴低语商量

◇ 顾客开始询问提车时间以及付款方式

◇ 顾客对目前没车的生活表达不满

◇ 专心聆听、寡言少语的顾客开始仔细询问一些细节

◇ 反复提出已经答复过的或者已经弄清楚了的问题（如产品的特点、使用方法和价格等）

◇ 顾客声称认识公司的某个人，或者是经过某个熟人介绍来的

◇ 进一步压价，当出价合理时，仍然坚持压价

◇ 提出附加条件，如“还有其他优惠吗”“有没有赠送装饰”等

◇ 开始询问售后服务、保养里程、维修地点等事项

◇ 要求销售顾问做出保证，如“买了你们的车，出了故障怎么办?”

◇ 询问团购是否可以优惠，这是顾客在变相地探明商品的价格底线
◇ 使用与购买相关的假设句型，如“如果我一次性付款，能有优惠吗?”
◇ 将销售顾问提出的交易条件与竞争对手的交易条件进行对比
◇ …………

（3）行为信号的识别

所谓行为信号识别就是通过观察顾客体态、行为表现来判断和识别顾客的成交意向的方法。

销售顾问对顾客不但要听其言，还要观其行。例如顾客不由自主地点头称是，身体自然前倾，主动翻阅介绍材料，用手触摸车身，检查部件，坐上车感受一下，折返回来咨询等，都是发出的购买行为信号。

行为信号的具体表现主要有：

◇ 反复翻阅车辆的彩页广告等
◇ 查看或者询问合同条款
◇ 特别关注销售顾问的动作、谈话，并不断点头表示赞同
◇ 离店以后又再次返回
◇ 认真查看车辆是否有瑕疵
◇ 姿态由前倾变为后仰，身体和语言都显得轻松
◇ 靠在椅子上，左顾右盼，突然双眼直视销售顾问
◇ 给销售顾问倒水、递香烟等以表示对销售顾问的友好
◇ 突然用手轻声敲桌子或身体某部分，以帮助自己集中思路，最后定夺
◇ 擦脸、拢发，或者做一些别的放松舒展的动作
◇ 在某车旁边反复走来走去，从各角度察看

（4）进程信号的识别

在推销活动中，顾客有以下行为时，便是在发出进程信号，这是顾客进一步做出购买决定的前兆表现，如：

◇ 顾客要求转变洽谈环境，主动要求坐下商议或进入洽谈室；顾客要求与负责人面谈；销售顾问在购车单上书写购车信息时，顾客没有明显的拒绝和异议
◇ 顾客向销售顾问介绍自己同行的有关人员，特别是购买的决策人员。如主动向销售顾问介绍“这是我的太太”“这是我的领导”等

四、影响成交的因素

1. 汽车产品的因素

（1）功能效用因素

现代社会顾客多数都比较看重汽车的质量、性能和功能，即便是汽车价格实惠，优惠条件再多，无法满足顾客需求，顾客也不会做出成交决策。

（2）价格因素

价格是价值的内在表现。“一分价钱一分货”“好货不便宜”。但是，即使汽车质量可靠，性能卓著，功能强大，但其价格过高，顾客也会感到可望而不可即，这也是影响成交的一个主要因素。

（3）品牌效应因素

一般来讲，对于有一定经济能力的顾客，汽车品牌好，知名度高，成交的可能性就相对大些；对于追求经济实惠、以车代步的顾客，一般偏好实用、实惠车型，而不一定是知名度较高的名牌车型。

“中间商品策略”利用的就是顾客的这种心理。因此汽车品牌也是影响成交的一个重要因素。

2. 顾客的因素

（1）认识因素

顾客对销售顾问所推销的车型还没有完全认识，不了解，或者是非品牌汽车，或者是新车型，顾客不敢随便去购买。

（2）购买力因素

顾客对销售顾问所推销的车型有一定的购买欲望和购买需要，但由于受其经济收入的限制，购买能力受到影响，也会影响购买决策。

（3）情感因素

广告效应，从众心理，周围群体的左右，个人的好恶，个人情绪的波动等情感因素，也影响着顾客的购买决策。

3. 销售顾问的因素

（1）情感态度因素

销售顾问本身的性格特点、礼仪素养、人文素养等，是影响成交的一个重要因素。

（2）业务能力因素

销售顾问的业务能力也是影响成交的重要因素。如果销售顾问对汽车产品比较专业，对销售市场了解，善于运用各种推销策略和技巧，则成交的可能性大大增加。反之，即使有了成交机会，可能也会丧失。

五、成交环节中最易犯的十种错误

1. 因过程太长而未能实现成交。你的顾客是各种各样的，许多顾客并不都需要一个完整的推销展示过程，所以当顾客已经表示“买”时，仍然按部就班地进行“推销”展示就是多余了。

2. 有不正确的认识倾向。如果你对你自己或所推销的产品心存疑惑，你的顾客也会感觉到的，因而有可能拒绝从你这里购买。

3. 缺乏诚意的成交请求。有些销售顾问对顾客存在“贱贫贵富”的思想，往往以势力眼光判断顾客，因此对一些看似买不起这车的顾客以随意性、歧视性或无诚意的一句“这车挺贵的”应付顾客，导致顾客放弃成交意愿。

4. 老套的成交表达方式。销售顾问应有意识地促使自己学习和使用一些新颖的成交意向表达方式。应当知道，如何提出成交请求，是一种技术，它可以不断改进提高。

5. 推销展示做得不充分。要想实现成交，应确保顾客明白你的产品或服务的优点是什么。

6. 缺乏不懈努力精神。如果在听到第一次“不”之后就泄气了，你也将成功的可能性束缚了起来。

7. 确定成交的时间过长。所有有经验的销售顾问都听说过有成交之后又停止的事。所以，一旦成交，应在感谢顾客之后立即采取行动。

8. 缺乏演练。与同事进行演练，是提高请求成交技巧的一个好办法，也可以在协作同事推销活动中锻炼，这样可有效地控制推销损失和获得有价值的销售经验。

9. 没有选择方法。应该在心中留有一个或更多的选择方案，针对不同的顾客用不同的方法。

10. 未见兔子先撒网。不应该指望每次推销活动都能进入到提请成交的层次。记住，除非签单，否则你什么也没做成。

思考与练习

1. 推销成交有哪些基本原则？
2. 推销中有哪些成交信号？如何识别？
3. 试针对成交环节中易犯的错误，举例分析。

课题二　成交策略

◆ 熟悉成交的基本要求。
◆ 掌握成交的策略。
◆ 能熟练运用成交策略。

经过很长一段时间的接触、洽谈，顾客夫妻俩也选中了满意的车型，但在价格上还存在异议，觉得价格高了，希望能再优惠点，而销售顾问小王已经将价格让到底了。

顾客夫妻俩很犹豫，这时顾客妻子看了看手机，对丈夫说："培训班要放学了，我要去接小孩了，要不，我们回去接了小孩，改天再说吧?"小王一看，眼看成交了，这一走说不定这单要黄了。于是他灵机一动，对顾客说："这样吧，刚好公司有一辆这款车的备用车，我开去陪你们一起去把小孩接过来，咱们再定下心来慢慢聊?"

在路上，小王很诚恳地聊了汽车市场价格问题。小孩接来展厅之后，看到汽车很兴奋。小王趁机利用小孩又进行了一番推动。顾客夫妻看到小孩很喜欢，了解到价格确实已经到底线了，于是很愉快地签单了。

案例中，小王在成交几乎失败之际，很好地抓住了顾客接小孩这个良机，再次运用策略，成功签单。

一、成交策略的概念

成交策略是促成交易活动的基本战术，适用于各种商品或服务的买卖活动。成交策略不同于成交方法，成交的各种方法只适用于特定条件或物品的推销，不具有一般性。

成交策略是对成交方法的原则性规定，是销售顾问在促进成交的过程中必须遵守的活动准则。为了更有效地促使顾客购买，销售顾问必须掌握成交的基本策略。

二、汽车推销成交的策略

1．准备策略

准备策略是指销售顾问在向顾客建议成交前所做的准备工作。

当销售顾问观察到顾客已经基本接受了销售顾问所介绍的车型及销售顾问的服务，也即是顾客发出成交信号时，销售顾问应该考虑是否建议顾客成交了。在销售顾问准备提出成交建议之前，要采取准备策略，为成交做好铺垫。

（1）确定顾客所中意的车型。只有确定了顾客所喜欢或选择的车型，才能发起最后的成交建议攻势。

（2）停止介绍其他车型。既然顾客已经对介绍的车型有意向，那么销售顾问就没有必要再为顾客介绍其他车型了。否则，不仅会使顾客的注意力分散，还会使顾客的购买兴趣转移，使顾客的购买意向发生变化。

（3）确认顾客的异议得到解决。只有顾客对车型已经基本满意了，销售顾问才可以建议顾客成交。所以，在提出成交建议前，销售顾问一定要确定顾客的异议已经得到了解决。

2．引导策略

引导策略是指销售顾问引导顾客做出决定的策略。

销售顾问要努力使顾客觉得成交是自己的意愿，而非强迫。因此，销售顾问在说服顾客采取购买行动时，一定要让顾客觉得这个决定是他自己的主意。这样，在成交的时候，顾客的心情就会十分舒畅而又轻松，甚至为自己做出的决定感到满意和自豪。所以，当顾客没有什么主见或摇摆不定的时候，销售顾问就可以大胆地引导顾客提出成交。

通常情况下，销售顾问可以采用“我觉得……”和“我建议……”两种表达方式引导顾客提出成交。如当顾客不知道选择什么颜色的车型时，销售顾问可以说：“我觉得白色好一些，这款白色车型因为线条感强，显得运动、年轻、有活力，比较适合您这样的年轻时尚人士。”如果顾客请销售顾问帮忙选择，这时销售顾问要抓住机会，尽心尽力为顾客做好参谋，根据顾客的需求及实际情况做出选择参考，把顾客对销售顾问的信任转移到顾客对购车的坚定意向上来。

在引导中，销售顾问要注意不能替顾客承担决策的责任，不能说“我包您满意”“听我的没错”这样绝对化的话语。

3．建议策略

建议策略是指在推销活动中，销售顾问要经常性地向顾客提出成交的建议，而不是等顾客完全满意了，没有任何异议了才向顾客提出成交建议，否则就会错失良机。

经常性的建议策略主要体现在以下两个方面：

（1）每介绍一个销售重点之后

销售顾问在每介绍完一个销售重点之后，就应该发起一次成交建议攻势，这种成交建议攻势可以按“三步成交法”来进行：

第一步：向顾客介绍这款车的一个优点。

第二步：征求（或观察）顾客对车型优点的认同。

第三步：当顾客对车型优点给予明确的认同后立即提出成交建议。

如果顾客还存有疑虑或不同意成交，销售顾问则可以进一步探寻顾客不能成交的原因所在；同时，销售顾问还可以顺势介绍车型下一个优点，一边开展新一轮的“三步成交法”建议策略。

（2）在重大异议解决之后

重大异议一般是顾客决定购买的主要障碍。如果重大异议得到了圆满解决，那就代表顾客承认车辆的价值，扫除了成交障碍。这时，销售顾问就可以立即向顾客提出成交建议。如销售顾问建议“您看，现在基本没什么问题了，那我们就定下来吧”。

在推销活动中，销售顾问可能碰到顾客有多次的异议要处理，但不管如何，每当顾客的异议得到处理，销售顾问就可以适时提出成交建议。

4．让步策略

让步策略是指在商业谈判中双方或多方就某一个利益问题争执不下时，为了促成谈判成功，一方或多方采用的放弃部分利益为代价的谈判策略。

恰当地运用让步策略是非常有效的工具。

让步的基本规则是以小换大。为了达到这一目的，要事先充分准备在哪些问题上与对方讨价还价、在哪些方面可以做出让步、让步的幅度有多少。

不要做无谓的让步，应体现出换取对方做出成交决策的宗旨。

在未完全了解对方的成交意向之前，不做轻易的让步。

让步要让在刀口上，己方的让步形态不能表现出迫切、急切的心理。每个让步都应该指向可能达成的协定，不能让对方看出己方的目标所在。

不要做交换式的让步。让步并不需要双方互相配合，以牺牲己方的较大利益的做法是不可取的。

做出让步时要三思而行，谨慎从事，不要过于随便，给对方以无所谓的印象。

必须让对方懂得，己方每次做出的都是重大的让步。即使做出的让步对己方损失不大，也要使对方觉得让步来得不易，从而珍惜得到的让步。

在准备让步时，尽量让对方开口提出条件，表明其要求，先隐藏自己的观点、想法。

不要不敢说“不”。大多数人都不敢说“不”，只要你重复说，对方就会想你说的是真的，要坚持立场。

让步的目标必须反复明确。让步不是目的，而是实现成交的策略。让步要定量化，每次让步后，都要明确让步已到何种程度、是否获得了预想的效果。

5．反悔策略

是指对方在价格上软磨硬泡、得寸进尺的时候，故意提高交易条件以阻止对方进攻，破解对方的“蚕食策略”的策略。这是结束谈判的最有效策略。

如在顾客进一步要求价格优惠的谈判中，销售顾问以刚接到经理电话为由，告诉这款颜色的车型库存只有两辆，除非现在下单，否则下周不能提车，只能等到一个月后。

反悔策略是一种赌博式策略，在一定程度可以阻止对方的攻势，迫使顾客做出成交决策，但也可能激怒对方，甚至导致对方退出谈判。所以，反悔要把握好尺度，不要在根本利益或关键条件上提出反悔。在采取反悔策略时，要避免与顾客的直接冲突，可虚设突发情况或设虚拟领导的要求。

6．试探策略

试探性策略也称为“刺激—反应”策略，是销售顾问在不了解顾客的情况下，运用刺激性手段引发顾客产生购买行为的策略。第一次拜访几乎大部分销售顾问都使用此种策略，因为销售顾问对顾客的情况知之甚少，只能试探顾客反应。

销售顾问事先设计好能引起顾客兴趣、能刺激顾客购买欲望的推销语言，通过渗透性交谈进行刺激，在交谈中观察顾客的反应；然后根据其反应采取相应的对策，并选用得体的语言，再对顾客进行刺激，进一步观察顾客的反应，以了解顾客的倾向和态度，诱发购买动机，引导产生购买行为。

试探策略主要在四个重要时机运用：在销售展示中，介绍完一个突出卖点后；销售展示后；回答了一个异议后；在即将达成交易之前。

三、成交策略的基本要求

对于销售顾问而言，要求具有良好的心理素质、过硬的专业素养和丰富的销售经验，才能运用好各种成交策略。

1．要有积极的成交心态

成交心理障碍是指各种不利于成交的销售心理状态。成交是推销过程中的一个重要“门槛”，销售顾问心理上的一些障碍会直接影响到最终的成交。很多销售顾问或多或少对成交有恐惧感，总是担心成交不能实现或最终成交效果没有达到预期目的。经历几次失败的推销后，担心成交失败的心理障碍愈加严重，以致产生成交恐惧症，导致心态上的恶性循环。

成交心理障碍

一是等待顾客提出成交请求，缺乏积极主动意识；

二是害怕拒绝，对提出成交要求感到不好意思，害怕提出成交建议后遭到顾客拒绝而导致气氛尴尬或失去推销继续的勇气和动力；

三是在一次遭拒后就放弃争取成交，缺乏坚持精神。

销售顾问应树立正确的成交观，加强成交心理训练，消除各种不利的成交心理障碍。

有的销售顾问对成交的成败缺乏足够的心理准备，总是疑虑成交失败，因而在推销过程中表现出急于求成的心态，这种表现必然引起顾客的疑心，会认为你的车型销量不好，急于脱手。这种疑虑与疑心必然会影响顾客做出购买决策。实际上，即使是最优秀的销售顾问，也不可能每一次推销活动都能成交。销售顾问应充分认识这一事实，鼓起勇气，不怕失败，坦然接受推销活动中可能产生的不同结果。坦然、平静的推销心态有利于销售顾问取得心理上的优势，让顾客对你产生信任，对你的车型有好感和信心。

由于社会成见及销售顾问本身的思想认识，导致不同程度的职业自卑感。这种自卑感会对推销活动产生消极的影响。销售顾问只有充分了解自己工作的社会意义和价值，才能为自己的工作感到自豪和骄傲，才会激发巨大的勇气和力量，全心投入到汽车推销活动中。

因此，销售顾问应认真学习现代营销学和推销理论与技巧，提高职业思想认识，加强职业修养，培养职业自豪感和自信心。

2. 要善于把握成交时机

要想成功，销售顾问应当知道自己的 ABC（always be closing，时刻准备成交）。成交时机可能会出现在推销活动的任何一阶段，销售顾问必须灵活机动，随时发现成交信号，把握成交时机，随时促成交易。善于把握成交时机是销售顾问采取成交策略中的重要能力，这就要求销售顾问要有一定的直觉判断力和专业敏感度。

要善于把握重大异议处理后出现的成交时机。一般而言，每个重大异议得到处理，都是成交的最好时机，销售顾问要及时把握这一点。

要利用好重要利益被顾客接受时的成交时机。在经过价格和各种优惠谈判之后，顾客得到一定的利益，其心理得到满足，购买决定基本形成，这时销售顾问要积极主动把握好这一时机。

要善于判断顾客流露出的成交信号。销售顾问要善于察言观行，判断、捕捉顾客在推销活动中表现的语言信号、表情信号、行为信号及进程信号等各种购买信号，采取相应的成交技术和方法，及时跟进，主动提出成交建议。

3. 要掌握洽谈的主动权

掌握主动权是为了制造成交机会、有效运用成交策略的必要条件之一。销售顾问如果掌握了洽谈的主动权，按照事先所制订的计划开展洽谈，就可以较容易地获得成交的机会，更有效地运用成交策略。

掌握洽谈的主动权，要求销售顾问首先在规划洽谈阶段做好充分的准备，制订一个完善的洽谈计划。要注意的是，掌握主动权并不是操纵、控制顾客；相反的是，销售顾问应当鼓励顾客表达自己的观点与要求，然后通过对顾客的观点、要求做出恰当的反应来掌握主动权。

4．要考虑顾客的特点

成交策略的采用是因人而异，与顾客的需求状况、个人特征相适应。只有这样，成交策略才能发挥最大的效力。如果销售顾问不考虑特定顾客的需求状况、个性特征，成交策略的使用就会有很大的盲目性，也就难以取得预期的效果。

一般来说，不同顾客的不同特点有以下几个方面：

男性顾客比女性顾客的购买决策速度快，这是由性别特征所决定。

公务车购买顾客的购买速度比私人车顾客的购买速度快；因为一旦用车单位有了购车指标，并制订了需购车型，不会过多进行比较，经过一般讨价还价后就能立即做出成交决策。

买高档车的顾客比买中低档车的顾客购买速度快，因为买高档车的顾客购买力及购买目的非常明确；而中低档车多集中在家庭用车上，这类车配置类似，外观略有差异，价格参差不齐，且中低档车的顾客购买力相对较弱，更多考虑经济实惠因素，因此成交决策速度要慢。

经济发达城市居民的成交决策时间短于不发达地区居民。

购买新下线、刚投入市场的汽车的顾客购车决定速度相对要快一些。

自己做生意的顾客比公务员类或普通用车顾客的成交决策速度要快一些，尤其是购买商务车的顾客，基本经过一番了解比较就能很快签单。

说话快，不喜欢转来转去，走路步子大，动作幅度大的顾客购车速度较快；而性格温和，考虑问题较细的顾客的下单速度则相对较慢。

思考与练习

1. 成交中有哪些策略？
2. 成交中要把握哪些基本要求？
3. 销售顾问有哪些成交心理障碍，如何克服？

课题三　成交技巧与方法

学习目标

◆ 掌握成交的基本技巧。

◆ 熟悉成交的方法。

◆ 能熟练运用常用的成交方法。

张先生看了很久，比较中意这款车，也试乘试驾过，但在成交时却还有所顾虑，表示要考虑一下。

销售顾问：张先生，我知道您是真心想买这款车，否则您也不会花这么长时间来了解、试驾。

张先生：我当然想买，但我还想再考虑一下。

销售顾问：您是不是还有什么顾虑呢？您可以直接提出来，我们一起讨论讨论。

张先生：我也说不清，总觉得有点不踏实，毕竟买车是个大事。

销售顾问：张先生，这样吧，我们做一个测试。我们用一张纸，把买车的顾虑项目列在纸上，如果您觉得有不满的项目，那么您就再考虑；如果您对所列出的项目觉得满意，那么您可以毫无顾虑地做出购买决定。您看行吗？

张先生：这种方法不错！

（销售顾问给顾客一张A4纸，让顾客先把他前面达成同意的项目罗列出来，再把他的顾虑也写出来。）

销售顾问：张先生，您看，我们前面所达成同意的项目，您都没有异议；再看您的顾虑，在前面所达成同意的项目里都找到了答案，也就是说，您的顾虑其实不存在。刚才您的顾虑主要是对即将做出购买决定的一种心理作用。

张先生：哈哈哈……这种方法不错。好了，签了吧！

案例中，销售顾问采用了富兰克林成交方法。这就要求销售顾问能熟练掌握各种成交技巧，灵活运用各种成交方法，消除顾客顾虑，促成成交。

一、成交的基本技巧

技巧原指表现在艺术、工艺、体育等方面的巧妙的技能，这里的成交技巧指的是汽车推销成交技巧，即汽车销售顾问以自己的经验和专业技能，在汽车推销成交过程中使用的小窍门或捷径，是为推动最终成交的辅助性技能。

在成交阶段，销售顾问要善于运用经验和业务技巧来辅助所采取的成交方法，在一定程度上能有效地促成交易。

1. 概括产品优点

把推销车型的所有优点写在双方都可以看到的一张大纸上，再另外根据顾客的“吹毛求疵”把车型的优缺点、有利与不利因素也全部写下来，在谈判中重复提出优点，以对顾客进行强烈的强调、启发和诱导，促使顾客做出购买决定。

需要指出的是，销售顾问事先要做好功课，要把车型的优缺点想好，不要临时发挥；在采用概括产品优点的成交技巧时，销售顾问还可以结合演示来消除顾客的疑虑。

2. 尽量让顾客说话

在不能了解顾客的真实问题时，尽量让顾客说话，从顾客嘴里多打听一些问题，让顾客多发发牢骚，多提提问题，了解顾客的真实需求。

必要时“复述”一下顾客的具体异议，详细了解顾客需求，让顾客在关键问题处尽量详细地说明原因，了解顾客异议背后的真正动机。

3. 同意顾客的感受

当顾客说完后，不要直接回答问题，要感性回避，比如说“我感到您……”“我很理解您的……”“您说的有道理……”等，这样可以降低顾客的戒备心理，让顾客感觉到你是和他站在同一个战线上。

4. 重复回答顾客疑问

确认顾客问题，并且重复回答顾客疑问，强调顾客和自己相互认同的利益部分，消除彼此之间的分歧，引导顾客认识这款车的优势，促使双方站在共同的利益层面上。只有这样才能和顾客建立起真正的相互信任的关系，这也是最终成交的通道。

5. 提供多种选择

顾客往往在成交时刻迟疑不决，充满顾虑或期望得到更多的利益。这时，销售顾问应向顾客提供多种选择，使其在多种选择中选择其中的一种，而不是让顾客觉得没有选择，异议或利益没有得到满足而放弃。

6. 善于制造紧迫感

当推销的介绍及价格谈判等环节基本完成，但顾客仍然处于迟疑犹豫之中，这时销售顾问就要善于制造紧迫感，强调最后机会。如告知顾客优惠活动即将结束，库存

量不足，下次购买提车将要等待数月等，提示最后成交机会。

二、成交方法

成交方法是指销售顾问在成交阶段，为促成顾客做出购买决定，最终促使顾客签单的有目的性的推销技术与手段。在汽车推销成交过程中，应根据不同顾客、不同情况、不同环境，灵活采取不同的成交方法，以便更好地掌握主动权，促成交易。

汽车推销成交方法是汽车销售顾问在长期的汽车推销过程中总结出来的一些简单而实用的方式方法，这些方式方法能在实际汽车推销中给予销售顾问指导和借鉴。

1. 请求成交法

请求成交法（asking for the order）又称直接提示法、直接成交法（direct approach），即销售顾问直接劝说顾客购买推销品的方法。这是一种最简单、最基本的成交方法，在许多场合下，也是一种最有效的成交方法。汽车销售顾问应该利用各种成交机会，积极提示，主动向顾客提出成交请求，努力促成交易。

请求成交法能有效地节约推销时间，提高推销工作效率。但在实践中要注意以下几点：

（1）过早地使用请求成交法有可能会产生成交高压，破坏成交气氛，使顾客产生紧张心理，从而导致顾客有意或无意地自动抵制成交，使销售顾问失去成交控制权。

（2）比较适用于老顾客、熟悉的顾客或关系融洽的顾客。由于双方已经建立了较好的人际关系，销售顾问了解顾客的需求，顾客也比较接受销售顾问的建议，因此这时顾客一般不会拒绝成交请求。如“某先生，考虑换车了，最近看得差不多了，这款车非常不错，可以考虑拿下吧”。

（3）对于已经发出购买信号但仍在犹豫的顾客，可以采用请求成交法。如顾客对这款车比较中意，有购买倾向，一些异议也得到解决，但一时又拿不定主意，或不愿意主动提出成交，存在观望态度，这时销售顾问可以主动提出，“这款车既实用又美观，我们给您的价格也特别优惠，您也比较很久了，可以考虑签下了”。

（4）适用于销售顾问对达成利于双方的交易结果充满自信。

（5）其他成交法都未获得成功，请求成交法也许是促成购买的最后机会。

（6）使用请求成交法时要尽可能地避免操之过急，关键是要得到顾客明确的成交决策。例如“王先生，既然您没有其他意见，那我们现在就签单吧”。当你提出成交的要求后，就要保持缄默，静待顾客的反应，切忌再说任何一句话，因为你的一句话很可能会立刻引开顾客的注意力，使成交功亏一篑。

2. 假定成交法

假定成交法（assumptive close）也叫假设成交法，是指销售顾问假定顾客已经接受推销建议而直接要求顾客购买推销品的成交方法。如：

销售顾问：王先生，现在没有什么问题了吧？您什么时候能来提车呢？

顾客：下个星期一左右吧。

销售顾问：好的，那我们先去办理一下订车手续吧。

假定成交法可以减轻顾客的心理压力，节约推销时间，提高推销效率，把顾客的成交信号直接转化为成交行为。假定成交法还是其他多种成交方法的基本依据，如选择成交法、小点成交法等都是以假定成交法为基础的。

在使用假定成交法时，销售顾问要密切注意顾客的心理变化和行为反应，密切注意各种有利的成交信号；要充满自信心，对推销过程有充足的掌控和对顾客的反应有准确的判断；要善于制造推销气氛，使用亲切、温和的语言表达。这种方法特别适用于老顾客的推销。

3. 诱导成交法

诱导成交法又称连续点头成交法（continuous-yes close），是的、是的、是的法。诱导成交法是销售顾问在推销洽谈中诱导顾客同意自己的推销建议，最后促使对方同意成交进而签约；或诱导顾客提出具体意见，销售顾问帮助顾客解决问题，进而导致成交的方法；或销售顾问不直接总结这款车的优势，而是提出系列问题让顾客做出一连串的肯定回答的成交方法。

销售顾问：您购车主要是家用，是吧？

顾客：是的。

销售顾问：既然是家用，那主要是用于接送小孩、上下班用用吗？

顾客：对。

销售顾问：那么您考虑选择自动挡车型吗？

顾客：是的，手动挡在市里有点不方便。

销售顾问：这款车是一款专为中国市场打造的专属车型，采用全新的C1MCA平台；搪塑材质的中控台，手感较为柔软，也提升了档次，做工绝对是一流水平；轴距达到了2 687毫米，在同级别车型中有一定优势，乘坐空间上足够日常使用；搭载一台1.5升自然吸气发动机，具有Ti-VCT双独立式凸轮轴可变正时技术，提供最大功率83千瓦，最大扭矩142牛米，匹配6速手自一体变速器。自动挡车型工信部综合油耗仅为6.8升，还是十分经济的……您看这款车不错吧！

顾客：嗯，家用不错。

销售顾问在充分了解顾客的基础上，以肯定提问的方式，把顾客的需求一步步引出来，从而给出“这款车正是您所需要”的建议。实际上，诱导成交法也是推销沟通中主导技巧的应用。

4．体验成交法

体验成交法是销售顾问为了让顾客加深对产品的了解，增强顾客对产品的信心而采取的试用或者模拟体验的一种成交方法。

体验成交法能给顾客留下非常深刻的直观印象。目前，在汽车销售领域中，“试乘试驾”“免费使用若干年”“户外活动”等体验式销售活动非常流行。这种方法的运用必须要做好充分准备，并对汽车存在的不足要有清晰的认识并安排好应对策略。否则，会由于顾客试用的时候很容易发现汽车存在的不足而导致成交失败。

5．从众成交法

从众成交法也称排队成交法，是销售顾问利用大多数人的购买心理和行为来促成潜在顾客购买推销品的成交方法。

顾客在购买产品时，都不愿意冒险尝试。凡是没经别人试用过的新产品，顾客一般都持有怀疑态度，不敢轻易选用。对于大家认可的产品，他们容易信任和喜欢。掌握顾客的从众心理，以这款车的市场热销和各种好评背景来打动顾客，可以省去许多推销环节，简化推销劝说内容，也有利于顾客之间的相互影响。

（一个顾客看中了一款车，却没有想好买不买。）

销售顾问：“您真有眼光，这是目前卖得比较火的一款车，目前库存不多了，往后估计要提前预订了。”

（顾客还在犹豫。）

销售顾问说：“您看那边几位顾客，他们刚才来看车，都看中了这款车，正在填单呢。”

销售顾问有效地利用了顾客的从众心理，暗示顾客大家都买这款车，说明这款车肯定不错，这样顾客在成交之际找到一种心理安慰——认同，就很容易做出购买的决定了。

从众成交法能有效吸引顾客，提高成交概率，但不利于汽车销售顾问与顾客沟通，虽然反馈了市场销量情况，忽视了对汽车性能、特点等信息的传递，有时会存在顾客购买后后悔的情况，从而导致顾客对这个品牌或销售顾问产生反感，起到相反的作用。因此，采用从众成交法时，销售顾问要讲究职业道德，不能利用虚假的成交信息欺骗顾客。

6．优惠成交法

优惠成交法，又称让步成交法，即销售顾问提供优惠的交易条件来促成顾客立即购买推销品的成交方法。

在使用这些优惠政策时，销售顾问要注意三点：

（1）让顾客感觉他是特别的，你的优惠只针对他一个人，让顾客感觉到自己很尊贵很不一般。

（2）千万不要随便给予优惠，否则顾客会提出更进一步的要求，直到你不能接受的底线。

（3）表现出自己的权力有限，需要向上面请示。如“对不起，在我的处理权限内，我只能给您这个价格”。然后再话锋一转，“不过，因为您是我的老顾客，我可以向经理请示一下，给您些额外的优惠。但我们这种优惠很难得到，我也只能尽力而为”。这样顾客的期望值不会太高，即使得不到优惠，他也会感到你已经尽力而为。

优惠成交法与最后机会成交法结合起来运用，更能增强对顾客的刺激强度，诱导性更强烈。

7．机会成交法

机会成交法也称限制成交、唯一成交、最后机会法，是销售顾问向潜在顾客提示最后成交机会，促成立即购买推销品的成交方法，即 SRO（standing-room-only close）成交法。

机会成交法在日常促销环节的推销工作中较为常见。这种成交法有利于创造有利的成交气氛，吸引顾客注意力；能施加一定的成交机会压力，促使顾客主动成交；合理使用此法也能主动限制顾客的成交条件，让己方获得更多利益。

如果使用不当，会给顾客带来过高的心理压力，造成不利的成交气氛；滥用机会成交法，也有可能会使顾客失去购买信心，对所推销的汽车失去信任。

因此，销售顾问必须认真选择成交机会，诱发顾客的购买心理动机；要结合一定的广告宣传，造成一定的机会成交气氛；要开展重点推销，利用最后机会、优惠机会、减价机会、展销机会等契机增强说服力，促进交易。

顾客：这两款车有什么不同？

销售顾问：您现在看到的这款车，装备了四门电动车窗、双安全气囊，还有电动后视镜和防目眩后视镜。

顾客：那款车呢？

销售顾问：（把顾客带到了另一款车面前）这款车比刚才看到的那款车增加了高级真皮座椅，所以价格也高了 3 000 多块。但是，如果这个月购买的话，我们有优惠，这个月以后就不能享受优惠了。

在这里，销售顾问采用的就是机会成交法，诱发顾客购买冲动。

8．选择成交法

选择成交法（alternative-choice close）也称非此即彼法、二者择一法，是指销售顾问向顾客提供两种或两种以上购买选择方案，并要求其迅速做出抉择的成交方法。

这种成交法成功地运用了选择性提问的基本原理，主要用来帮助那些没有决定力的顾客做出交易决策，将选择权交给顾客，为顾客提供成交方案，既可以减轻顾客的心理压力，又使销售顾问有回旋的余地。

销售顾问在推销过程中应该看准顾客的成交信号，先假定成交，后选择成交，把选择的范围局限在成交的范围内。选择成交法的要点在于使顾客回避“要”还是“不要”的问题，堵住顾客说的“不”字。如“您选择自动挡还是手动挡呢”“您喜欢红色的还是蓝色的呢”等。

销售顾问在运用选择成交法时，所提供的选择事项应能让顾客从容做出一种肯定的回答，而不能给顾客拒绝的机会；在向顾客提供选择方案时，应尽量避免向顾客提供太多的选择方案，最好就是两项，最多不超过三项，方案过多会使顾客有机会犹豫或无法选择，而销售顾问也无法达到尽快成交的目的。

销售顾问：王先生，您是想要手自一体的还是手动的呢？

顾客：还是手自一体的吧，主要是我老婆开得比较多。

销售顾问：是的，手动一体可以满足您和您夫人不同的驾驶乐趣。那您对车身的颜色是喜欢波尔红的还是珍珠白的呢？

顾客：波尔红吧，很时尚，珍珠白的好像不耐脏……

选择成交法的目的是为了主导顾客做出购买选择，同时也是为了进一步了解和满足顾客的购买需求。

9．总结利益法

总结利益法（summary-of-benefit close），即销售顾问在推销洽谈中记住顾客关注的主要特色（feature）、优点（advantage）和利益（benefit），在成交中以一种积极的方式成功地加以概括总结，以得到顾客的认同并最终取得订单的成交方法。

把顾客与自己达成交易所带来的所有的实际利益都展示在顾客面前，把顾客关心的事项排序，然后把汽车的特点与顾客的关心点密切地结合起来，总结顾客所有最关心的利益，促使顾客最终达成协议。这种成交法特别适用于直来直去的顾客，而不是有特殊个性的顾客。

“这款车的发动机采用 Twin Scroll 双涡管涡轮技术与高压缸内直喷技术，峰值扭矩达到 280 牛米，最大功率为 150 千瓦，非常强劲，油耗更低至 6.9 升/100 公里。全系 THP 发动机标配智能启停系统，城市驾驶可节省高达 10%～15%的油耗。全彩显示车速、限速、巡航以及导航信息，无须低头即可了然于心。通过车轮内的压力传感器监测胎压变化，直观显示于行车电脑上，确保车辆在正常胎压下行驶，降低行车风险。左右共配备 4 个高精度传感器，实时监测驾驶员盲区，确保驾驶安全……”

这段介绍就是将这款车的优势和特点展示出来，也即将顾客渴望获得的利益点总结出来，从而打动顾客。

总结利益成交法由三个基本步骤组成：

◇ 推销洽谈中确定顾客关注的核心利益

◇ 总结这些利益

◇ 做出购买提议

10．异议成交法

异议成交法也称为处理异议成交法、大点成交法，是指销售顾问利用处理顾客异议的机会，直接向顾客提出成交要求，促使顾客成交的一种方法。

由于顾客提出的异议大多是购买的主要障碍，如果销售顾问能够成功地消除这个异议，并立即提出成交请求，往往能收到趁热打铁的效果，有效地促成交易。这要求销售顾问要时刻把异议看成是一种成交信号，将其转变为成交行为，并在实施过程中向顾客施加一定的成交压力。

11．保证成交法

保证成交法是指销售顾问直接向顾客提出成交保证，使顾客立即成交的一种方法。所谓成交保证就是指销售顾问对顾客所允诺担负交易后的某种行为。

当顾客对这款车不是十分了解，对其性能、质量也没有把握，价格又不低，由此而产生成交心理障碍，犹豫不决，这时销售顾问应该向顾客提出保证，消除顾客成交的心理障碍，以增强顾客购买信心。

要注意的是，销售顾问要看准顾客的成交心理障碍，根据事实、需要和可能，针对顾客所担心的几个主要问题直接提示有效的成交保证的条件，切实地体恤对方，以解除顾客的后顾之忧，增强成交的信心，促使进一步成交。

12．配角赞同法

配角赞同法是指销售顾问把顾客作为主角，自己以配角的身份促成交易的实现。

从性格学理论来讲，人的性格可以分为多种多样，如外向型与内向型，独立型与支配型等。一般的人都不喜欢别人左右自己，对于内向型与独立型的人，更是如此，他们都处处希望自己的事情由自己做出主张。在可能的情况下，销售顾问应营造一种促进成交的氛围，让顾客自己做出成交的决策，而不要去强迫他或明显地左右他，以免引起顾客的不愉快。

配角赞同法既尊重了顾客的自尊心，又富有积极主动的精神，促使顾客做出明确

的购买决策，有利于推销成交。但这种方法的缺陷也是明显的，它必须以顾客的某种话题作为前提条件，不能充分发挥销售顾问的主动性。

运用这种方法时，关键应牢记一个法则，即始终当好配角，不能主次颠倒。按一些有经验的营销人员的办法，可以借鉴四六原则，即销售顾问只做引导性的发言和赞同的附和，一般占洽谈内容的十分之四；启发顾客多讲，顾客讲话一般可占洽谈内容的十分之六。在当配角的过程中，应认真倾听顾客的意见，及时发现和捕捉有利时机，并积极创造良好的氛围，促成交易。

13．富兰克林成交法

富兰克林成交法又称理性分析成交法，就是鼓励潜在顾客去考虑事情的正面、反面，突出购买是正确选择的方法。

顾客在面临作决定的关键时刻，总犹豫不决。富兰克林成交法的基本做法是在一张纸上画出两栏，呈“T”字形，将推销的车型的优点写在左边，不买这款车的缺点写在右边，然后让顾客一一分析优缺点。你就在一旁帮助顾客记忆优点，至于缺点就由顾客自理了。

这种做法便于顾客进行利弊比较，说服力强，特别是我们在书面写下这些信息时，能让顾客感觉到销售顾问只是代表他把他的评估比较客观地写在上面；同时，在时间和信息有限情况下顾客不可能突然想出太多的否定因素，从而有利于成交。

王先生，请让我来为您分析一下，看看您现在购买我们的车值不值得：

第一，您觉得这款车的油耗太大了，但是这款车是注重安全性能的，所以车身会比较重一点；

第二，您认为这款车的工艺不够精细，但是价格确实合理，而且这也不会影响到汽车的驾驶性能；

第三，您说车身太短，不够气派，但是，现在好多年轻人和像您这样时尚达人都很青睐这种两厢车，因为有个性，而且很时尚，同时这款车的后排座椅都可以放下来，空间是很足的。

…………

富兰克林成交法特别针对有很强竞争力的车型有优势，且顾客有一定的成功体验感。而对于不具备优势的车型，这种方法就不大合适。

这种理性分析交易看似繁杂，其实却是有效打动顾客的方法，尤其是对那些犹豫、尚不知如何是好的顾客，更需要用这种方法帮他作决定。这种方法适合于果断性和分析型的顾客，因为这符合他们强调理性的特点；也适合于已有多次接触，彼此间建立了一些人际关系的顾客，因为这能让顾客更容易坚定购买决心。

思考与练习

1. 成交的基本技巧有哪些?

2. 某销售顾问为了尽快成交，最后再次对顾客让价，并许诺赠送专属全车贴膜。请问该销售顾问采用的是什么成交方法，采用这种成交方法需要注意哪些要求?

3. 不同类型的顾客应采取不同的成交方法，试以表格的形式列出顾客的类型及对其选择的成交方法，并分析主要对策。

课题四 签约成交

学习目标

◆ 熟悉签约的主要内容及其环节。

◆ 掌握交车服务的内容。

◆ 熟悉交车的主要过程。

美国著名的汽车推销员乔·吉拉德在销售汽车的过程中，除了很用心、很仔细地将锃亮的车子交给顾客外，在交车时及交车后还会做好以下几件事，即一照、二卡、三邀请。一照是指在将车钥匙、证件交给顾客后，还会同顾客和顾客的新车一起拍张合影照，并尽快将照片洗出来送给顾客，帮助顾客留下购车的美好时刻，这也为乔·吉拉德赢得了不少订单。二卡中的第一张卡片是关于买这辆车的交易过程及汽车以后

的维修记录等，叫车辆管理卡；第二张卡片是顾客管理卡，记录所有与顾客有关的信息，如顾客的姓名、出生年月日、喜好、家里小孩情况、太太在哪儿工作等。三邀请是指每年邀请这位顾客到公司来三次，顾客回来后，首先到车间去做车辆保养和检查，然后回到汽车展示中心，把新车及相关信息再向他做一下介绍。

乔·吉拉德的案例告诉我们，签约成交前后的准备、服务与管理等细节不可忽视，这不仅是工作圆满的内容，更是留住顾客、发展顾客、塑造品牌的重要环节。

签约即签订合约（合同、协议），是商业交易的公证方式，是商业活动不可缺少的一部分，签约双方形成事实上的约束关系。在汽车推销活动中，顾客签约，意味着购销双方的利益达成一致，双方的义务和权利得到明确，标志着推销成交的目的基本得到实现。

销售顾问要明确签约成交流程，为顾客提供优质服务。签约成交流程如图 8—4—1 所示。

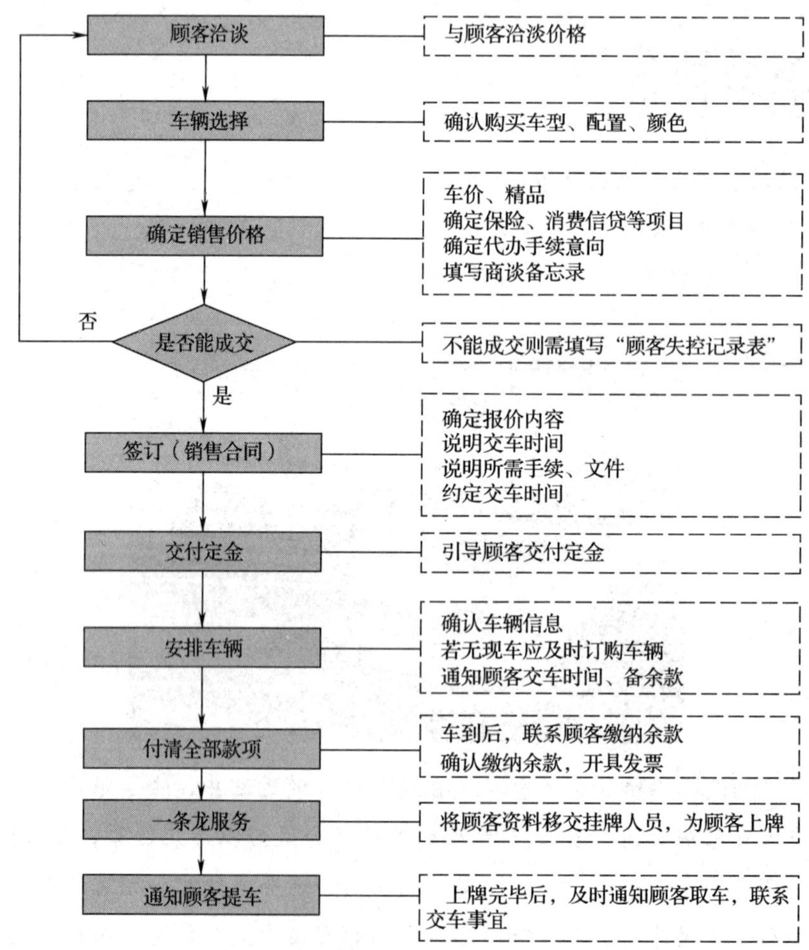

图 8—4—1　签约成交流程

一、签约前的准备

当顾客决定购买之后，销售顾问应及时与顾客签订购车合同或订单，并详细说明合同条款，务求让顾客能详尽了解合同的具体内容，包括各项费用及相关的责任条款。因此，销售顾问在成交阶段的签约、履约过程中应做好相关准备工作。

不是到了签约成交阶段就万事大吉，成交的每一步都充满风险和意外可能，顾客随时都可能因为一个突然想法或销售顾问的一句话、一个动作、一个表情而反悔。

在这个阶段，销售顾问的动作要迅速，一切按规矩办事。签约前，顾客可能还会对购车的一些内容存有担忧，这时销售顾问不要忘了适时地对顾客美言几句，一定要让顾客觉得自己的确是买了一辆适合自己需要的好车，而且物超所值。

所以，销售顾问在签约前要做好各种充分的准备。

1．做好协助人员准备

签约前，为了保证签约的成功，销售顾问应与有关负责人及工作人员进行及时沟通，商定有关配合、协助工作，如服务人员、财务顾问、技术顾问等，以便为顾客在签约前的种种顾虑及新要求提供咨询与分析。

2．做好拒签心理准备

销售顾问做好拒签心理准备主要包括两个心理准备，一是做好顾客随时拒绝签约的心理准备，二是做好顾客在签约前提出苛刻的成交条件而不得不拒签的心理准备。不管哪一种拒签行为，销售顾问必须尽量避免这种局面的产生。因此，在签约阶段，销售顾问既不能表现过于兴奋，也不能冷冷淡淡，更不能转手将顾客交给其他工作人员完成签约；做好风险提防，尽量做到少说多听；应始终陪同顾客，直至签约过程结束；要随时做好成交谈判工作重启的准备。在这之中，销售顾问要以一贯的热情、真诚、周到、细心的态度做好推销服务工作。

3．做好资料准备

资料准备包括说明书、正式合同（协议）文本、车型颜色等资料、赠品。对于这些资料或赠品，销售顾问要非常熟悉资料的内容、条款、数据、要求及有关功能，要熟悉赠品的用途、价值和对顾客的意义，这样有助于坚定顾客购买热情和信心，促成签约顺利进行。

二、签约

签约时，一定要请顾客到专门的会客室进行签约，并请销售经理出面，不要接听电话，更不要去接待其他顾客，以专心处理，杜绝干扰，以示对顾客的重视和尊重，便于顾客全心全意签约。

1．签约中

签约中，对顾客的承诺及成交的前提条件要跟顾客明确，要请顾客确认车辆的车型、配置、保险项目、优惠内容、赠品等；要确认报价的内容，如合同中各项费用的数额，包括车辆价格、保险费、上牌费、加装费等；要确认付款方式、交车的日期等；销售顾问要协助顾客确认所有细节，以免出现异议。同时当着顾客面填写有关合同内容，需要顾客填写的内容，引导并指导顾客填写。

签约工作完成后，带领顾客到财务处缴纳费用，并把购车合同的顾客联交给顾客，同时将有关注意事项再次向顾客明确。

在签约中，特别要注意的是，销售顾问要做好以下工作：

（1）解释合同条款

向顾客解释合同条款非常重要。要逐条向顾客解释合同条款，并取得顾客认同；避免顾客在遇到问题时，指责给其一个霸王合同；将来与顾客发生争议时，合同是处理争议的基础。

（2）了解贷款顾客背景

如果顾客是贷款顾客，为避免顾客将来贷款失败，出现价格争议，销售顾问要向顾客确认其是否银行的信誉顾客；了解顾客收入背景情况，对可能不能贷款的顾客提出贷款不成的价格条件，并将其附加于合同附页。

（3）处理好门店购买保险的顾客

对于承诺在店内购买保险的顾客，要将保险项目列入合同附页，并在顾客同意在本店购买保险之前，向顾客解释保险条件，以免将来顾客变更保险。

2. 签约后

签约后，销售顾问应向顾客致谢，并表示祝贺，同时告知下一阶段门店将提供的服务内容，提醒顾客付款的时限及提车的安排。

签约后，销售顾问为达成交易通常比较高兴，但不宜过多地在顾客面前流露，因为这样会让顾客觉得销售顾问在这次交易中获得了意外的利益。

从签约到交车之间，是销售顾问与顾客进行感情维系的有利时机，也是赢得更多顾客的机会。如果顾客等候的交车时间比较长，销售顾问应在此期间，在一些特殊的日期，如节日、顾客的生日等时候发个祝福的信息，邮寄一份小礼物，这样既可以拉近销售顾问与顾客的距离，也可以提高顾客的满意度和忠诚度，还可能为销售顾问带来更多的业务。

三、交车服务

交车的过程是顾客最为关注的环节，也是销售顾问最容易出问题的环节。高质的交车服务，会使顾客拥有愉快满意的交车体验，可以有效提升顾客满意度，保持长期的友好关系；同时也让顾客对该汽车产品服务产生高度认同，发掘更多的商机。

但在销售过程中，顾客投诉最多的也是交车环节存在的问题。据有关4S店提供的交车服务满意度调查，有9.19%的顾客表示非常满意，有25.08%的顾客表示满意，有37.46%的顾客表示一般，有10.79%的顾客表示不满意，17.49%的顾客表示非常不满意，如图8—4—2所示。这就要求经销商及销售顾问要提高自己的服务意识，规范自身的服务流程，要认真热情对待每一位顾客，在交车的每个环节中都要做到尽善尽美，不出任何差错，为整个汽车销售工作画上完美句号。

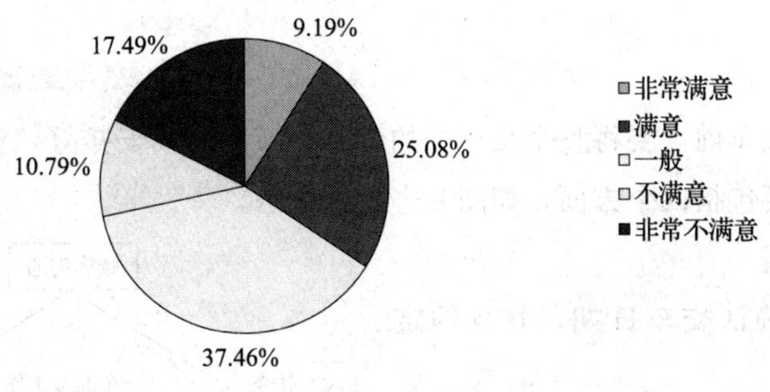

图8—4—2　交车服务满意度调查

1. 交车心理

如果说签约成交是销售顾问最有成就感的时刻，那么，交车则是顾客最期待、最兴奋的时刻。交车也是与顾客保持良好关系的开始，这时顾客和销售顾问都实现了自己的心愿。

交车前，顾客抱有很高的期望，主要包括汽车产品没有纰漏，销售顾问承诺兑现，销售顾问有良好且诚实的建议，汽车购置带来满意的利益。图8—4—3为顾客与销售顾问的兴奋心理曲线图。

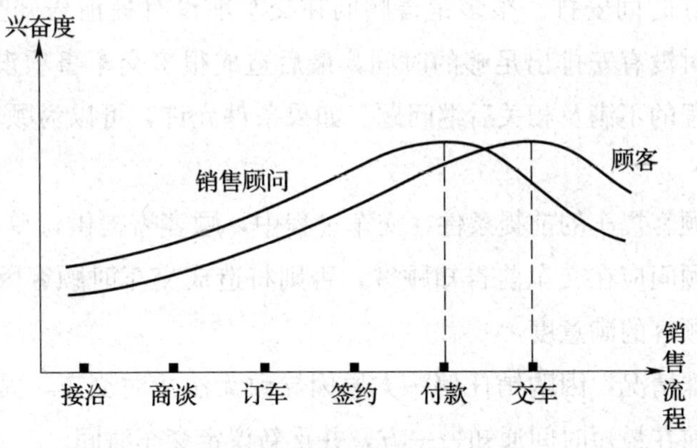

图8—4—3　顾客与销售顾问的兴奋心理曲线图

从图中可以看出，交车是顾客最兴奋的时刻，因为这一时刻顾客的购买行为和汽车梦得到实现；这一时刻，顾客是满怀着喜悦和激动的心情到销售店办理交车手续。而销售顾问最兴奋的心理则是出现在顾客付款的时刻，因为付款对于销售顾问来说意味着这一单业务的成功。在交车的时刻，由于销售顾问只是办理例行的交车手续，其兴奋度已经下降，这样就出现了顾客满怀喜悦而销售顾问可能表情平淡。如果顾客意识到销售顾问的平淡表现，则会产生一种被冷落，失去利用价值的不受尊重的反感和失落心理。因此，在交车环节中，销售顾问要对顾客的兴奋心理做出回应，迎合顾客的情绪，通过交车激发顾客的热情，感动顾客，从而与之建立长期的关系。

2. 交车准备

销售顾问在交车前，要将整个交车中的各个环节、时间安排好，让交车有序进行。交车准备工作主要包括四个方面，如图 8—4—4 所示。

(1) 顾客沟通

致电顾客，确认交车日期，并且约定具体交车时间。

交车前一天，再次与顾客联系，提醒顾客并确定交车时间、付款方式、所需携带的资料及证件。

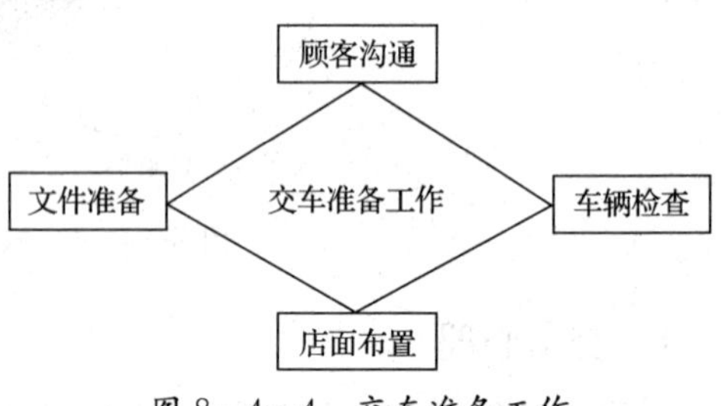

图 8—4—4 交车准备工作

顾客付款方式一般包括现金、刷卡和支票三种。销售顾问需要告知顾客，不同的付款方式可能会影响到交车的时间，最方便的方式是刷卡。因此，尽量建议顾客采用刷卡的付款方式，以提高交车的效率。如果顾客是以支票形式付款，则必须说明要等支票的款到账后才能提车。

在与顾客沟通过程中，销售顾问需要告知顾客交车的主要内容及所需要的时间，以便顾客提前做好时间安排。很多销售顾问在交车前没有提前告知交车所需的时间，以致顾客来提车时没有安排出足够的时间，最后造成很多交车事项没有时间说明，导致顾客对交车过程的不满及相关后继问题。如果条件允许，可以为顾客提供车辆接送，赢得顾客满意。

证件资料是顾客提车的前提条件。交车过程中，顾客需提供订单、收据、身份证、驾驶证等。销售顾问应在交车前告知顾客，否则将造成交车时顾客因证件资料不齐而无法提车，影响顾客的满意度。

如果发生特殊情况，因购销任何一方原因导致无法按时交车，尤其是销售方无法按时交车，应提前在最短时间通知另一方，并重新议定交车时间。

(2) 文件准备

在交车前，销售顾问需要准备的文件主要包括商业单据（如发票、合同等）、牌照（注册信息）、使用说明手册、保修手册、使用光碟、合格证、出厂车检验单、车架号、发动机号拓印本、照片、完税证明、保险凭证、名片（销售顾问、经理等）、交车确认表、PDI检查表、费用清单、交车确认单、交车服务验收清单、顾客满意度调查表等。

（3）交车检查（PDI）

交车检查（PDI）其含义是“交付前的检查”，PDI是英文“pre delivery inspect”的首字母缩写。新车交给顾客之前的检查是新车在投入运行前的一个重要环节，涉及设计制造厂、供应商和顾客三方的关系，是对新车质量的再次验证，是消除质量事故隐患的必要措施。

（4）店面布置

店面布置主要是指在交车前要准备好桌椅、饮料、点心及有关宣传招贴，在门口展板上写上提车顾客名字等，保证交车时做到店面交车区明亮、整洁、清新、有序，为交车工作营造一种庄重、热情而愉快的气氛。

3. 交车过程

在交车过程中，销售顾问要对交车时间安排及交车流程了然于胸，并有足够的掌控能力，严格按照交车验车流程（见图8—4—5）和交车流程时间安排表（见表8—4—1）进行操控。

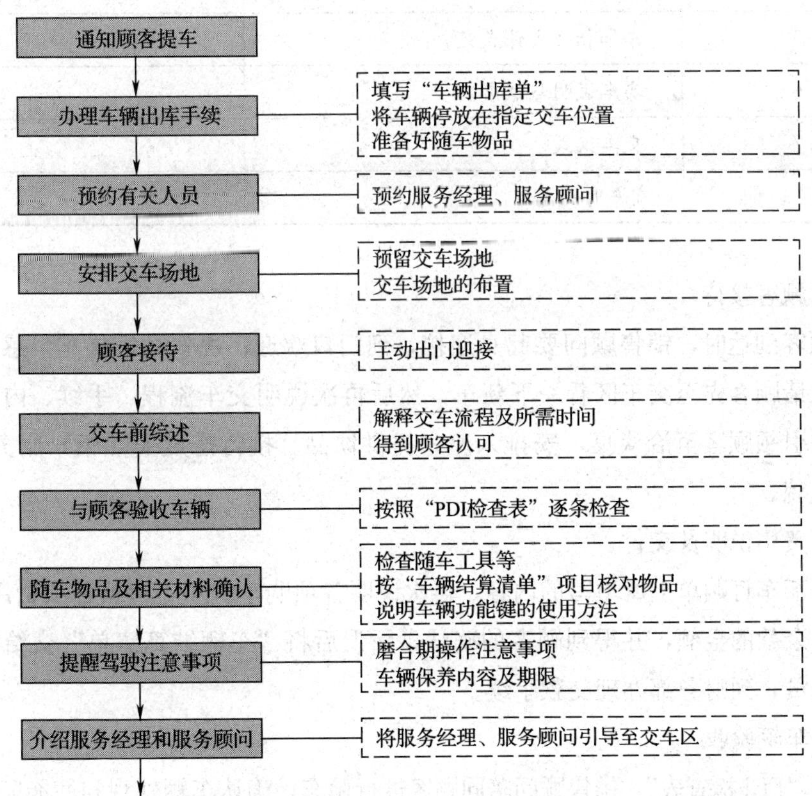

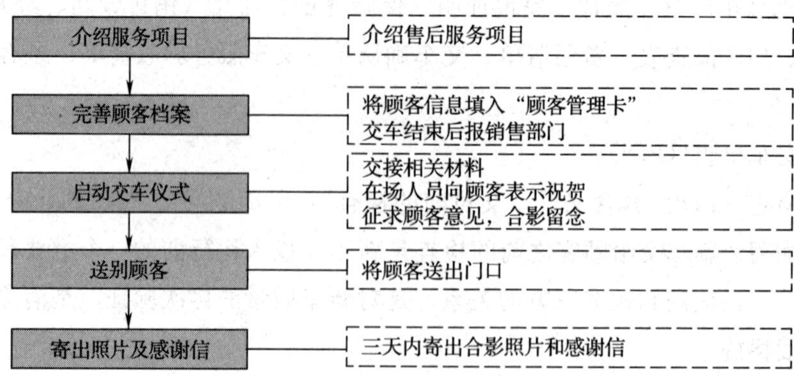

图 8—4—5　交车验车流程

表 8—4—1　　交车流程时间安排表

序号	流程	时间（分钟）
1	迎接顾客到来	
2	引导顾客进入洽谈室	
3	洽谈室的说明	
4	保修事项和售后服务说明	
5	车辆相关文件点交	
6	实车说明与试车	
7	交车仪式	
交车时间总计		

（1）顾客接待

当顾客到达时，销售顾问要起身迎接，到门口欢迎；祝贺顾客提车，感谢顾客的信任；邀请顾客先至交车区看一下新车，然后再次说明交车流程、手续、内容及所需时间，并引领顾客至洽谈桌，安排入座，提供饮品。接待态度要热情，服务要周到，举止要礼貌。

（2）费用说明及交付

根据新车订购单上所填写的内容，再次说明各项购车费用，解释各项费用的清算。计算购车余款的金额，并得到顾客的确认，无误后将“车辆结算清单”交给顾客与相关工作人员，到财务部办理交款手续。

（3）车辆验收

根据“PDI 检查表”，销售顾问陪同顾客进行验车，确认车辆外观和性能完好。顾客确认车辆的型号、规格、颜色与所定车型是否一致。销售顾问陪同顾客进行试乘试驾，通过亲身体验确认车辆性能完好。请顾客填写“PDI 检查表”及“销售交车确认表”。

（4）交车说明

在顾客对车辆进行确认后，销售顾问应针对车辆的操作进行详细的说明，介绍车辆的安全配置以及使用的规范要求，告知在行驶过程中的安全注意事项。

磨合期的使用对一辆车的性能起到至关重要的作用，销售顾问要向顾客说明磨合期应注意的关键点，如磨合期要控制车速，发动机的转速尽量控制在 3 000 转/分钟以内，避免急加速和急刹车；避免在不平坦的道路上行驶；告知磨合期保养的时间和相关费用等。

在交车过程中，销售顾问要向顾客说明保修的条件和保修的范围，根据《保养手册》解释车辆检查和维护的日程及其重要性，详细告知顾客汽车保养、保修及本品牌汽车的维修服务站点。

对于加装了精品的顾客，还要进行精品加装项目的确认，并检查安装的质量，同时向顾客说明精品的使用和相关的操作。

根据我国《合同法》以及有关法规的规定，汽车买卖合同签订后，汽车所有权转移的时间是汽车上牌照的时间，而不是签订买卖合同或交付汽车的时间。销售顾问要提醒顾客购买汽车后应当及时上牌照，依法取得对其所购买汽车的所有权，防止在汽车上牌照前发生不必要的纠纷。当然，顾客也可以选择让经销商代理上牌照。

资料的交接必须利用新车交车确认表和文件确认表一项一项地与顾客进行交接和确认。双方确认无误后，销售顾问与顾客签字，各执一份。

（5）交车仪式

随着人民生活水平的提高和购车现象的普遍，相对过去而言，现在顾客及汽车销售公司已经较少组织隆重的交车仪式。

交车仪式一方面是为了提高顾客的满意度，另一方面也是通过这样一种方式来感染其他顾客，以表达对顾客的礼遇与尊重。交车仪式力求简短、隆重而热烈。

在交车仪式上，销售公司主要负责人尽量能到场，向顾客表示祝贺和感谢，并赠送礼物，让顾客感受到尊贵感，使顾客从满意转变为感动，提高顾客的品牌忠诚度；相关业务经理主动与顾客认识并交换名片，让顾客了解今后车辆使用过程中出现了问题可以找谁来解决，解除顾客的后顾之忧。

交车仪式结束后，销售顾问应电话询问顾客是否安全到家，了解路上驾车情况，让顾客时刻感受到经销商的关心，建立彼此之间的友好关系，为进一步合作打下基础。

思考与练习

1. 签约前销售顾问要做好哪些准备工作?

2. 比较分析顾客和销售顾问的交车心理。

3. 有人认为，签约成交意味着推销工作的圆满结束，你是怎样认为的?试进行分析。

模块 九

汽车推销管理

课题一 顾 客 管 理

学习目标

◆ 掌握顾客管理的含义及其内容。

◆ 熟悉顾客管理的原则。

◆ 能够执行正确的顾客管理策略。

一位在小王的推销下买车的顾客，每次一出事故，就给小王打电话，而小王每次接到这位顾客的电话，都会耐心地给他提供处理方法和指导建议。正是靠这种本不在工作范围内的事自己也努力提供良好的服务，小王彻底赢得了顾客的信任。后来，这位顾客换车时仍然选择小王，还为小王介绍了几个顾客来买车。

小王这么做，是不是超过了自己的服务范畴？

汽车销售公司一般都有专门的售后服务部门，按道理，小王完全可以把顾客的这些问题转交给售后服务部来做。小王优秀之处就在于他把顾客管理作为顾客关系的维系，以及拓展推销业务的重要手段和途径，这正是汽车推销技巧中的重要内容之一。

一、顾客管理的含义

顾客管理，亦即顾客关系管理（customer relationship management，CRM）的简称，是指通过一套较为完善的信息收集、反馈、整理和处理运作体系，开展有效的顾客沟通，动态地掌握顾客的真实需求的变化，并对顾客需求和消费行为进行合理的组织和引导，使其成为企业忠诚的消费群体的过程。

关系推销观念认为，在营销关系中，顾客的终身价值（Customer Lifetime Value）替代了产品，顾客购买的不是产品而是关系。因此，销售顾问要放弃短期思维，要重视顾客关系的建立、培育、维护及发展，以长期合作为基础，通过稳固的长期关系获取回报，如自动阻止竞争者的“插入”，获得重复的业务订单，实现交叉销售，因信任而进一步购买公司新产品，以此获得顾客终身价值。

顾客管理的核心是顾客价值管理，它将顾客价值分为既成价值、潜在价值及模型价值。顾客管理注重的是与顾客的交流。

顾客管理的目的是提高顾客满意度，增强顾客忠诚度，提高购买机会，促使顾客产生更多的购买需求及拉动更多的需求，扩展市场，提升企业的盈利能力和竞争力。

顾客管理能力对顾客保持率有着重要的影响，见表 9—1—1。

表 9—1—1　　顾客保持率的影响因素

顾客指标	影响因素	影响方式
顾客保持率	把握顾客关系的能力	针对不同类型不同生命周期的顾客采取不同措施
	对顾客变化的反应能力	及时发现顾客变化，采取措施挽留有价值的顾客
	处理顾客抱怨的能力	在服务和产品出了偏差之后及时补救
	交流渠道的多样性 交流的即时性 交流的有效性	与顾客有效互动，为以上三种能力奠定基础

二、顾客管理的必要性和重要性

来自北美洲和欧洲的权威机构提供的统计数据表明，在全球 500 强企业中，它们在 5 年内大约流失 50%的顾客。企业争取一个新顾客的成本是保留一个老顾客的 7～10 倍。顾客满意度如果提高 5%，企业的利润将加倍。在企业的所有顾客中，大约有 50%的顾客没有为企业带来利润；2/3 的顾客离开是因为顾客关怀不够。93%的 CEO 认为顾客管理是企业成功和更富竞争力的最重要的因素。根据对一些公司 CEO 的问卷调查统计分析，他们最关心的话题是企业如何才能留住顾客，增加顾客对企业的忠诚度。

1．市场竞争要求实施顾客管理

市场竞争已经从产品的竞争转向品牌的竞争、服务的竞争和顾客的竞争。为了留住顾客，如果不能实施科学、有效的顾客管理手段，企业将面临顾客资源的流失，失去市场。

2. 汽车顾客差异化需求促成顾客管理

汽车产品是高科技产品，我国汽车市场的不断发展，使得顾客有了越来越多的选择，顾客的这种差异化需求对汽车企业的要求也越来越高，越来越细腻。如果企业不了解顾客的这种差异化需求，没有科学的顾客开发和管理手段，企业将无法赢得顾客，从而无以生存。

3. 顾客管理是企业发展的推动力

顾客管理是企业管理的最基本内容，也是企业科学发展的体现。实施顾客管理，有利于企业降低经营成本，增加收入；实施顾客管理，有利于企业改善服务，留住顾客，提高顾客忠诚度；顾客管理有利于扩大市场影响，挖掘顾客潜在价值，开发潜在顾客，赢得更多的商业机会。

三、顾客管理的原则

1. 顾客至上原则

顾客管理中，必须把顾客放在第一位，即顾客至上。顾客至上的原则主要体现在顾客服务上，即要主动接触，展现主动、热情、尊重、友善的态度；要真诚沟通，识别顾客需求，真诚地帮助顾客，当好顾问；要了解顾客，了解顾客的性格与行为习惯，建立朋友式的顾客关系；要不断改进，运用合适的工具、方法进行顾客满意度调查等检验，改进顾客服务工作的不足，实现对顾客的关怀，实行个性化的服务。

2. 长期协作原则

要重视与顾客建立长期的协作关系，而不是只看眼前的利益。作为销售顾问，应设计有效的个性化服务，以吸引长期顾客；通过与顾客建立和维持互利关系，以创造长期的业绩。

3. 内部营销原则

顾客管理，必须综合协调企业生产、销售、人事及其他各个职能部门。内部的协调是顾客管理的基础。企业内部各个部门、各个职员都必须要有营销意识，树立一切为顾客服务的思想，培育员工建立和维持终身顾客的理念，以积极的市场化方式提供理性的顾客服务。

4. 双向沟通原则

企业、销售顾问与顾客之间的双向沟通是建立和维持长期合作关系的基础。在顾客管理中，销售顾问必须与所有顾客建立至少一种密切联系的方式，以实施双向的信息沟通，这样才能直接检测顾客的满意度。

5．顾客价值原则

顾客的价值不仅是带来交易的利益，更重要的是他带来的超越产品利益和交易利润的无限价值。忠诚顾客创造了顾客价值，顾客管理的目的就是为了追求、稳定、延伸顾客价值。

6．个性服务原则

个性化服务是赢得顾客认可，巩固与顾客合作关系的重要手段。针对不同层次顾客的不同需求，开展服务创新，做到定期有联系，回访有惊喜，服务有质量，活动有效果，顾客有反馈。

四、顾客管理的主要内容

顾客管理包含以下5个方面的内容。

1．顾客分析

一般来说，通常把顾客群分为关键顾客（A类顾客）、主要顾客（B类顾客）、普通顾客（C类顾客）三个类别进行管理，并对顾客进行层次、类别、结构、背景、特点分析。

顾客分析主要包括：

◇ 顾客基本分析

◇ 顾客结构分析

◇ 顾客群体分类分析

◇ 顾客流动情况分析

◇ 潜在顾客分析

顾客分析的关键在于区分不同价值的顾客，以便有效地分配销售、市场和服务资源，不同的顾客群体对企业的重要程度和价值是不同的，在清楚地了解了顾客层级的分布之后，即可依据顾客价值来策划配套的顾客关怀项目，针对不同顾客群的需求特征、消费行为、期望值、信誉度等制定不同的营销策略，配置不同的市场销售、服务和管理资源，对关键顾客定期拜访与问候，确保关键顾客的满意程度，巩固企业同顾客的关系。

2．交易分析

交易分析包括总交易、组合交易（如汽车产品的组合交易）、新产品交易等。通过交易分析，掌握不同的交易类型与不同的顾客群之间的关系及发展趋势，帮助企业归纳未来交易的汽车产品和服务的基本特征。

交易分析主要包括：

◇ 交易汇总分析
◇ 交易分析
◇ 交易/顾客满意度分析
◇ 顾客忠诚度分析
◇ 顾客对服务和产品做出反应的特征分析
◇ 交易/组织效能（业绩）分析

某汽车销售公司的销售经理在主持销售和管理工作时，他要求每一位销售顾问在每天的推销接待过程中，除了认真做好销售工作以外，还要细致地做好每一位顾客的洽谈记录，尤其是对顾客“购车意向级别”的管理。这位销售经理通过对每天销售顾问报上来的“购车意向顾客级别”报表的统计、分析，再与本公司的汽车库存联系对比，从中获得了哪些车型畅销，哪些颜色的车型好卖，哪些顾客对哪些型号、颜色的车有意向，这些意向的程度如何等。这些信息帮助了这位销售经理提前预知了各种车型的销售意向。

3．促销活动分析

检查、分析各种促销手段所得到的结果，为有效地开展促销活动提供依据和参考。

促销活动分析主要包括：

◇ 分析积极响应的顾客类别及其特征
◇ 分析消极响应的顾客类别及其特征
◇ 通过顾客分类分析促销活动特定案例
◇ 促销活动的成本/收益分析
◇ 促销活动的有效性分析

4．顾客反馈分析

顾客反馈分析主要包括：

◇ 顾客的抱怨分析
◇ 顾客的咨询分析
◇ 顾客的投诉分析
◇ 顾客的流失分析
◇ 顾客的满意度分析
◇ 顾客的建议分析

5．顾客忠诚度分析

借此发现忠诚的顾客的特征，有助于采取有效措施留住顾客。

顾客忠诚度分析包括：

◇ 顾客活跃程度分析，分析顾客的购买行为

◇ 顾客关系维持期分析，分析顾客关系的维持期，给出维持时间最长的顾客类别属性和顾客明细

◇ 顾客认可的产品范围分析，针对不同产品和服务，分析顾客维持时间和持有产品的种类之间的关系

◇ 顾客收入分析，分析顾客的收入状况和顾客维持期之间的关系

◇ 顾客流失分析，分析停止购买或消费某一产品或服务的顾客数量和特点

◇ 顾客保持分析，分析和流失的顾客有着相同或相似特征的顾客，从而促进采取相应措施用以弥补并挽留现有顾客

五、顾客管理的策略

顾客管理的手段主要包括建立详细的顾客资料档案，整体分析，并制订详细的顾客服务计划；按计划，以各种形式，定期及不定期对顾客进行回访联系；通过顾客关系，延伸销售市场，开发潜在顾客，形成顾客链；运用现代通信手段与顾客进行联系，建立持续的协作关系。

顾客管理的策略主要包括以下内容：

1．成交顾客的管理

成交之后，顾客的满意度会各不相同。如果顾客满意，那么可能会带来新的交易机会，还可能带来新的顾客；如果顾客不满意，那么企业将失去一位顾客，甚至会因为这个不满意的顾客带走一批潜在顾客，影响企业的市场形象。

因此，成交顾客的管理，即顾客关系的维系及售后服务显得尤为重要。

（1）赞美顾客的选择

交易成功后，销售顾问要对顾客的选择予以肯定、赞美，让顾客觉得自己的选择是正确的、值得的。在赞美顾客的选择的时候，销售顾问要从市场价格、同类车型比较、汽车的配置和性能等方面，让顾客了解购买这辆车的成功之处。这样做的目的一是让顾客了解自己的选择，二是让顾客在其他人评议时能进行说明解释。

（2）打消顾客的后悔心理

有些顾客在购买后可能会产生后悔心理，这种后悔心理可能是看到别的车型性价比更高，可能是听到其他的说法，也可能是使用后感觉不好或车辆出现问题，还有可能是购车后给生活带来经济压力或使用压力等。对顾客的这些后悔顾虑，销售顾问要根据顾客的情况，帮助顾客进行分析与疏导，提出应对办法，提供售后服务，消除顾客后悔心理。

（3）经常与顾客联系

通过信函、贺卡、调查表、电话、短信、网络、走访等形式和手段与顾客保持密切联系。联系要定期，有时要给予顾客一定的馈赠。保持联系的目的一是告诉顾客，我们不只是顾客关系，还是朋友关系；二是为顾客提供更多的个性化售后服务，如“保养提醒”“代为年检服务”“机动车管理动态提醒”等。

（4）调查走访

对于成交的顾客，要及时收集反馈信息，了解顾客的满意度。如果顾客不满意，则应调查、了解顾客不满意的内容、原因，并提供相应的售后服务，消除顾客的不满；如果顾客满意，则了解顾客满意体现在哪些方面，并由此可以邀请顾客做一些交流活动、宣传活动及顾客推荐等。

（5）提供最新信息

为顾客提供相关服务信息或资料，如汽车杂志、汽车宣传资料、新产品信息、优惠活动信息、汽车保养等售后服务活动信息、机动车辆管理信息、道路交通有关信息等，让顾客感到销售顾问真正在关心他们，感到他购买的是一种长期的服务，从而建立对汽车品牌的忠诚度。

（6）将顾客组织化

把现有顾客组织起来，建立一种稳固的团队关系。如成立“汽车俱乐部”，组织“汽车沙龙活动”“汽车茶话会”等，建立一种长期、稳固的顾客关系，增进相互了解与信任，培养品牌情感，扩大宣传和市场影响，开发潜在顾客。

2．未成交顾客的管理

未成交顾客包括交易失败的顾客及潜在顾客。对于未成交的顾客，销售顾问应与顾客建立长期的交往关系，做好跟踪服务的工作。

（1）了解顾客概况

通过合法、合理的方式，了解顾客背景情况，如家庭、职业及社会背景，以及性格特点、爱好等；总结未成交的原因。将这些信息整理成档案，以便做进一步的接触和推销。

（2）保持联系

保持一定的书信、电话、网络联系，定期告知或寄发产品信息、资料、优惠活动情况给顾客，提供符合顾客需要的、满意的选择方案，必要时做回访进行推介，维护顾客联系，争取顾客。

（3）建立社交网络平台

建立社交网络平台，邀请顾客参加。如邀请顾客参加公司的产品展销会、俱乐部活动、沙龙活动等各种体验活动，进一步向顾客发起推销活动。

六、售后跟踪服务

在已经完成交易后，不能因为顾客已经购车就不再理会，销售顾问应同顾客多联系。与顾客的联系，不仅可以让顾客感觉到你的存在，还可以让顾客觉得你并不是那种一做完生意就再也找不到的人，慢慢地顾客就把你当朋友了。顾客把你当朋友了，他有了问题才会找你，在一定程度上消除了不良影响；他有了潜在顾客，也自然会第一个想到你，为你争取推销机会。保持与顾客联系流程如图 9—1—1 所示。

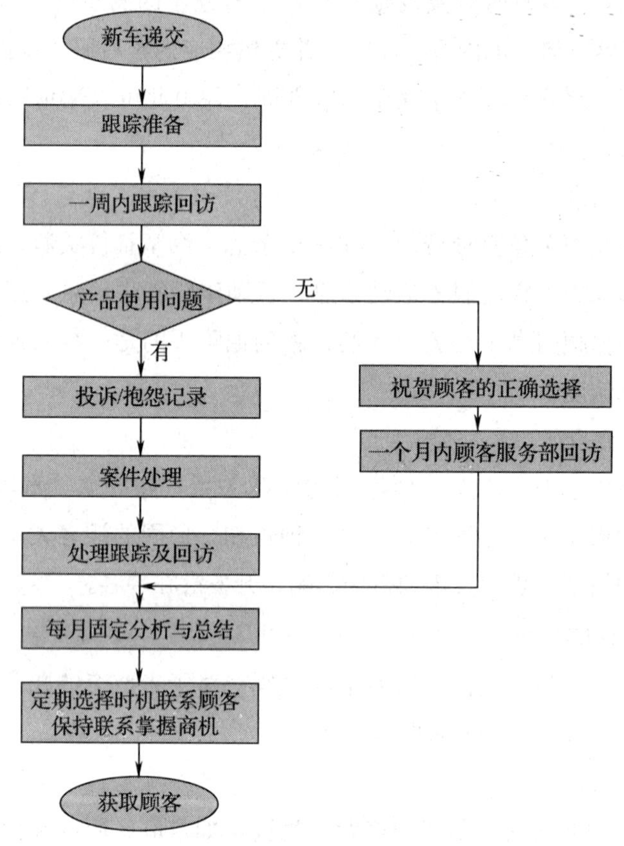

图 9—1—1　保持与顾客联系流程

很多销售顾问认为，自己是做汽车销售的，卖车才是自己的任务，售后工作根本不在自己的工作范围内，再说已经有了一个售后服务部，销售顾问还能提供一些什么服务呢，岂不是越俎代庖吗？售后跟踪服务是汽车销售顾问必须做的工作和必须承担的相应责任，既是对公司负责，也是对顾客负责。

美国专业营销人员协会和国家销售执行协会的统计数据显示：2%的销售是在第一次接洽后完成，3%的销售是在第一次跟踪后完成，5%的销售是在第二次跟踪后完成，10%的销售是在第三次跟踪后完成，80%的销售是在第 4 至 11 次跟踪后完成！几乎形成鲜明对比的是，我们发现，80%的销售顾问在跟踪一次后，不再进行第二次、第三次跟踪；少于 2%的销售顾问会坚持到第四次跟踪。

跟踪工作使顾客记住你，一旦顾客采取行动时，首先想到你。跟踪的最终目的是形成销售，跟踪工作除了注意系统连续外，我们更须注意其正确的策略，要采取较为特殊的跟踪方式，加深顾客对你的印象，为每一次跟踪找到漂亮的借口；要注意两次跟踪时间间隔，太短会使顾客厌烦，太长会使顾客淡忘。调整自己的姿态，试着帮助顾客解决问题，了解顾客近况。

汽车销售顾问必须熟悉跟踪服务流程，如图 9—1—2 所示。同时，要找出一些让顾客更容易接受的理由，见表 9—1—2。

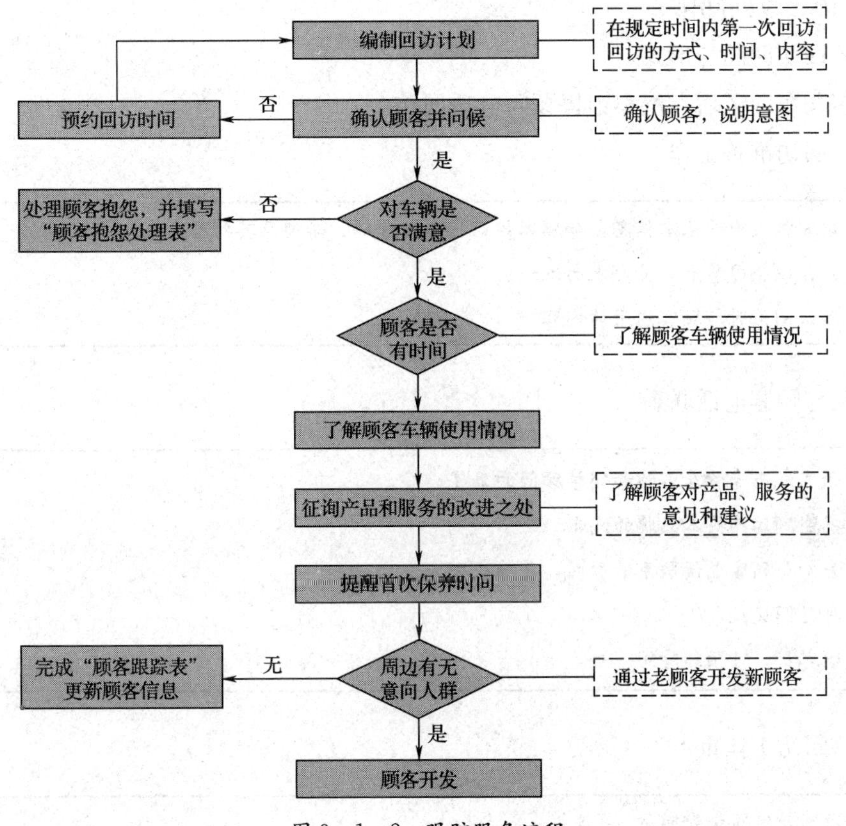

图 9—1—2　跟踪服务流程

表 9—1—2　　**跟踪服务的理由及适用对象**

联系理由	适用对象
顾客的生日到了	未成交的顾客、成交的顾客
保修期到了	成交的顾客
节假日到了	未成交的顾客、成交的顾客
购车周年纪念日	成交的顾客

续表

联系理由	适用对象
新款车型上市	未成交的顾客、成交的顾客
销售优惠活动	未成交的顾客、成交的顾客
邀请顾客参加特别活动	未成交的顾客、成交的顾客
提醒顾客参加特别活动	未成交的顾客、成交的顾客
……	……

1. 销售顾问回访

（1）回访时间与形式

顾客购车5天后，汽车销售顾问电话回访。

（2）回访准备工作

◇ 查阅顾客档案中的基本信息，如顾客姓名、电话号码、车型及其他信息

◇ 回访内容以公司售后服务要求为准

◇ 再次确认回访时与顾客沟通的内容

（3）与顾客电话联系

◇ 告知顾客汽车专营店名称和销售顾问的名字

◇ 再次感谢顾客购买本品牌的汽车

◇ 明确告知与顾客电话联系的原因，并确认顾客

◇ 是否有时间交流

◇ 如果顾客忙，可预约时间

（4）回访工作重点

◇ 感谢顾客花时间接受回访

◇ 顾客是否对车辆满意，了解顾客车辆使用情况

◇ 顾客对车辆和服务有无抱怨，及时登记“顾客抱怨处理表”

◇ 希望顾客把自己介绍给有购车意向的亲朋好友

（5）与顾客道别

◇ 礼貌道别，填写“顾客跟踪表”

◇ 根据实际情况每月定期回访，目的是顾客关系的维系与管理

2．定期跟踪

做好顾客管理计划，通过电话、信件、短信、微信及 E-mail 等方式与顾客保持联系，至少每 3 个月定期跟踪回访一次。定期跟踪回访的主要内容包括：

◇ 向顾客致意，关心顾客身体、工作近况，对比较熟悉的顾客可问候家人近况

◇ 了解顾客对车辆使用的有关问题

◇ 提醒顾客有关定期保养维护事宜

◇ 经常向顾客提供最新和有附加值的信息，如新车、新产品、售后服务信息，邀请顾客带着有购车意向的朋友来店看车，可适当赠送纪念品

◇ 每年都向顾客寄发生日及重要节日贺卡

◇ 若有相关促销活动，主动热情邀请顾客参加

◇ 跟踪顾客的时间要有计划性，避免在顾客繁忙和不方便的时候进行。通过与顾客的沟通，对顾客的信息要定期进行检查和更新，为后续服务及车友会工作提供方便

◇ 了解保有顾客周边的意向顾客资源

◇ 每次跟踪后，及时更新“顾客跟踪表”

思考与练习

1. 简述顾客管理的含义及其内容。
2. 简述顾客管理的重要性及其原则。
3. 根据你手上已有的顾客及潜在的顾客，谈谈你如何实施顾客管理。

课题二　自 我 管 理

学习目标

◆ 了解自我管理的内涵，学会制定自我管理的目标方向和策略。

◆ 掌握六种自我管理方法，学会应对压力和逆境。

◆ 熟悉自我管理的内容及方法，学会应对压力和逆境。

世界上最伟大的销售顾问之一、吉尼斯汽车销售纪录保持者乔·吉拉德曾经说过：“其实我真正卖的世界第一名的产品不是汽车，而是我自己——乔·吉拉德。以前如此，未来也是如此。”

难道展示自己比销售汽车产品本身更重要吗？

乔·吉拉德其实告诉我们一个道理，一个善于自我管理，具备良好业务素质和个人品质的优秀销售顾问，是汽车推销技巧中的最基本内容，也是促成汽车推销成功的重要因素。

世界著名的盖洛普管理咨询公司对近50万名推销员进行调查，结果表明优秀的推销员有四方面主要素质：内在动力、干练作风、推销能力以及与顾客建立良好业务关系的能力。

一、自我品质管理

1. 培养积极的个性品质

积极的个性品质是个体对待自身、他人或事物的积极、正向、稳定的心理倾向，是多维度的，是包含个体思想、情感和行为等各方面的一系列积极品质的集合，它是一种良性的、建设性的个性心理状态。

在推销工作中，销售顾问要培养积极的个性品质，在面对工作、问题、困难、挫折、挑战和责任时，善于从正面、积极的一面去全面考虑，以积极的姿态投入工作。

销售顾问应培养十大积极品质：

◇ 执着：对个人、企业和团队目标、价值观具有坚定不移的信念

◇ 挑战：勇敢地挺身而出，积极地迎接变化和新的任务

◇ 热情：对自己的工作及公司的产品、服务、品牌和形象具有强烈的感情和浓厚的兴趣

◇ 奉献：全心全意完成工作或处理事务

◇ 激情：始终对未来充满憧憬和希望，全力以赴地投入

◇ 愉快：乐于接受微笑、乐趣，并分享成功

◇ 爱心：助人为乐，感恩心态

◇ 自豪：因为自身价值或团队成绩而深感荣耀

◇ 渴望：强烈的成功欲望

◇ 信赖：相信他人和集体的素质、价值和可靠性

作为成功学著名专家，陈安之研究过各行各业的顶尖销售顾问，从世界著名的汽车销售顾问乔·吉拉德，卖房地产第一名的汤姆·霍普金斯，到日本的“保险推销之神”原一平，他认为，他们的成功无不告诉我们：“卖产品不如卖自己”几乎是全世界所有最顶尖销售顾问的共同法则。推销技巧的实质就是，销售顾问所销售的产品，不仅仅是产品的本身，更是他自己。销售顾问本身就是产品。顾客在买产品之前，一定会先评判销售顾问，当他认可你，信任你，他才会有了解产品的兴趣，也才会有做出购买的可能。

假如今天只是产品品质好，产品价格便宜，那么全世界每一家公司的业绩应该都是一样的，可是事实上并不是如此。同样的产品，同样的价格，让不同人来销售，他们的业绩是不一样的。所以，顾客不只买产品，他更买你做事的态度。

陈安之在《卖产品不如卖自己》书中讲了这样一个故事：

著名推销员夏目次郎有次约好晚上10点钟给顾客回一个电话，在家里9点钟他穿着睡衣上床睡着了。到9点45分闹钟一响，他连忙起身，脱睡衣，穿西装，打领带，梳头发，完全到达完美无缺的时候，10点准时打电话给顾客。5分钟打完电话之后，他太太说：“老公啊，你疯了呀？你打电话给顾客还要换衣服，这顾客又看不到你？”

他说：“老婆，你不了解呀，顾客虽然看不见我，但我看得见我自己，这是我对顾客的尊敬，所以我打电话的时候一定要把西装穿起来。”

这个故事可能有些极端，有些不可思议，不是每个人都能这样做，但是，这种认真，顾客是能感受到的。“每一分私下的努力都会有倍增的回收，在公众面前都会被表扬出来。”所以，陈安之在《卖产品不如卖自己》书中写道：“假如一个人真的很认真，很诚恳，他几乎可以签下任何的合约。”

2．培养强烈的服务意识

顾客服务意识是指销售顾问在工作中所体现的提供热情、周到、主动的服务的欲望和意识，即自觉主动做好服务工作的一种观念和愿望，它发自服务人员的内心。

有了强烈展现个人才华、体现人生价值的观念，就会有强烈的服务意识；有了以公司为家、热爱集体、无私奉献的风格和精神，就会有强烈的服务意识。具有服务意识的人，能够把自己利益的实现建立在服务别人的基础之上，能够把利己和利他行为有机协调起来。

培养强烈的服务意识，要克服顾客拒绝的心理障碍，要自信，不在乎别人异样的眼光，提高对顾客服务的认识，激发在顾客服务过程中的主观能动性。

3．培养良好的团队协作精神

团队协作是一种为达到既定目标所显现出来的自愿合作和协同努力的精神。它可以调动团队成员的所有资源和才智，并且会自动地驱除所有不和谐和不公正现象。如果团队协作是出于自觉自愿时，它必将会产生一股强大而且持久的力量。

汽车销售顾问在团队协作中，要建立起互相信任、分工协作、互相激励的协作关系，这样，才能有效地开展推销活动。

4．培养竞争的学习态度

推销活动的过程，是一个竞争的过程，与对手竞争，与顾客竞争，与自己竞争。在工作中，销售顾问要有竞争意识，要有不服输、勇于挑战的精神；要想在竞争中赢得机会，就要有学习的态度，不断学习，随时、随地、随人、随事地学习，不断提升自己的管理水平和推销技能。

二、时间管理

时间是物质运动的顺序性和持续性，其特点是一维性，是一种特殊的资源。任何的事情和过程，都需要考虑时间的维度。时间的特征如图9—2—1所示。

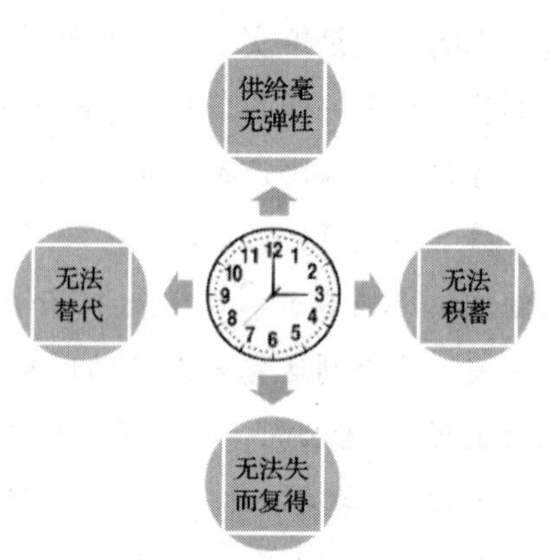

图 9—2—1　时间的特征

时间管理是指通过事先规划，运用一定的技巧、方法与工具实现对时间的灵活以及有效运用，从而实现个人或组织的既定目标。时间管理不是管理“时间”本身，而是面对时间的自我管理，以实现最有效地利用时间创造最高绩效——效率、效果、效能的统一。

时间管理的本质是管理单位时间内的你所做的事，以实现最大的效益。

时间管理的目的除了要决定你该做些什么事情之外，另一个很重要的目的也是决定什么事情不应该做；时间管理不是完全的掌控，而是降低变动性。时间管理最重要的功能是通过事先的规划和长期的计划，作为一种提醒与指引。时间管理就是自我管理，自我管理即是改变习惯，让自己更有绩效，更具效能。

1．时间管理缺失的原因

◇ 缺乏预见性，计划不周

◇ 做事目标不明确

◇ 缺乏优先顺序，抓不住重点

◇ 信息不灵，资讯不全

◇ 过于注重细节，追求完美

◇ 个人怠惰，不能做到按部就班按时完成自己的工作

◇ 不会拒绝别人的请求

◇ 事必躬亲，不懂得授权

◇ 没有条理，不简洁，简单事情复杂化

2. 时间管理的方法

（1）收集

就是将你能够想到的所有的未尽事宜（stuff）统统罗列出来，记录在各种事项的纸张或PDA（inbox）中。收集的关键在于把未尽事宜按主次、轻重缓急顺序从大脑中提取出来，形成工作项目内容。

（2）整理

定期或不定期地对inbox中的stuff进行整理，清空inbox。将这些stuff按是否可以付诸行动进行区分整理。对于不能付诸行动的内容，可以进一步分为参考资料、日后可能需要处理以及垃圾几类；而对可行动的内容再考虑是否可在两分钟内完成，如果可以则立即行动完成它，如果不行就对下一步行动进行组织。

（3）组织

下一步行动的组织一般可分为：下一步行动清单、等待清单和未来（某天）清单。下一步清单是具体的下一步工作，而且如果一个项目涉及多步骤的工作，那么需要将其细化成具体的工作。如按照地点（计算机旁、办公室、电话旁、展厅、顾客允许的地方）分别记录只有在这些地方才可以执行的行动，而当你到这些地点后也就能够一目了然地知道应该做哪些工作。等待清单主要是记录那些委派他人去做的工作。未来（某天）清单则是记录延迟处理且没有具体的完成日期的未来事件等。

（4）回顾

回顾一般需要每周进行回顾与检查，通过回顾及检查你的所有清单并进行更新，可以确保工作系统的运作，而且在回顾的同时可能还需要进行未来一周的计划工作。

（5）行动

根据时间的多少、精力情况以及重要性来选择清单上的事项来行动。

3. 合理安排利用时间

（1）制定明确的目标，制定目标的原则（见表9—2—1）；

（2）安排轻重缓急的次序（见图9—2—2）；

（3）为不测之事做准备；

（4）提高办事效率，善于集中时间，提高时间利用率；

（5）利用时间安排表（见表9—2—2）；

（6）不要长时间地做同一种工作，保持精神上的兴奋点；

（7）做好时间规划，把握销售顾问工作的时间特性；

（8）做好健康与情绪周期管理。

表 9—2—1　　制订目标的原则——SMART 原则

◇ 具体的（specific）
◇ 可衡量的（measurable）
◇ 可实现的（achievable）
◇ 有现实意义的（realistic）
◇ 有时限的（time-based）
◇ 重要的（important）与非重要的（not important）（见图 9—2—3）
◇ 紧急（urgent）与非紧急的（not urgent）（见图 9—2—3）

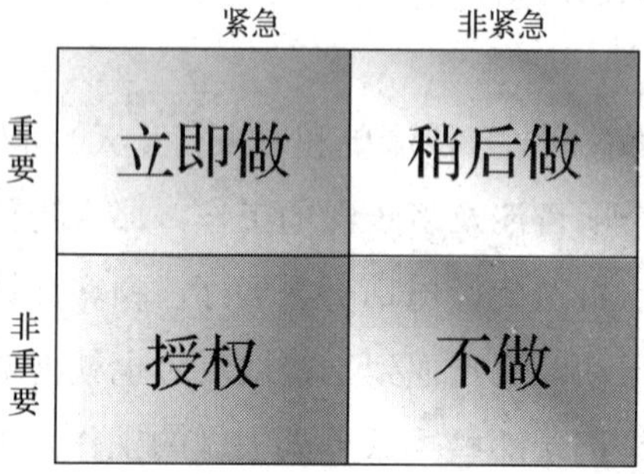

	紧急	非紧急
重要	立即做	稍后做
非重要	授权	不做

图 9—2—2　轻重缓急的处理次序

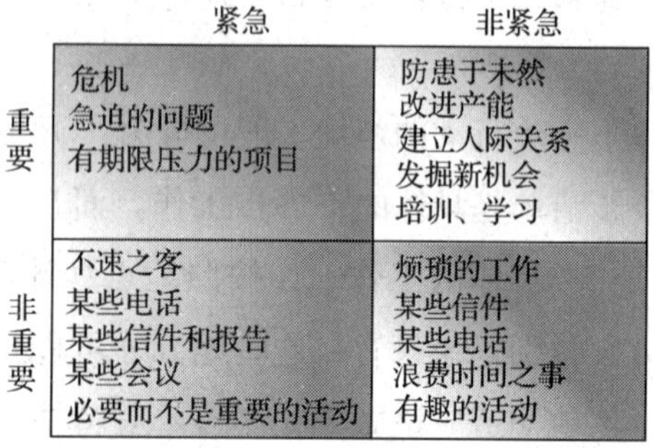

	紧急	非紧急
重要	危机 急迫的问题 有期限压力的项目	防患于未然 改进产能 建立人际关系 发掘新机会 培训、学习
非重要	不速之客 某些电话 某些信件和报告 某些会议 必要而不是重要的活动	烦琐的工作 某些信件 某些电话 浪费时间之事 有趣的活动

图 9—2—3　目标的重要性与紧急性

表 9—2—2　　时间安排表

时间	处理文件	邮件	电话	接待	拜访	搜集新顾客	……
8：30	√						
9：00		√					
9：30				√			
……			√		√		
17：30						√	

三、计划管理

计划是销售顾问根据对推销工作外部环境与内部条件的分析，提出在未来一定时期内要达到的组织目标以及实现目标的方案途径。

计划的实质是确定目标以及规定达到目标的途径和方法。计划也是指挥实施的准则。计划为各种复杂的管理活动确定了数据、尺度和标准，它不仅为控制指明了方向，而且还为控制活动提供了依据。

制订切实可行的计划，是汽车销售顾问建立正常的工作秩序，提高工作效率必不可少的程序和措施。

1．计划的意义

计划管理的目的是为了提高工作效率，有效合理地调度配置资源，进一步落实目标责任制，提高推销活动的科学性及自我评价的可操作性。

（1）产生积极的心态，使推销工作充满激情、信心和勇气；

（2）理清工作内容和使命，由此产生工作动力；

（3）有助于把握重点；

（4）体现推销工作的意义和价值；

（5）能够实现自我完善，不断进步。

2．计划的制订原则和特点

（1）计划的原则

计划的制订必须遵循五个原则，即：明确性原则（specific）、可衡量性原则（measurable）、可达成性原则（attainable）、相关性原则（relevant）、时限性原则（time-bound），亦即通常所说的SMART原则。

（2）计划的特点

1）针对性。是汽车销售顾问针对自己推销工作的实际情况制订的，目的明确，针对性强，具有指导意义。

2）预见性。对个人推销工作做预先判断、分析，以实现下一步工作为目的。

3）首位性。计划是进行其他工作的前提，计划在前，行动再后。

4）普遍性。汽车销售顾问对每项工作、每一次业务活动都需要制订计划。

5）目的性。每次工作计划都具有鲜明的目的性。

6）实践性。符合实际、目标适宜，具有可操作性。

7）明确性。计划应明确表达出销售顾问的目标和任务，明确表达出实现目标所需的资源以及所采取的程序、方法和手段。

8）效率性。计划要考虑时间性和经济性，即在规定的时间内达到预期的效果。

3．计划的内容

计划的内容采取5W2H法则来确定，即：

（1）What——目的是什么，做什么工作，即明确计划的目标任务和要求，明确每一个时期的中心任务和工作重点。

（2）How——怎么做，如何实施，方法怎样，即制订实施计划的措施，以及相应的方法和手段，对资源进行合理分配和集中使用，对人力、生产能力进行平衡，对各种派生计划综合平衡等。

（3）Why——为什么要这么做，理由何在，原因是什么，即明确设立目标任务的必要性，并论证实现目标任务的可行性。

（4）When——什么时间完成，什么时机最适宜，即选定计划实施的时机，以及规定计划中各项工作的开始和完成的进度，以便进行有效的控制和对能力资源进行平衡。

（5）Where——在哪里做，从哪里入手，即规定计划实施地点或场所，了解计划实施的环境条件和限制，以便合理安排计划实施的空间组织和布局。

（6）Who——即由谁来承担，谁来完成。

（7）How much——即做到什么程度，进度如何，效果如何。

4．销售顾问如何制订工作计划

（1）分析顾客资源

通过对以往的销售数据进行分析，掌握顾客留存信息。如新顾客中，留下的联系方式及其数量；分析每月成交顾客在潜在顾客中所占的比例；分析潜在顾客每月的流失比例；分析每月成交的顾客数量；分析老顾客介绍成交所占的比例。

（2）掌握已有资源

掌握每月可售的车型、颜色、数量，各种车型预计的交货期；了解潜在顾客的数量，每位意向顾客拟购买的车型颜色、预计购车时间，当月可能购车的顾客数量等。

（3）对市场做出判断

销售顾问每月都要对市场的变化进行预先判断，如旺季市场、淡季市场。关注竞争品牌的价格政策、新车上市情况、促销活动等；关注自己品牌车型的营销活动和政策；根据历史销售数据，关注市场消费特点和趋势，如车型销售量，车型颜色，同期销售情况，环比销售情况等。通过这些市场分析与判断，找出销售规律和方法。

（4）制定销售目标

根据资源分析及市场分析，制定销售目标。销售目标力求具体、量化，具有弹性和可行性。销售目标可根据不同性质细化，如季度目标、每月目标、每周目标，也可根据不同类别顾客对象分等。

（5）分解工作目标

根据销售目标，将目标分解到每一天，明确每天需要做什么工作。如每天接待多少新顾客，每天要跟几个老顾客进行维系、拜访等，列出每天工作计划表，进行管理。

（6）总结与分析

工作计划开始实施后，每天、每周、每月、每季度都要对推销工作进行总结、分析，对照分解的工作目标，看工作是否按计划完成，目标是否按计划实现，效果如何，存在哪些问题，有何新的发现和体会，各项工作结果比率多少等。通过总结、分析，找出存在的问题，分析原因，及时改进计划及行动措施。

四、情绪管理

情绪是个体对外界刺激的主观的有意识的体验和感受，具有心理和生理反应的特征。情绪管理（emotion management）是指通过研究个体和群体对自身情绪和他人情绪的认识、协调、引导、互动和控制，充分挖掘和培植个体与群体的情绪智商、培养驾驭情绪的能力，从而确保个体和群体保持良好的情绪状态，并由此产生良好的管理效果。

情绪的管理不是要去除或压制情绪，而是在觉察情绪后，善于掌握自我，善于调节情绪，对生活中矛盾和事件引起的反应能适可而止地排解，能以乐观的态度、幽默的情趣及时地缓解紧张的心理状态。

情绪管理有拒绝、压抑、替代和升华四种最基本形态，其中升华是唯一真正成功的情绪管理机制，这也是汽车销售顾问应该采取的情绪管理方式。

汽车销售顾问情绪管理可以采取以下几种方法：

1．心理暗示法

从心理学角度讲，心理暗示法就是个人通过语言、形象、想象等方式，对自身施加影响的心理过程。积极的自我暗示令我们保持好的心情、乐观的情绪、自信心，从而调动人的内在因素，发挥主观能动性。心理学上所讲的“皮格马利翁效应”也称期望效应，就是积极的自我暗示。

利用语言的指导和暗示作用，也可以调适和放松心理的紧张状态，使不良情绪得到缓解。心理学的实验表明，当个人静坐时，如果默念“喜笑颜开”“兴高采烈”“把人乐坏了”之类的语句，那么他的心里面也会产生一种乐滋滋的体验。如在纸上写下“冷静”“三思而后行”“制怒”“镇定”等，这种暗示对人的不良情绪和行为有奇妙的影响和调控作用，既可以松弛过分紧张的情绪，又可用来激励自己。

2．注意力转移法

当出现情绪不佳的情况时，要把注意力转移到使自己感兴趣的事上去，如外出散步、看看电影电视、读读书、打打球、下盘棋，找朋友聊天，换换环境等，有助于使情绪平静下来，在活动中寻找到新的快乐。这种方法，一方面中止了不良刺激源的作用，防止不良情绪的泛化、蔓延；另一方面，通过参与新的活动特别是自己感兴趣的活动而达到增进积极的情绪体验的目的。

3．适度宣泄法

过分压抑只会使情绪困扰加重，而适度宣泄则可以把不良情绪释放出来，从而使紧张情绪得以缓解、轻松。

宣泄一般是在背地里，在知心朋友中进行的。采取的形式或是用过激的言辞抨击、谩骂、抱怨恼怒的对象；或是尽情地向至亲好友倾诉自己认为的不平和委屈等，一旦发泄完毕，心情也就随之平静下来；或是通过体育运动、劳动等方式来尽情发泄；或是到空旷的山林原野，拟定一个假目标大声叫骂，发泄胸中怨气。必须指出，在采取宣泄法来调节自己的不良情绪时，必须增强自制力，不要随便发泄不满或者不愉快的情绪，要采取正确的方式，选择适当的场合和对象，以免引起意想不到的不良后果。

4．自我安慰法

当碰到挫折或不幸时，为了避免精神上的痛苦或不安，可以找出一种合乎内心需要的理由来说明或辩解。如为失败找一个冠冕堂皇的理由，用以安慰自己，或寻找到理由强调自己所有的东西都是好的，以此冲淡内心的不安与痛苦。这种方法，对于帮助人们在大的挫折面前接受现实，保护自己，避免精神崩溃是很有益处的。因此，当人们遇到情绪问题时，经常用“胜败乃兵家常事”“坏事变好事”等词语来进行自我安慰，可以摆脱烦恼，缓解矛盾冲突、消除焦虑、抑郁和失望，达到自我激励，总结经验、吸取教训之目的，有助于保持情绪的安宁和稳定。

5．交往调节法

当我们遇到不顺心、不如意的事，有了烦恼时，能主动地找亲朋好友、同事交往、谈心，具有缓和、抚慰、稳定情绪的作用，比一个人独处胡思乱想、自怨自艾要好得多。另一方面，人际交往还有助于交流思想、沟通情感，增强自己战胜不良情绪的信心和勇气，能更理智地去对待不良情绪。

6．情绪升华法

升华是改变不为社会所接受的动机和欲望，而使之符合社会规范和时代要求，是对消极情绪的一种高水平的宣泄，是将消极情感引导到对人、对己、对社会都有利的方向去。如当没有完成销售量而被经理批评，扣奖金，销售顾问应该把注意力转移到向优秀销售顾问学习，总结经验教训，提高业务能力，立志要做得比别人好，证明自己的能力。

在上述方法都失效的情况下，仍不要灰心，在有条件的情况下，去找心理医生进行咨询、倾诉，在心理医生的指导、帮助下，克服不良情绪。

五、自我激励

自我激励是指个体具有不需要外界奖励和惩罚作为激励手段，能为设定的目标自我努力工作的一种心理特征。自我激励可分为自省、感恩、自我超越三个层面。德国斯普林格在其所著的《激励的神话》一书中写道：“强烈的自我激励是成功的先决条件。”人的一切行为都是受激励产生的，通过不断的自我激励，使自己产生一股内在的动力，朝所期望的目标前进，最终达到成功的顶峰。自我激励是一个人迈向成功的引擎。

1．让自己变得自信

推销工作中遭遇挫折和失败是常有的，有的销售顾问因此表现得垂头丧气、无精打采，甚至怀疑自己的能力。面对这种困境，销售顾问首先要表现自己的精神面貌，穿上自己认为最漂亮、得体的衣服，修整仪容，让自己显得精神；抬头挺胸，让自己显得自信；多进行体育锻炼，释放激情，增强身体素质；每天脸带笑容，给自己一份好心情；多学习，提高自己的知识修养，增强自信心。

2．敢于挑战逆境

要勇于离开舒适的环境，敢于挑战艰苦的环境，不断寻求挑战，激励自己。不断寻求挑战，体内就会发生奇妙的变化，从而获得新的动力和力量。艰苦环境、陌生的环境能造就人，其前提是你能面对它并战胜自己。

3．确定一个远大的目标

目标激励是一种有效的自我激励方式。很多人之所以达不到自己孜孜以求的目标，是因为他们的目标太小、模糊不清，使自己失去动力。真正能激励你奋发向上的，是确立一个既宏伟又具体的远大目标。当自己失意或困惑时，我们可以将目标写下来，大声朗诵，告诫自己，我要努力，我要战胜所有的困难与挫折，我要为我的伟大目标奋斗。

4．个人成就激励

当面临工作的低潮，碰到拒绝遭到失败时，销售顾问可以以个人成就来激励自己。用自己的个人成就、自豪的事例激励自己，调整心态，告诉自己，我也有成功的地方，我也有比别人优秀的地方，我也可以做到最好。以成功的汽车销售顾问事迹激励自己，感受其成功和伟大之处。

自我激励的方法有很多，最关键的是要清醒地认识自己，要培养积极乐观的心态，培养坚强的意志品质，保持平和负责的心理。

六、健康管理

世界卫生组织提出：“健康乃是一种在身体上、精神上的完满状态，以及良好的适应力，而不仅仅是没有疾病和衰弱的状态。”这就是人们所说的身心健康。健康是保持良好的工作状态，激发工作热情的基础。

健康管理是以预防和控制疾病发生与发展，提高生命质量为目的。汽车销售顾问的工作非常辛苦，压力大，实施科学、有效的自我健康管理，能保证良好的身心健康，推动工作的顺利开展。

1．健康的标准

世界卫生组织经过研究分析，归纳总结出人体健康的十条标准：

(1) 精力充沛，能从容不迫地应付日常生活和工作的压力而不感到过分紧张和疲劳。

(2) 处事乐观，态度积极，乐于承担责任，事无巨细不挑剔，工作有效率。

(3) 善于休息，睡眠良好。

(4) 应变能力强，能适应环境的各种变化。

(5) 具有抗病能力，能够抵抗一般性感冒和传染病。

(6) 体重得当，身材均匀，站立时头、肩、臂位置协调。

(7) 眼睛明亮，反应敏锐，眼睑不发炎。

(8) 牙齿清洁，无空洞，无龋齿，无痛感；齿龈颜色正常，不出血。

(9) 头发有光泽，无头屑。

(10) 肌肉、皮肤富有弹性，走路轻松有力。

销售顾问在日常工作、生活中，要关注自己的身体健康，保持强健的体魄，善于调节自己的情绪，努力使自己处于良好的身心健康状态。

2. 健康管理的方式

◇ 加强体育锻炼

◇ 保持合理的营养

◇ 保证适当的睡眠与休息

◇ 控制、调节不良情绪

◇ 进行健康心理训练

◇ 养成良好的生活与卫生习惯

◇ 疾病的预防与治疗

良好的健康来自良好的生活和工作习惯。加强身体锻炼，调节和保持积极、乐观的心态，才能使得销售顾问在工作中保持旺盛的精力和斗志，才能开拓、创新地开展工作。

思考与练习

1. 在职业成长中，如何加强自我品质管理？
2. 就你所做的某项工作，谈谈你是如何实施计划管理的。
3. 简述推销工作中的自我情绪管理。